マックス・ヴェーバー物語

二十世紀を見抜いた男

長部日出雄

新潮選書

マックス・ヴェーバー物語――二十世紀を見抜いた男　目次

マックス・ヴェーバー物語——二十世紀を見抜いた男

強力なる官僚と無力なる議会

マックス・ヴェーバーが何時ごろの人であるかは、森鷗外より二つ年下、といえばわかりやすいのではあるまいか。

やがて日本の文豪となる青年軍医が、東京大学医学部を卒業後三年目に、念願のドイツ留学を命じられて、ベルリンに到着した年、マルクスと並び称されることになる卓越した社会科学者の卵は、三年目の大学生活をその街で送っていた。

そういえば、年齢が二つしか違わないのに、一方が大学卒業後三年目で、一方が大学三年生というのは……と、指を折って首を傾げる人がいるかもしれない。

さよう、勘定が合わないのは、将来の陸軍軍医総監のほうが、進学にあたって異例のいわば飛び級を行なったせいである。

津和野藩の典医を歴代務めてきた家に生まれた森林太郎は、数え年の五歳から漢文の素読を、八歳からはオランダ文典も習い、十一歳のとき父に連れられて上京後、わが国において「哲学」という言葉の生みの親となった同郷の哲学者西周《あまね》の家に寄寓し、私塾に通って、ドイツ語を学びはじめた。

そして明治七年（一八七四）の一月、まだ数えの十三歳で、規定の年齢に達していないのに、生年を二年早めて願書に記して、第一大学区医学校予科（のちの東京医学校、東京大学医学部）に入学する。

むろん最年少であるかれの予科時代の成績は、同級五十数人の中位であったが、本科に進んでから飛躍的に向上し、本科三年目冬半期には、三十人中の二位にまで達した。

森鷗外とマックス・ヴェーバーを比較するのは、当時の日独両国の関係を如実に浮かび上がらせることになるので、もう少しこの話をつづけたい。

当時の学生の学力が、どの程度のものであったかは、東京大学医学部と改称される前年の明治九年に、生理学と内科学の教授として着任したドイツ人ベルツの日記によって知ることができる。以下、ベルツの目に映った学生と日本人の姿を、菅沼竜太郎の訳によって抄録すれば……。

――着任後五日目に、生理学の講義をはじめたが、学生はすこぶる素質に恵まれ、ドイツ語をよく解し、通訳はたんに助手の役目をするにすぎない。

教授は全員ドイツ人で、日本にいるヨーロッパ人は二つのタイプに分かれる。一つはこの国の一切合切をこき下ろし、嘲笑と軽蔑の種にする。もう一つは逆に何でもかんでも持ち上げる。どちらも歴史と文化の無理解から生ずる危険な考え方だ。

不思議なことに、日本人自身も自分たちの過去については、もう何も知りたくないらしく、教養ある人たちはそれを恥じてさえいて、「いや、何もかもすっかり野蛮なものでした」と身を縮め、歴史について質問すると「われわれには歴史はありません、われわれの歴史は今からやっとはじまるのです」と断言したりする。

五日間にわたる試験を行ない、その結果に、非常に満足した。一部のドイツ人教師がどうして、日本人の学生から優れた医師は決して出ない、などといえるのか、全く不可解だ。自分の場合、全学生の半数に、最優秀点を与えざるを得ない。

東京に大火があった。一万戸以上が灰燼《かいじん》に帰し、日本橋から築地にかけて、すっかり焼け野原になったという。

日本人とは驚嘆すべき国民である！　火災から三十六時間たつかたたぬうちに、板小屋程度のものではあるが、千戸以上の家屋が焼け跡に立ち並んでいる。まだ余燼もさめやらぬうちに、日本人はかれらの控えめな要求なら十分に満足させる新しい住居を、魔法のような速さで組み立てるのだ。……

語り口から信頼に値することが明らかなベルツの観察に接すると、学生の優秀さを頼もしくおもうのと同時に、いつの時代のどの部分を取ってみても変わらぬわれわれの国民的な性格の特徴に、苦笑も覚えずにはいられない。

さて、そのように優秀な学生のなかでも、最上位に達していた森林太郎の成績は、四年目冬半期からなぜか下降に転じ、卒業時の席次は意外にも二十九人中の八位にとどまった。

かれは初めから、軍医を志していたわけではない。東大医学部を最上位の成績で卒業して、文部省の官費留学生に採用されることを強く希望していたのに、八位ではそれもかなわぬ夢となった。

失意の林太郎に同情した同期の小池正直（賀古鶴所《かこつるど》らとともに陸軍委託学生として東大医学部に学

んでいた）は、陸軍軍医本部次長の軍医監石黒忠悳《ただのり》に、漢文の推薦状を書いて送った。そのなかに、林太郎の卒業席次がなぜ八位にとどまったのかを窺わせる箇所がある。要約すれば——。

石黒忠悳閣下。邦家のため、私《ひそ》かにお願いしたいことがあります。僕の良友森林太郎は、博覧強記の卓抜な英才ですが、つねづね慷慨《こうがい》して、西洋医学の独擅《どくせん》を憂いておりました。

気候風俗衣食の習慣が異なるのに、それだけを唯一無二のものと妄信してよいのか、しかし西洋医学の歴史は長く熟達した経験を有している、我はしばらくこれを学んで他日独自の学を立てるための資としたい……と。

このように世の酔洋者とは異なる高遠な志をもつゆえに、氏は孜孜《しし》として本課に励む一方、和歌詩文を学び、漢方の書の渉猟も怠らなかったのですが、今次卒業試問の成績は、その学力に反する結果となりました。

試問に運不運はつきものとはいえ、森氏と朱氏（外科学のシュルツェ教授）の合性が悪かったことも原因として考えられます。朱氏は性狷介《けんかい》で、片言隻語でも自分の教えに違《たが》うところがあれば、激怒して咆哮《ほうこう》し、いっさいの反論を許しません。森氏はそれをものともせず、わが国伝統の医術にも用いられるべきものがあると主張して、しばしば朱氏の怒りを買いました。それによって貶められたのかもしれない成績をもって、森氏を評価する人ありとすれば、それは氏の不幸のみならず、じつに国の不幸でもあります。

自身には何の信念もなくただ西洋人の口から出たことであれば、瓦玉《がぎょく》を選ばずそれを遵奉する者が多いなかで、独り屹然《きつぜん》として立つ森氏は、千里の才といわねばなりません。閣下の明をもって、森氏に所を得さしめ、その驥足《きそく》を展《の》ばさしめんよう、事情を知る者としては黙することができず、敢えてご推薦申し上げます。

この書状に記された対立において、林太郎が後年の戦闘的な論争家の面目を早くも発揮したとすれば、シュルツェ教授の逆鱗に触れるのも当然であったろう。

開明的でありながら、自国の伝統に強い誇りをもち、戦闘的な論争家であった点で、鷗外とヴェーバーはよく似ていた。

文部省の官費留学生という最初の志望を断たれた林太郎は、かならずしも本意ではなかった陸軍に入り、そこでも夢の実現に営営と努力して、ついに明治十七年（一八八四）、満二十二歳のときに陸軍省からドイツ留学を命じられる。

陸軍衛生制度および軍隊衛生学研究という任務を課せられての留学で、軍医として目的の達成に全力を尽くさなければならないのは当然であったが、林太郎の熾烈な懐疑と探究の精神は、到底その範囲内に収まりきれる性質のものではなかった。

後年、陸軍省医務局長の役職の辞意を表わした四十九歳のときの作『妄想』において、鷗外は四年間のドイツ留学時代をこう追想する。

——眠られぬ夜、自然科学のなかで最も自然科学らしい医学をしていて、exakt（正確）な学問を生命としているのに、なんとなく心の飢えを感じ、生について考え、死について考える。

小さいときから小説が好きなので、外国語を学んでからも、暇があれば外国の小説を読むが、どれを読んでも、死によって自我が無くなることが最大の苦痛だといっている。自分には自我が無くなることは苦痛とおもえず、むしろ死に際しての肉体的な痛みのほうが気になる。

死を恐れないのは野蛮人の性質だと西洋人はいう。小さいころ両親に、侍の家に生まれたのだから、切腹ができなくてはならぬ、と教えられ、それもつまりは痛みを耐え忍ぶことだと考えていたのをおもい出し、いよいよ野蛮人かもしれないと感じつつ、その西洋人の見解を尤《もっと》もだと承服することはできない。

しかし、自我というのが何であるかわからぬうちに、それを無くしてしまうのも口惜しい。残念である。それが煩悶になり、苦痛となったある夜、ふと哲学の本を読んでみようとおもい立ち、朝になるのを待ち兼ねて、ハルトマンの本を買いに行った。それからスチルネルを読み、ショオペンハウエルを読んだ。煩悶は深まるばかりであった。

故郷は恋しいが、学術の新しい分野を切り開く条件のない国へ帰るのは残り惜しい。日本に長くいて日本を知り抜いたといわれる独逸《ドイツ》人某は、その条件は永遠に東洋の天地には生じて来ない、と宣告した。だが自分は永遠にではなくて「まだ」という。

「自分は日本人を、さう絶望しなくてはならない程、無能な種族だとも思はないから、敢て『まだ』と云ふ」

そして帰国してだいぶ経ってからは、こう考えた。

「正直に試験して見れば、何千年といふ間満足に発展して来た日本人が、そんなに反理性的生活をしてゐよう筈はない。初《はじめ》から知れ切つた事である。

さてそれから一歩進んで、新しい地盤の上に新しいForschung《フォルシュング》を企てようといふ段になると、地位と境遇とが自分を為事場《しごとば》から撥《は》ね出した。自然科学よ、さらばである」

自然科学の方面では、自分より有力な友が大勢いるから、こちらが撥ね出されても、国家のため人類のためなんの損失にもならないが、新しい分野を開く雰囲気のない場所で奮闘している友達は気の毒である。雰囲気のない証拠に、まだForschung（研究、踏査、探究、探検）にあたる日本語もできていない。そんな概念を明確にいいあらわす必要を、社会が感じていないのである。……

要するに、鷗外は引き裂かれていた。

西洋と東洋、ヨーロッパ流の科学的な思考と日本風の没主体的な雰囲気、開明と保守、伝統と創造、模倣と発明、理想と現実……等等の迫間《はざま》に立たされて、強く引き裂かれた結果、かれは医師と軍人、小説家を兼ね、西洋文学に精通する翻訳家と理論家であって、なおかつ、外国語にはその妙味がほとんど翻訳不可能かとおもわれる独自の文体で自国と日本語の伝統を死守する醇乎《じゅんこ》とした史伝の作者でもあるという、世にも稀な境界人《マージナル・マン》となった。

マックス・ヴェーバーもまた、内部に深刻な矛盾を抱えて引き裂かれ、やむにやまれぬ探究《フォルシュング》の対象が、農業問題、経済政策、社会科学方法論、経済史、社会学、宗教社会学、政治論……と多岐にわたり、その視野は欧米にとどまらず遠く東洋にまでおよぶ巨大な境界人であった。

もうひとつ、すこぶる重要と考えられる二人の共通点がある。

明治維新によって、中央集権の統一国家が成立したのは、鷗外が満六歳のとき——。それから三年後、鉄血宰相ビスマルクによって、多くの領邦国家に分かれていたドイツの統一が成し遂げられ、プロイセン国王ヴィルヘルム一世が皇帝に即位して、ドイツ帝国が誕生したとき、ヴェーバーは七歳だった。

とうぜん二人は、少年時代から自分の将来と、新興の意気に燃える国の運命とを、重ね合わせて考えずにはいられなかったろう。

鷗外が学んだ東大医学部の教師が、全員ドイツ人であったことからも明らかなように、明治政府は、憲法、行政、学問のすべてにわたって、ドイツ（とりわけプロイセン）を範とした。

したがって、つねに自己とドイツを重ね合わせて考えながら、明晰で冷徹な稀有の洞察力をもつ社会科学者として、愛する祖国への痛烈きわまりない批判を忘れなかったマックス・ヴェーバーの数数の学説と、その波瀾にみちた劇的な生涯を探ることは、以後の日独両国が辿《たど》った運命の秘密を解き明かす貴重な鍵となるに相違ないのである。

二十五回も決闘をした〝鉄血宰相〟

前節で森鷗外と比較したのと同様に、ここからしばらくは、「鉄血宰相」ビスマルクとの関わりあいにおいて、ヴェーバーが生まれ育った時代と環境を素描していきたい。

プロイセン王国ブランデンブルク州のユンカー（地主貴族）の家に生まれたビスマルクは、大学生のころ学生仲間に人気はあっても、教授連には顰蹙《ひんしゅく》を買う有名な乱暴者の熱血漢であったが、卒業後、いったん乗った官僚の出世コースから下りて、イギリス、フランスなど先進の文明国を旅行したり、父のあとを継いで領地の経営に携わったりするうち、連合州議会の議員に選ばれ、自由都市フランクフルトに置かれていたドイツ連邦議会のプロイセン代表となって、本格的に政治の道を歩みはじめてからは、人が変わったように真面目な保守党の政治家となり、のちにドイツ皇帝となるプロイセン国王ヴィルヘルム一世に摂政時代から信任をうけて、ロシア公使、フランス公使を歴任したあと、ついに宰相まで上りつめた。

首相に任命されて間もなく、かれは下院の予算委員会において、文字通りの爆弾発言を行なう。

——時代の中心課題は、演説と多数決では解決できません。それは、鉄と血が決定するのです。

いまなおかれの代名詞となっている「鉄血宰相」の異名はここから生まれた。

重大な問題は、議会の言論ではなく、武力によって決定される……。この発言は、下院の多数を占める自由主義者と民主主義者の猛反対を呼び起こし、ビスマルクは「政治的やくざ行為で出世しようとする原則なきユンカー」と攻撃された。

だが、議会の反対を無視して、かれは軍備を急速に拡大して行く。

マックス・ヴェーバーが、プロイセン王国チューリンゲン盆地の都エルフルト市の参事官の長男として生まれたのは、宰相ビスマルクの「鉄血演説」が行なわれた年から、二年後のことである。

ヴェーバーの父は早くから政治に関心があり、エルフルト市に転ずるまえはベルリンの市庁に勤めるかたわら、自由主義的な週刊紙の編集にもあたっていた法律と財政の専門家で、軍備の拡充を議会無視の強権政治で押し進めて行くビスマルクは、もともとかれが信奉していた自由主義の立場からすれば、決して容認できない敵であるはずだった。

ビスマルクは強大化したプロイセンの軍事力を背景に、巧妙な権謀術数の外交政策を展開して自国の地位を固めながら、一八六四年（ヴェーバーが生まれた年）にはデンマーク、六六年にはオーストリア、七〇年にはフランスと戦争をはじめ、参謀総長モルトケの近代的で天才的な戦略と戦術もあって、いずれも勝利を収める。

なかでも、かつてナポレオンに惨憺たる敗北を喫してその支配下におかれる屈辱を味わったこともあるフランスとの戦いにおける圧倒的な勝利は、反対派の自由主義者たちをも熱狂の渦に巻きこまずにはおかなかった。

戦中に燃え上がった愛国心と敵愾心を原動力として、ビスマルクはプロイセン主導のドイツ統一を実現し、ヴィルヘルム一世が皇帝に即位して、ドイツ帝国が誕生する。

エルフルトからベルリンにもどり、ビスマルクを支持する国民自由党（最大の与党）の代議士になったヴェーバーの父の家には、多くの政治家が出入りした。

ヴェーバー少年は、食後の歓談をする政治家たちに、葉巻をすすめて回り、あるいはまた父から、議会で進行中のさまざまな出来事の経緯や、それらにかかわる各政党の有力者や尊敬するビスマルクの話をよく聞かされて、年齢に似合わぬ具体的な政治知識を身につけていく。

夫人のマリアンネが書いたすこぶる精細でかつ精彩に富む伝記『マックス・ウェーバー』（以下同書は大久保和郎訳による）は、その前後のかれについて、つぎのように述べる。（丸括弧内は引用者）

「若いマックスがこのようにして動きつつある世界史について直接理解した事柄は、四十年後にいたってもなお眼前にあるような新鮮さで彼の記憶のうちに残されていた。一八七〇年の戦争〔普仏戦争〕の勃発すらも忘れ得ぬこととして彼の心に刻みこまれていたのである。当時七歳の彼は、のちに世界大戦の勃発を迎えたのと同じ場所、すなわち両親が夏の休みを過す（ハイデルベルクの）ネッカール河畔の祖父の家でこの戦争を迎えたのだ。決定にいたるまでのすさまじい緊張、自国の立場の正しさについての素朴な信念、大国としての地位を贏《か》ち取ろうとする犠牲を顧みぬ好戦的な民族の喜びに満ちた真剣さ——さらには圧倒的な勝利の歓呼と遂に獲得された帝国統一の誇らかな感激——これらすべてを少年は充分意識的に自分の心に吸収し、生涯にわたる感銘を受けた」

つまり、少年の日のマックス・ヴェーバーは、しごく素朴なビスマルク崇拝者であったと見てよいであろう。

多くの政治家ばかりでなく、著名な学者も集まったベルリン郊外シャルロッテンブルクの家（約二十五アールの広い庭がついていた）を、マリアンネはこう表現する。

「ここでは子供たちは大都会から引離された。彼らは日の光と自由な空気のなかでほとんど田舎におけると同じように成長した。愛情をこめて大事に手入れされた果樹や野菜があり、鶏や猫たちが遊んでいる庭は喜びの泉だった」

現在のシャルロッテンブルクに、郊外の印象はなく、中心街とおなじように隙間なくビルが立ち並んでいて、ヴェーバーが育ったライプニッツ・シュトラーセ一九番地の家のあった場所は、現代風の大きなアパートになっている。

筆者が訪れたときは、たまたまゴミの収集車が来て、広い中庭への通路の扉が開いていたので、無断でなかに入り、当時を偲ぶせめてものよすがにしようと、一隅に聳えたつ大きな樹木を見上げた。

昔の面影をそのまま伝えているとおもわれるのは、その建物からさほど遠くない、プロイセン国王フリードリヒ一世が王妃シャルロッテの夏の離宮として建てたシャルロッテンブルク宮殿の中心部分と、その裏手につらなる広大な庭と林と川だ。

いまではだれでも入れるそこで、川沿いの林の道を逍遥すると、ヴェーバーが少年時代をすごした田舎の雰囲気に、いくらかでも近づけたような気がする。

二歳のとき脳膜炎にかかったせいもあって、華奢でひよわな体に不釣合な大きい頭を危なっかしく載せていた少年ヴェーバーは、シャルロッテンブルクの家で読書に多くの時間を費やした。

十二歳のときに、マキアヴェッリの『君主論』を読み、ついで『アンティ・マキアヴェッリ』（フリードリヒ大王が書いた『君主論』批判の書）に手を伸ばしたというから、その早熟さとともに読み進み方の的確さにも驚かされる。

哲学書は、スピノザ、ショーペンハウエルから、カントへと進んだ。

読むだけでなく、多くの史料をもちいて歴史論文を書き、十五歳のときの作が『インドゲルマン諸国民における民族性格、民族発展、および民族史の考察』であったというのは、題からしても後年の壮大な構想にもとづく厖大な宗教社会学の論究を、早くも予想させるようではないか。

それでいて自分を「大それた怠け者」と称し、学校の課業にはほとんど関心がなく、ギムナジウムの授業中に机の下に隠して、四十巻のゲーテ全集をことごとく読破したという逸話は、親近感と同時に絶望感（凡人とはとても比較にならない！）をも抱かせずにはおかない。

だが、シャルロッテンブルクの家を離れ、ハイデルベルク大学に入ったときから、かれの生活態度は一変する。ひょっとするとそこには、崇拝するビスマルクの影響も働いていたのかもしれない。

まえに少しだけ触れたが、仲間に好かれて教授には顰蹙を買うビスマルクの学生生活とは、つぎのようなものであった。

ラテン語とフランス語と英語の成績がよく、とくにドイツ語の表現能力は「抜群」という評価をうけながら、なぜか十八人中十五番の成績でベルリンのギムナジウムを出たビスマルクは、南部のバーデン大公国のハイデルベルク大学に進みたかったのだけれど、そこへ行けば、ビールを大量に飲む悪習に染まるかもしれない、という母親の心配と、親戚の枢密顧問官ケルルの勧めによって、ベルリンとおなじ北部のハノーファー王国のゲッティンゲン大学に入った。

そこでビスマルクは、母親の心配をよそに、大酒と喧嘩に明け暮れ、ベルリン大学に転校するまで一年半のあいだに、二十五回もの決闘を行なう。

後年、宰相になってからも、受けた傷の正当性について、かつての決闘相手と口論したことがある（エルンスト・エンゲルベルク『ビスマルク』野村美紀子訳）というから、かれの好戦性は、生得のものであったのに違いない。

ビスマルクほど桁外れに野放図ではないにしても、ハイデルベルク大学に入ったマックス・ヴェーバーも、かなりそれに近い学生生活を送ることになる。

しかし、ハイデルベルクの学生生活について詳しく語るのは、もっとあとの章に譲らなければならない。

「神よ、われわれを守りたまえ」

前節に引いたマリアンネの伝記で語られていたように、第一次世界大戦の引き金となったセルビアの青年によるオーストリア皇太子暗殺の報を、五十歳のヴェーバーはハイデルベルクの家で聞いた。

しばらく沈痛な面持で黙想したあと、かれが発したという一言を、その場に居合わせた学者の証言として、安藤英治『マックス・ウェーバー』はこう伝える。

「神よ、われわれを地獄に落とすおろか者たちからわれわれを守りたまえ」

大戦勃発と同時に、マリアンネの伝記によれば、ヴェーバーはとうの昔に兵役の義務を免れていたのにもかかわらず、もはや行軍には耐えない体になっているのを痛恨のきわみとしながら、志願して予備陸軍病院に勤務する将校となり、一日十三時間ずつ、一年間に二日しか休みを取らぬほど、献身的に働いた。

戦争が長期化するにつれ、身近な人がつぎつぎに戦火のなかに失われていく。

一番下の妹リリーの夫で建築家のヘルマン・シェーファーは、開戦早早の前哨戦で戦死し、翌年には長年の友であったユダヤ人の哲学者エーミル・ラスクが、大学教授から下士官となって戦場に消えた。遺族にヴェーバーは書く。

――かかる非凡な人物の死、しかも大量死の一つとしての死を、即座に正しく位置づけることは容易でありません、なによりもまず憤激するばかりです。……

そして弟のカール・ヴェーバー。問題の多い青春期を送ったかれは、天才的な建築家カール・シェーファー（緒戦で死んだヘルマンの父）に学んで自己の才能と天職を見出し、大学の建築学の教授となって、多くの学生に慕われていたのだが、銃弾はその体の横を通り抜けてはくれなかった。

戦争を通じて、祖国ドイツの政府と議会の構造——すなわちシステムの根本的な欠陥を見て取ったヴェーバーは、軍務を退いたあと、学問的な研究だけに専念することはできず、「フランクフルト新聞」に政治論文の発表をはじめる。

そのなかのひとつ、戦時下の一九一七年の四月から七月にかけて分載され、敗戦を迎えることになる翌年の五月に加筆して刊行されたのが、政治論文のなかでもっとも包括的な『新秩序ドイツの議会と政府』である。

まず、（一）ビスマルクの遺産、と題された章にはじまり、（二）官僚支配と政治指導、（三）行政の公開と政治的指導者の選択、（四）外交政策における官僚支配、（五）議会化と民主化、（六）議会化と連邦主義、とつづく六章のうち、中村貞二と山田高生《たかお》の訳に頼って、（一）（二）（三）の各章を要約してみよう。

（一）ビスマルクにくらべれば、たいていの政治家は凡庸に見える。

だが、通俗的なビスマルク伝説は、わが国おきまりのすこぶる非政治的な英雄崇拝主義者である小市民の、クリスマスのテーブルの話題むきに編集されたものだ。

世間はそれを無批判に信じ、賛美して、かれの限界を見ようとしない。

かれは自立した反対者が自分のそばに存在することを許容できなかった。入閣を勧められた議会政治家が等しく経験させられたのは、かれが新しい協力者をいつでも失脚させ得る巧妙なわなをかけていたことだった。かれの全政治が目論《もくろ》んでいたのは、自立的な立憲政党を固まらせないようにすることであった。

国民はかれの支配により、自分たちの選んだ代表者を通じて、自国の政治的運命の決定に共同で参加する習慣——これだけが政治的判断を鍛え上げる——を断たれてしまった。

ビスマルクの政治的遺産とはなんであったか。

かれは政治教育のひとかけらも受けていない国民を後に残した。政治的意志のひとかけらも持ち合わせない国民を後に残した。

国民は、自分たちの頂点に立つ大政治家が（一人で）自分たちのために政治をやってくれるだろう、という考えに慣れきってしまい、かつまた誤った君主制的感情によって、ビスマルクの退任後かれの椅子に腰を下ろし、驚くべき無邪気さで統治の手綱を握った人びとの政治的資質に疑惑の眼を向けることもなく、その政治を「君主制的統治」の名の下に、運命として耐え忍ぶことに慣れきってしまった。

ビスマルクはそういう国民を後に残したのである。

この偉大な政治家は、そうした致命傷を残しただけで、政治的伝統といわれるものを全然残さなかった。独立した頭脳と性格の持主をかれは引き寄せなかったし、そうした人物の存在に堪えようとすらしなかった。

かれの強大な威光のまったく否定的な結果として、完全に無力な議会が後に残された。無力な議会とは、精神的水準のひどく低下した議会ということである。

冷静に考える人に、課題は明白であろう。

議会の水準の高低を決めるのは、大きな問題が議会で議論されるかどうか、さらにその問題が、議会内で権威をもって決定されるかどうか……にかかっている。

ひょっとすると（今日の）議会は、官僚層がいやいや認めている可決機関にすぎないのではあるまいか。

（この国の今後は）こうした問いへの答え如何にかかっているのである。
（二）近代国家において支配が現実に力を発揮するのは、議会の演説でもなく、君主の宣言でもない。日常生活における行政の執行が現実の力なのであるから、この支配は、必然的かつ不可避的に、官僚の掌握するところとなる。
ドイツ人は、工場から軍隊と国家にいたる、あらゆる人的支配団体の合理的・分業的・専門的な官僚制機構を、見事に発展させた。

この機構は世界に冠たるもので、他の諸国ではわずかにアメリカが、政党組織の技術の点でのみ、ドイツを追い越すにすぎない。

こうした生活形態が勝利を収めたところでは、安定性のある有利な職場につくための卒業証書、手堅くて恩給も保証される俸給、そして年功順の昇給と昇進が、人びとの最大の願望となる。

だが、もし技術的にすぐれた、すなわち合理的な官僚による行政と事務処理が、問題を解決するための唯一究極の価値であるとするならば、人間はやがて古代的な隷従のなかに組み込まれて行くだろう。

では、国家官僚層の不可避的な増大と、それにともなう権力の必然的な強化は、どうすれば食い止められるのか。

その役目は、官僚制が決して果たし得ないもの――すなわち「官僚」とは別の指導的精神である「政治家」と「企業家」に求められなければならない。

たとえどんなに有能であっても、もし仕事の精神において「官僚」であるならば、つまり仕事を勤務規則と命令にしたがって、義務的に忠実に遂行する習慣の人間であるならば、かれは私企業の頂点においても、国家の頂点においても、役に立つ男ではない。

官僚機構において世界に冠たるドイツに欠けていたのは、政治家による国家指導であった。一世紀に一人というような政治的天才による指導でも、あるいはまた偉大な政治的才能による指導というのでもない。ただ政治家なるものによる国家指導が欠けていたのである。

天賦の指導者的資質の持主は、いまのドイツにも存在する。それも少なからず……。だが、かれらは政治家にはなろうとせず、私的資本主義の利害に一身を捧げる道を選ぶ。なぜなら、指導者的資質の選択らしきものは、今日ではこの分野においてのみ一般に行なわれているからである。

わが国の官僚層に、指導者的資質の人材が不足している、などというつもりは毛頭ないが、しかしあらゆる政治の本質は、闘争であり、同志と自発的支持者を募る活動なのであって、この困難な技術を訓練するために、官僚のコースは、いかなる機会も提供しない。

ビスマルクにとっては、フランクフルトのドイツ連邦議会が自己訓練の場であった。政治家には議会における闘争が与えられた道場で、その道場は他の何物によっても置き換えることのできない価値を持っている。

たんに演説するだけの議会ではなく、行動する議会だけが、真の指導者的資質を育て上げる土台となり得る。行動的な議会とは、行政に継続的に参与しつつ、それを統御できる議会のことである。

大戦前には、わが国にそのような議会は存在しなかった。大戦後は、議会がそのように作りかえられなければならない。

(三) 官僚組織の効果的な統御は、いかにすれば可能であるか。

行政の統御は、関係部門の官僚を召喚した議会委員会の席上、消息通が行なう体系的な(宣誓の下でなされる)訊問によってのみ保障される。

職務上の知識を「職務上の秘密」と称して秘密知識に変えることが、官僚制の最も重要な権力手段であり、行政が統御を受けないようにするための手段なのであるから、「調査権」の行使によって必要な知識をいつでも手に入れられる手段が、議会に与えられなければならない。

調査権によって保障された議会委員会が、行政にたいして不断の統御を行なう状況がわが国に現出するとしたら、それは議会の積極的な成果を高めるという点で、以後のあらゆる改革の根本的前提条件となる。

効果的な議会の統御によって強要される行政の公開性こそ、すべての議会活動と国民の政治教育の前提条件として、まず要求されなければならない。

つぎに有能な職業的議員団の発達が必要となる。

職業的議会人は、なにかの副次的な、または臨時の義務として、議会における代理権を行使するのではない。自分だけの事務所と職員とあらゆる情報手段を持つかれは、生涯をかけた仕事の本分として、代理権を行使するのである。
職業的政治家は、もっぱら政治と政治的活動、政治的影響力と政治的チャンスによって生活するか、もしくは政治のために生きるか、そのいずれかだが、後者の場合にのみ、かれはスケールの大きな政治家となることができる。……

以上、いささか駆足の要約ではあったが、第一次世界大戦におけるドイツの敗北直前に、ヴェーバーが自国のシステムの根本的な欠陥として痛烈に指摘した事柄は、経済とともに政治が混迷して、二度目の「敗戦状態」に陥ったわが国の現状にも、すべてそのまま当てはまる、といっていいのではなかろうか。

強力なる官僚と、無力なる議会——。それは前者が後者を生み、後者が前者を生む、という関係にあって、もしどこかでこの連鎖を断ち切らなければ、無限の悪循環を繰り返しつつ、ともに衰弱し、失速して、墜落する危険を孕んでいる。

そんなとき、ドイツの前例に学んで警戒しなければならないのは、墜落の不安と恐怖に怯える混乱のなかに、問題を一気に解決してくれる強大な指導者を待望する気分が擡頭《たいとう》してくることである。

ここまで要約した三章のあとの第五章「議会化と民主化」で、ヴェーバーは、大衆民主主義のもつ政治的な危険性として、デマゴーグ（煽動政治家）の出現と、政治において情緒的要素が強まる可能性を指摘する。

「せいぜい明後日までのことしか考えない」大衆は、つねに情緒的で非合理な影響力のなかに曝されている……と。

強力なる官僚と、無力なる議会と、政治的に未成熟な国民——。

いまわれわれは危機に瀕しながら、もっぱら官僚と政治家の非を鳴らして、それで自分たちの責任は済んだような気になっているが、そのようなシステムを許容し放任してきたわれわれ自身の政治的未熟さについてもっと深く考えなければ、問題はいつまで経ってもいっこうに解決できないのではないか。

いまから九十年もまえに書かれたヴェーバーの政治論文には、われわれが選択を間違えないようにするための重要なポイントが、はっきりと示されている。

二十世紀の初頭において、かれはその世紀の世界の行手を、驚くほど的確に見通していた。それが、これからマックス・ヴェーバーについて長い物語をはじめようとする第一の理由なのである。

日本の仏教を洞察した西欧の眼

マックス・ヴェーバーが生まれたエルフルトは、宗教改革者マルティン・ルターが大学生活を送り、卒業後、規律が厳格なので有名なアウグスティヌス会の修道院に入って、真摯な修道生活を送ったところで、街中いたるところに、大小さまざまな教会の尖塔がある。

中心の丘上にエルフルトを象徴する大聖堂が聳え立つ街の佇まいは、一見いかにも宗教的な雰囲気が濃い。

しかし、東西ドイツの統一がなされるまえは、東独に属していたので、ヴェーバーの生家跡の地番は、人類で初めて人工衛星に乗って地球を一周したソ連の宇宙飛行士の名をとって、ユリ・ガガーリン環状路一〇・一二番となっている。

旅行社が取ってくれたホテルは、おなじ環状路の一二七番だから、地図を見て行けば辿り着けるはずだが、一〇・一二番と一二七番のあいだにどれくらいの距離があるのか、見当がつかない。

ホテルの人に尋ねると、かなり遠い、という話なので、駅前のタクシー乗場へ行き、「JURI–GAGARIN–RING 10・12」と大きく書いたカードを運転手に見せて、連れて行ってもらう。

タクシーが止まった前の大きな建物（当時のままではない）の玄関の横には、たしかに生家の跡であることを示す金属製の案内板が取りつけられていて、二人の名前が浮彫りにされていた。

「マックス・ヴェーバー　社会学者、歴史家、国民経済学者　一八六四年四月二一日〜一九二〇年六月一四日
アルフレート・ヴェーバー　国民経済学者、文化社会学者　一八六八年七月三〇日〜一九五八年五月二日」

マックスの次弟アルフレートは、文化社会学という新ジャンルの創始者となった人物で、兄弟ともに平均的な水準を遥かに越えた学究の資質に恵まれていたことがこのプレートでわかる。安藤英治『ウェーバー紀行』によれば、ガガーリン環状路はそのまま毛沢東環状路と呼ばれており、ヴェーバー家が住んだ遥か昔の地番は、「カルトイザー・水車小路　四四番ａｂ」というのであった。

場所は市街地の端に位置しているから、のちに一家が移ったベルリン郊外シャルロッテンブルクの家と同様に、当時は地名からしてもいまよりずっとのんびりとした田舎の空気を漂わせていたものとおもわれる。

父親は毎朝そこから歩いて、街の中心のフィッシュマルクト広場に面した市庁舎へ通い、日中の時間の大半を、乳幼児は家で母親とすごすことになる。

筆者がこの物語を、父親より先に母親の話からはじめようとしているのは、父系の先祖代代の歴史が延延と繰り広げられる冒頭の部分において、読む者に少なからざる忍耐力を要求するこれまでの多くの伝記の叙述法に、漠然とした不満と疑問を覚えていたせいもあるけれど、そればかりではない。

「ニューズウィーク日本版」別冊『0歳からの教育』で知った話だが、最近の研究では、人間の

個性の大部分は生後三年間で形成される、という説があるそうだ。

大半の子供は、二歳になるまでに千から二千の単語を覚え、その組み合わせ方と文法を理解しはじめて、三歳になるころには自然に文章を作るようになる、とも説かれている。

そうだとすれば、その三年間に乳幼児に接する時間が父親よりおおむね長い母親の影響力は、これまで伝記作者が一般におもっていたより、遥かに大きいと考えたほうがよいのではあるまいか。

人工栄養より母乳の優位を説く報告も出ている。母乳で育った子は、哺乳瓶育ちの子にくらべて、感染症やアレルギーになりにくく、頭がよくなる可能性もいくらか高い、というのである。もっともこの点については、母乳の優位が強調される風潮に首を傾げ、賢明な母親（か、その立場の人間）が愛情豊かに育てることが大切で、母乳か人工乳かは関係ない、という説があるのもつけ加えておかなければなるまい。

マックス・ヴェーバーが最初に飲んだのは、母乳ではない。といって、人工乳でもなかった。母ヘレーネにとって、長男の出産は、赤ん坊の頭が大きすぎたため、たいへんな難産となって、高熱を発し、産後も授乳することができなかった。

かわって乳房をふくませたのは、指物師の奥さんで、その夫は社会主義思想の信奉者だった。だから若いころは進歩的であった父ヴェーバーが年とともに保守性を強めたのとは反対に、長男が後年、社会主義への親近感《シンパシー》を示したとき、「マックスはその政治観念を乳母のお乳と一緒に吸いこんだのだ」という冗談が父親をのぞく家族で語られた……と、マリアンネは伝記に書いている。

二歳のとき、ヴェーバーは最初の危機に見舞われた。脳膜炎にかかったのである。急な発熱、頭痛、悪心、嘔吐、硬直をともなうこの病気に、幼いころ襲われるのは、かつては洋の東西を問わず、さほど珍しいことではなかった。

松田道雄『私は二歳』のなかに、京都の庶民の会話として、「ノーマクはこわい病気どす。なおってもアホになりますしなあ」「そやけど、それは昔のことどっせ。この頃は、昔とちごうてノーマクエンみな助かりまっせ。化膿性ノーマクはペニシリンでなおりますしな。結核性のノーマクかて早うにみつけたらアホにならんとなおりまっせ」という銭湯の女湯でのやりとりが描かれている。

ヴェーバーの場合、白痴になるか死ぬか、という危険に脅かされ、辛うじて回復したときから、母へレーネにとってはもう、幼いわが子を何時間もほったらかしにしたり、人の手にまかせたりするよその母親たちの気が知れなくなっていた。

ほかのいっさいを放擲《ほうてき》しても、母親としての義務を果たそうとする彼女の子供への愛情は、献身的なものとなった。

それは崇高な気持には違いないけれど、男の子にとっては、いささか煩わしいものでもあったかもしれない。

二歳半のヴェーバーは、一人遊びを好んだ。小さな糸巻や木片や積木を使って、駅と列車を作り、機関車に紙片の煙を付けた。そして下が細く上が太いその紙の煙を見て、みずから感心し、人にも感心することを要求した。そんな汽車ごっこに何時間も一人で熱中し、その間ひっきりなしにおしゃべりをつづけている。

脳膜炎を病んだときから、もともと大きかった頭がいっそう目立つようになり、回復後も体は小さいままで、痙攣と充血の後遺症がのこり、ときに異常な怯えやすさを示して、四つになっても家の中庭を通ることができなかった。そこにいる鶏を恐れていたのである。

有名な海水浴場に連れて行かれ、わが子を丈夫にしたいと願う母親の両手に支えられて海に入れられた五歳のヴェーバーは、ほかの海水浴客が見かねて、そんなことはやめたほうがいい、というほど、猛烈な声を発していつまでも泣きやまず、成人後も長くその恐怖を忘れることができなかった。

セックス嫌悪症の母

母のヘレーネは少女のころ、性にまつわるある体験によって、心に深い傷を負っていた。

彼女の父となるゲオルク・フリードリヒ・ファレンシュタインは、プロイセン王国のチューリンゲンで師範学校の校長を務める有名な文献学者の家に生まれ、自然科学を学ぶかたわら、言語学にも興味を抱いて、古代詩を翻訳し、ロマン主義の詩を作る多感な青年に育った。

プロイセン政府の官吏となって、誠実に職務に励んだものの、自由主義を信奉していたため、長年にわたって出世を妨げられたかれが、ようやく参事官の地位を得た直後に、何人もの子供をもうけた最初の妻が死亡した。

数年後、フランクフルトの富裕な商人の娘で、修道尼のように静謐《せいひつ》な生活を夢見て三十歳になるまで結婚を考えずにきたエミーリエと知り合って再婚する。

新しい妻の持参金のおかげで、経済的余裕を得たファレンシュタインは、やがて官を辞し、ハイデルベルクのネッカール河畔に大きな家を建て、著述と学問に専念する念願の生活に入った。かれはグリム兄弟の《ドイツ語大辞典》編纂の熱心な協力者となり、またハイデルベルク大学の一流の教授たちとまじわって、史学研究グループの一員にもなった。

そうした交友のなかでもとくに信頼し親しくなった高名な歴史家ゲルヴィーヌスに、かれは広い自邸の二階を提供した。ゲルヴィーヌスは結婚していたけれど、子供はいなかった。

まださほど老いるまえに父ファレンシュタインが世を去ったあとも、邸の二階に住んで父親と教師の役目を務めるゲルヴィーヌスに、エミーリエの小さな娘たちはすっかり心酔して、魅力的なその妻とともに尊敬していた。

ゲルヴィーヌスは娘たちと一緒にホメロスを読み、妻は音楽を教えた。

エミーリエの二番目の娘ヘレーネが十六歳になったとき、ゲルヴィーヌスはすでに老境に入っていたのに、際立って美しく育った少女への父性愛の限度を越えた愛情を抑えきれず、男としての欲求を示してその受入れをもとめる態度に出た。

心から信じていた師父の急変に、ヘレーネは動転し、それまでの崇拝と敬愛は、いっぺんに恐怖と嫌悪に変わった。

ゲルヴィーヌスの妻にはむろんのこと、だれにも相談できない悩みに苦しんで、神経的に傷つきやすいヘレーネは、死を考えるところまで追いつめられた。

自分の要求を嫌悪とともに拒絶されたゲルヴィーヌスは、それでもなお彼女を自分の支配下に置こうとして、弟子の一人と結婚させようとした。

それから逃れようと、彼女はベルリンの自由主義的な歴史家ヘルマン・バウムガルテンに嫁いだ長姉イーダのもとへ行った。

そこでヘレーネは、ヘルマンの友人で政治的同志でもある若き法律家マクシミリアン・ヴィルヘルム・ヴェーバー（略すと、やがて二人のあいだに生まれる長男とおなじマックス・ヴェーバー）と出会ったのである。

ベルリン市庁に勤める賢明で快活な青年のマックスと知り合って数週間後、二人は早くも愛しあう関係になったが、ヘレーネのほうには、いま直面している苦悩から避難する宗教的な砦を、かれのなかにもとめようとする気持もあったようだった。

母方のスーシェー家の系譜を溯ると、祖先はユグノー（フランスのカルヴァン派新教徒）で、修道尼のような生活に憧れて三十歳まで独身を通したエミーリエは、倫理的厳格主義をふくむ敬虔な信仰を娘たちに伝えた。

ゲルヴィーヌスの求愛に、死までおもいつめたのは、母から受け継いだ倫理的厳格主義のせいもあったのかもしれない。

その経験によって、官能的な情欲に嫌悪感を抱き、それは子供を生むということによってのみ是認される罪である、という考えを強めた、とマリアンネが伝記に書いた通りであったとすれば、長男の難産と、間もなく訪れた脳膜炎の試練は、ヘレーネにどう受け取られたのであろうか。

冒頭に書いたように、彼女が新婚生活を送ったエルフルトは、プロテスタンティズムの創始者ルターの信仰の揺籃《ようらん》になった地で、宗教的雰囲気の濃厚なところである。

いっそう信仰心を強めたヘレーネが、体の弱い幼児をともない、足繁く教会に通ったとして、それを前述した人間の個性の大部分は生後三年間で形成される、という説に結びつければ、ヴェーバーがのちに厖大な宗教社会学の論究を生み出した原因を説明するのに、ずいぶんと好都合におもえるが、じっさいはそうではなかったらしい。

思想的に自由な雰囲気のハイデルベルクで育ったヘレーネは、長姉イーダの影響で、アメリカのユニテリアン派（イエスの神性を否定し、宗教的偉人と見る考え）の牧師チャニングとパーカーの書物に親しみ、非国教的な自前の信仰を持つようになっていた。

後年の偉大な宗教社会学者がまだ三歳のころ、ヘレーネは姉イーダに宛てた手紙で、エルフルトは宗教的には死んだも同然の土地で、神学者たちは陳腐なことを飽きもせず繰り返しているばかりだ、と書き送っている。

この怒りに近い嘆きは、伝統的な宗教生活のなかで暮らす周囲が死んだように見えるくらい、内に熱烈な自前の信仰を堅持していたことを示すものと見るべきであろう。

つぎつぎに夭折する妹たち

自分のおなかを痛めた子に関して、ヘレーネには試練が相次いだ。

長男につづいて生まれた長女アンナの夭折は、あまりにも儚《はかな》い死であったので、さほどの傷はのこさなかったのだけれど、自分とおなじ名前をつけた二女ヘレーネは、四歳のかわいいさかりにジフテリアにかかっての急死であったから、痛手は深くいつまでも癒えなかった。

これはシャルロッテンブルクに移ってからの話で、夫も最初は悼《いた》みをともにしていたが、じきに多忙な政治家の仕事へともどって行き、妻はひとり痛恨のなかに取り残された。

妻の富裕な実家から相続した財産によって、家計にゆとりを得た夫は、ブルジョア的な生活の洗練と快適な社交生活を楽しむ道へ進み、ヘレーネのほうは表面上そうした夫に服従を装いながら、自己の内面に沈潜する方向へむかった。
二人のあいだに生じた亀裂は、しだいに深さと大きさを増し、やがて長男のマックスを痛烈に引き裂くことになるのだが、それはまだずっとあとの話だ。
乳幼児の発達的研究で知られたアメリカの発達心理学者アーノルド・ゲゼルは、年齢による両親との関係の変化を、一般的にこう述べた。
二歳――母を愛し、頼って、いろいろなことを求める。父も人気はあるが、困ったとき、疲れたときは、母を呼ぶ。
二歳半――母に強い愛情を示すが、ときに非常な癇癪《かんしゃく》を起こす。これは母が日常の決まりきったことをさせようとするときに起き、自分の考えというものが生じて、父親にもわがままになる。
三歳――ふつうは父よりも母のほうを好んで、母に協調し、ときに手助けをする。
四歳――母に大きな誇りをもち、その言葉を権威者の言として引用することによって、逆に母の権威に逆らう場合が出てくる。家の外では父を自慢し、その言葉を権威あるものとして引用する。
五歳――母が世界の中心となり、それに従って一緒にいることを好む。父との関係も円滑で楽しい。
六歳――母より父を恐れかつ賛美し、その言葉を法律のように尊敬して疑念をはさまない。母はもはや世界の中心ではなく、その手助けをうけることを好まない。……
むろん一般論だから、個別にはもっとさまざまな異同があるに相違ないが、マックス・ヴェーバーの五、六歳ごろから生じた変化は、はなはだこれに近かったようだ。

ヴェーバーが五歳のとき、一家はベルリンに移り、間もなく父は国民自由党の代議士となって、議会人としての活動をはじめた。

以下は筆者の一般論だが、昔の伝統的な親子関係において、母親は子供にとって「家庭」を、父親は「社会」を象徴する存在であったようにおもわれる。エルフルトの水車小路から、ベルリンのシャルロッテンブルク・ライプニッツ・シュトラーセへ引っ越したとき、ヴェーバーはまだ幼かったけれど、たぶん早くも「家庭」から「社会」へと出たのだ。

国民自由党の世話役を務め、社交生活を快適で洗練されたものにしようと努める父の家には、政治家ばかりでなく、生の哲学の立場に立って解釈学の提唱者となったディルタイ、権力国家思想を唱導した歴史家・政治学者のトライチュケ、ドイツ法の近代化に貢献した法学者ゴルトシュミットなど当時の新鋭中堅から、ローマ史学のモムゼンといった最高権威まで、錚錚《そうそう》たる学者も訪れるようになった。

並外れて早熟だった少年ヴェーバーは、身近で繰り広げられる知的な会話の断片と雰囲気を全身で吸収した。

前章に述べたように、普仏戦争の勃発とその圧倒的勝利に強烈な感銘をうけたのは、六歳から七歳にかけてで、父親はいまや英雄ビスマルクに直接つらなる存在である。

父を誇りにおもい、その言葉を法律のように尊敬して、疑念を差し挟まなかったとしても、べつに不思議はないであろう。

図式的にすぎると感じられるかもしれないが、ヴェーバー家はたしかに、父親が体現する父性と知性、現世と政治、外向性と享楽と、母親の母性と感性、彼岸と信仰、内向性と禁欲の二つの世界に、はっきりと分かれていた。

そして息子のヴェーバーは、成長するにつれて、父親の世界に近づいていく。

少年にとっては、子育てに献身する母の干渉が、いささか窮屈で鬱陶《うつとう》しいものに感じられたのかもしれない。

しかし、それは母を嫌って離反したということではない。少年時代のかれは、両親のどちらにたいしても、素直なよい子供であった。

それは当時のかれが書いた手紙を読めばわかる。

十二歳のヴェーバーは、夏のあいだハイデルベルクの家にいる母へレーネに宛てて記す。『マックス・ヴェーバー　青年時代の手紙』（マリアンネ・ヴェーバー編、以下同書は阿閉《あとじ》吉男・佐藤自郎訳による）の訳文によって、その一部を引けば——。

「いま、ブレンディッケ博士から貸してもらったマキアヴェルリの『君主論』を読もうとしています。のちほど、博士から『反マキアヴェルリ』をも貸していただけます。ルターの著作をも一瞥しました。昨日曜日、わたしたちは博物館にいきましたが、そこでは、本当にさまざまの彫像の原物と写しをじっくりみました。その後、博士のお宅におもむき、そこでいろんな本、それから古銭と石貨をみせてもらいました。でも、もうとてもおそいですし、登校しなければなりませんから、筆をおきます」

文面からして、両親が留守の家で自分たちがどういう生活を送っているかを報告し、安心させるための手紙であったのに違いない。ブレンディッケ博士というのは、家庭教師的な存在だったのであろうか。

とうぜん父親も読むのを予想していたとしても、宛名がヘレーネになっているのと、「ルターの著作をも一瞥しました」というあたりに、少年ヴェーバーの母親にたいする配慮が感じられる。（父親のほうは、職務が多忙になるにつれて、宗教にはまったく関心がなくなっていた）

さきほど、ヴェーバー家の知性は、父親によって代表されているかのごとき書き方をしたが、母親を安心させるための手紙も、こうした内容になるような知的雰囲気が、家中に漲《みなぎ》っていたことを見落としてはなるまい。

ゲルヴィーヌスとの師弟関係は、無残な幻滅の結末を迎えたけれど、かれに授けられたホメロスをはじめとする古典の教養は、ヘレーネには生涯にわたって最善の財産と意識されていた。

では、少年ヴェーバーの宗教にたいする考え方は、本当のところどのようなものであったのだろうか。

歴史上の巨人を滅多斬りにする少年

マックス・ヴェーバーは後年、すこぶる戦闘的な論争家になるが、最初の好敵手は、六歳年長の従兄フリッツ・バウムガルテンであった。

シュトラスブルク大学の歴史学教授になっていたヘルマンとイーダの長男である。

王立王妃アウグスタ・ギムナジウム（ギムナジウムは、大学に接続する九年制の中高等学校で、将来の指導者階級のために古典語と古典的教養を重視した教育を行なう）に学ぶ少年ヴェーバーは、大学生の従兄に驚くべき長文の返信を書く。

それに先立って従兄のほうから手紙が出されたのには、自分のなかに閉じ籠もりがちな息子を、その殻から引き出してほしい、と望む母ヘレーネの慫慂《しょうよう》がもとになっていたらしい。

どんな文筆家が好きか、という従兄の問いに、十四歳の早熟な従弟は、おおよそつぎのように答える。

――いままで読んだなかで、もっとも気に入っているのは、ホメロスですが、それには劇的緊張がないので、小説と違いすぐに離れることができます。ウェルギリウスはホメロスほど好きになれません。

ヘロドトスは、その努力には敬意を払いますが、信心深さとそれに由来する迷信によって制約されており、十分に信頼のおける歴史叙述者ではありません。リウィウスはヘロドトスと同様に劣悪な批評家です。

さて、ほとんどすべての人が称賛するキケロは、わたしになんの感銘もあたえませんでした。有名なカティリーナ弾劾演説は、じつは長文の呻吟と慟哭の歌にすぎません。……

そしてその内容を詳細に分析して徹底的に批判したのち、少年はこう挑戦する。

――貴兄は別の意見をおもちですか？　そうであれば、どうかそれを書いて下さい。万一暇があれば、その理由も――。わたしが少々くわしく話しすぎたとすれば、あるいは少々のぼせすぎていたとすれば、それとも論旨がはっきりしていないとすれば、なにとぞお許し下さい。わたしはむろんこの長文の手紙を大急ぎで、かつ乱雑に書いたのですし、それにもうかなり遅いですから。……

のちに文献学者になるフリッツはこれを読み、名だたる歴史上の巨人を滅多斬りにする従弟の性急さを戒め、手紙に示された批判は、だれかの本か考えの剽窃か模倣ではないか、と仄めかす返信を送ったようだ。

少年は反論する。

——どんなに反省してみても、わたしは自分のラテン語の先生からキケロの性格や政策について重要な言葉を聞いたことはなく、モムゼンの『ローマ史』もその時代に関しては、いまやっと調べはじめたところです。

おそらくすべてが間接的には本にもとづいていることを、貴兄に白状いたしますが、しかし、わたしの——おそらくまったく真実でない——主張の内容は、直接にはどのような本にももとづいていません。

たしかにモムゼンには同様の意見があるようですが、なぜキケロがあの演説を行なったかを熟考すれば、だれでもまったくおなじ結論に達するのだとおもいます。……

相当に激しく鎬《しのぎ》を削る印象の論戦だが、おたがいの親近感がそれで損なわれることはなく、少年は以後もたびたび読んだ本の感想や、最近の生活ぶりを詳細に伝える長文の手紙を、従兄に送っている。

さて、ヘレーネは、堅信礼（ルター派の教会では、受洗後、教理問答書《カテキズム》の教育をうけ、会衆のまえで信仰告白をして教会の正会員となる儀式）の時期が近づいているのに、息子が宗教に関心を示さず、自分にたいして心を閉ざして、母親からの影響を避けようとしている様子に、心を悩ませていた。

あるとき、堅信礼の祭壇のまえで行なう信仰告白についての思索をうながすため、霊魂の不滅について話をすると、息子は、母親がそれを自明のこととしているのに、すっかり驚いた様子だった。

ほとんどの人が称揚するキケロの価値に疑問を抱くのと同様に、キリスト教の信者ならだれもが当然として疑わない霊魂の不滅をも、少年はまだ信ずることができずにいたのだ。

やはりヘレーネからの慫慂によって出されたらしい手紙において、フリッツが自分の体験にもとづいて堅信礼の重要な意義を説いたのにたいし、六つ年下の従弟は低い調子の声で答える。

――宗教を嘲る人について語っている点において、貴兄はたしかにまったく正しいのです。なんらの確信も彼岸への希望も持たない、と嘘いつわりなく主張できる人は、この上なく不幸な人間に違いありません。なんの希望もなしに、人生の消滅にむかって一歩一歩近づいて行くのは、じつに恐ろしいことです。

しかし、人間が懐疑を抱くのもまた当然のことです。わたしはこの懐疑の克服こそ、信仰を堅くするのに役立つとおもいます。

わたしがいま人生の岐路に立っている、と自覚していることを、信じてください。そのことについて多くを語らないからといって、鈍感だとはおもわないでください。

自分の感情をめったに打ち明けないのは、ある程度生まれつきの性格で、自分が深く思索していることについても、人からはなにも考えていないとおもわれるのを承知で、たいていは胸の内にしまっておきます。

したがって、人づきあいがうまくできず、自分でも悲しくおもっているのですが、団欒に関してはまったくの失格者です。これまでわたしがどんなに努力しても直すことができなかった欠点なのです。……

この少年は、なにもかもまず自分自身の頭で疑ってかかり、徹底的に考えつめた事柄でなければ、信じることができず、世間並の常識や規範に、簡単におのれを合わせることもできなかった。まったくなんという早熟さであり、不器用さであり、誠実さであろう。十四歳のマックス・ヴェーバーは、まだ自分としては本当に神を信ずることができずにいたのである。

ヴェーバーが看破した日本仏教

それから、三十数年後――。

第一次世界大戦の勃発と同時に、志願してハイデルベルクの予備陸軍病院に勤務する将校となり、献身的に働いたヴェーバーは、軍務を退くと、宗教社会学の論述に没頭して、自分たちの雑誌「社会科学・社会政策論叢《アルヒーフ》」に、『世界宗教の経済倫理』の連載をはじめた。

草稿はすでに戦前に書かれていたのだが、まず『儒教と道教』を発表し、ついで『ヒンドゥー教と仏教』を完成するため、ベルリンの図書館の資料が必要になり、シャルロッテンブルクへ行って、研究資料の山に埋もれる。

マリアンネによれば、ヴェーバーを首都ベルリンに引きよせたのは「学問的仕事のみではない、――彼は何よりも政治的空気を呼吸し、世界情勢の鼓動に触れ、何らかの場所で協力できるかどうか知りたいという気持もあった」からで、じっさいに前章で述べたように、間もなく「フランクフルト新聞」に政治論文の発表をはじめるのだけれど、それにしても、祖国の存亡がかかった大戦の真っ最中に、緊迫した時代の状況と直接には関係のないアジアの宗教の社会学的研究にかれを駆り立てたものは、いったい何だったのであろうか。

その点については、のちにあらためて触れるとして、ここでは東洋の宗教にたいして示されたヴェーバーの洞察が、どのようなものであったかを見るために、池田昭・山折哲雄・日隈《ひぐま》威徳《たけのり》訳『アジア宗教の基本的性格』によって、日本について語られた一節を要約してみよう。

ヴェーバーは述べる。

——日本のすべての教養主義は、中国に由来する。六世紀前葉に台頭した仏教は、朝鮮の使節を通じ、八世紀以降は直接中国の使節を通じて伝わったが、いずれも本質的には中国の仏教であった。

日本の貴族の全文献が基本的にそうであるように、仏教の文献も長いあいだ漢字にしばられていた。

仏教受容の目的は、第一にそれによって臣民を馴致、訓育し、第二に漢文に通じた仏僧を政治的な役職につけ、第三に第一級の知識人の一人——聖徳太子が傾倒した中国文化によって、日本をより豊かにすることであった。

しかし、日本人の生活態度の「精神」に固有の性格は、宗教的要因とはまったく異なる事情によって形成された。すなわち、政治的・社会的構造の封建的性格である。

日本では、封建制が鎖国をうながし、ヨーロッパ的意味における「市民」階層の発展を阻止した。自治権の担い手たる「都市」の概念が、日本にはまったく欠けていた。

封建諸侯が地方の城に居を占め、中国式の中央集権的な官僚制度や試験制度、あるいは家父長的神政政治は、日本には存在しなかった。

神政政治の元首（天皇）は、徳川幕藩体制の確立以来、京都の聖職階級組織にかこまれた密室（御所）に閉じこめられ、家臣の主位を占める将軍が、大名を行政的に統御していた。

大名のレーエン（藩）の秩序を決定づけるものは、伝統的な論功行賞と、忠誠義務と従軍義務であった。

徳川幕府の下で長くつづいた泰平のため、集団的な戦闘行為はなかったが、ヨーロッパの中世と同様に、個人的決闘はさかんに行なわれた。

武士階級の封建的な名誉観念や忠誠心は、理論的には究極のところ、一切の要となる中核的感情をなしていた。

明治維新によって、レーエンは解体され、それにかわって官僚支配が導入されて、封建時代に高く評価された名誉観念は、その一部に継承された。

だが封建的な観念から、市民的な企業倫理は生まれるべくもなかった。

維新後、ヨーロッパの実業家は、しばしば日本人の大商人の低級な商業道徳を嘆いたが、その一因は商業を相互欺瞞の形式と考える封建的な思想によって説明されよう。

その一方で、日本には封建的名誉観念を超えて、感情生活を浄化し、発展させるものがあった。アニミズムや呪術的な崇拝とは正反対の合理的な教え——大乗仏教である。

それは儒教的な戒めと融合して、品位ある挙措と礼節を調和させた人物像を理想とさせた。どれだけの人がそうであるかは別として、高い教育をうけた者は、自分をそうした理想の代表者として自覚するのがつねであった。

日本の仏教は、中国の諸宗派の流れを汲みながら、独自の発展の方向を示した。

十三世紀の初めに創始された浄土真宗は、もっぱら阿弥陀仏にたいする敬虔な帰依を重んじ、善行往生を否定した点において、ヨーロッパのプロテスタンティズムに比することができる。阿弥陀仏を信じることだけが、救済をもたらす内面的な規準なので、真宗は僧侶の独身や出家主義一般を排除した唯一の仏教宗派であった。

僧は妻帯し、職業上は特有の服装をした僧侶であるけれど、ほかの生活態度は俗人と変わるところがない。

それまでの仏教諸宗派において、妻帯は戒律の堕落の産物であったが、真宗では多分に自覚的な現象として現われた。

説教、教育、教訓、民間の読物は、多くの点でヨーロッパのルター派と類似した方法で発展し、そして「市民的」社会のなかに多大の勢力をもつこの宗派は、ヨーロッパの文化要素をもっとも好んで受容できる階層に属していた。……

二十世紀の初期に、西欧で書かれたこのヴェーバーのいわば日本人論、日本宗教論のうち、前半の部分は、戦後わが国でさかんに唱えられた、ヨーロッパを唯一の合理的モデルとして、日本の封建制を批判する「近代化論」のひとつのルーツであるから、いまとなってはさほどの新味が感じられないであろう。

けれど、浄土真宗とプロテスタンティズムの共通点の指摘は、わが国の資本主義における倫理性の欠如が、かくも無残に露呈されたいまこそ、あらためて注目に値する論点であるといわなければならない。

筆者はかねてから、わが国のヴァチカンともいうべき比叡山を離れ、絶対的な権威を誇っていた既成仏教に敢然と対抗し、専修念仏《せんじゅ》によってのみ人は救われる、と唱えて、僧の妻帯を否定しなかった法然《ほうねん》の画期的な新宗は、免罪符の濫売に象徴されるカトリック教会の堕落に抗議し、救いは行ないによらず信仰のみによる、と説き、聖職者も独身の義務はない、としたマルティン・ルターのプロテスタンティズムにはなはだ近く、すなわち、ヨーロッパで起こる三百数十年もまえに、わが国にも宗教改革は存在したのである……と、繰り返し述べてきた。

ヴェーバーは、西欧において営利を敵視するピューリタニズムの禁欲的な倫理が、どうして営利を追求する近代資本主義の精神にとって、ひとつの有力な促進剤になったのか、という一見不可解な逆説の解明を志して、『プロテスタンティズムの倫理と資本主義の精神』を著したが、近代性にはいまだに程遠いわが国の資本主義を、これまで根底において支えてきたのは、旧武士階級から伝わる封建的な名誉観念にもまして、来世における仏の救済を信ずるがゆえに、現世において不当な利益を得たり、不正な富を貪ることを潔しとせず、ひたすら勤勉に日日の生業《なりわい》に励みつつ、しかも武士の商法とは無縁のしたたかな合理性をそなえていた庶民の経済倫理、宗教倫理であったに違いないのである。

宗教と経済の関係を探るのは、いまも決して無意味なことではない。

ハイデルベルクの決闘学生

マックス・ヴェーバーの父親は、母親とはまことに対照的な人間であった。

マリアンネの卓抜な観察と表現を、一言で要約すれば、自分が旅に出るときは、かならず晴天の幸運に恵まれる、と信じて疑わないような、すこぶる楽天的な性格だった。

したがって自分のおもい通りに事が進むときは、おおむね機嫌がよかったが、厳《いか》めしい家父長制の掟に大多数の人が疑問を持たずにいた時代だから、いつも笑顔でばかりいるとはかぎらない。

父親の精神的権威を確信するかれは、家族が自分と違った意見をもつことに我慢できず、衝突が生じたときは、自分のほうが絶対に正しい、としか考えられなかった。

それにたいして母親は、いつも失敗の理由は自分のほうにあると考えて、深くおもい悩むたちだった。

あらゆる判断の基礎が聖書にあり、奉仕の愛と自己犠牲が第二の天性になっていて、すべては神の御心《みこころ》にそってなされなければならない、と考える完璧主義者の彼女の思索の錨は（これもマリアンネの表現通りにいえば）存在の深奥に下ろされていた。

父親の関心は、存在の深奥とか、超越的な世界にはなかった。

若き日の進歩的な自由主義の理想から遠ざかり、いまや当時の典型的なブルジョアになったかれは、人間が自力で解決できぬ問題などこの世に存在しない、と割り切って、根本的な難問や苦悩や同情を自分の人生とは無縁のものとし、おのれの心の安楽を第一として生きる道を取った。

マリアンネが伝記の作者として非常に恵まれていたとおもうのは、ヴェーバー家――というより、母方のエミーリエからイーダやヘレーネを通じてその子供たちに伝わる家系のなかに、長文の手紙を頻繁にかわす習慣があって、それがのちのちまで大切に保存されていたことである。

ベルリンの大学に入ったイーダの長男フリッツ・バウムガルテンが、母親に書いた手紙の一節を、大久保和郎の訳（丸括弧内は引用者）によって引けば――。

「もう何日もシャルロッテンブルクにいつづけましたので、家の人々のことが今までとは全然別な風にわかって来ました。今ではぼくにもあなたが何かというと叔父さん（ヴェーバーの父）と喧嘩することが理解できます。これがぼくの叔父さんではなかったとすればぼくも喧嘩するでしょう。彼は奥さん（ヘレーネ）のところではまったく太平楽なもので、本当の専制君主です。けれども心は鷹揚で、周囲の人々にはいろいろと恩恵を与えています」

フリッツの目に映ったヴェーバー家の姿は、つぎのようなものでもあった。

食事のあと、一家は近くの湖面に沿った林のなかの道を、長い時間をかけて散歩する。日が暮れると、母親は美しい声で歌をうたい、父親と子供たちもそれに和して歌いながら、星空の下を歩いて行く。ただし、長男のマックスだけは歌おうとしない。

マックスとアルフレートほど性格の違う兄弟はめずらしかった。散歩の間中、兄がもっぱら木の実や土くれなどに興味を示しているのに、弟は大声を発して、笑ったり泣いたりし、歌も夢中になってうたう。

自分にとって、マックス・ジュニアはまだ謎だ、とフリッツがハイデルベルクの祖母に書き送ったのに、エミーリエは答えた。

「あの子は激越な心を持った人間で、少々閉鎖的だと思っています。それでも彼は大変頭はいいし、善意も持っています（というのは、別の意志によって調子が狂わされていないときのことですが）」

括弧のなかの但し書は、マックスが家庭内では懸命に従順なよい子として振舞おうとしながら、内に秘めた反抗性がときにあらわになるのを示唆している。

フリッツが叔父に関して、父親のだれもがこれだけの根気よさと神経とを持ち合わせているものではない、と感心したのは、性格が著しく違う三人の息子（とくにお天気屋のアルフレートと悪戯っ子の三男カールのあいだには猛烈な喧嘩の絶え間がなかった）を引き連れて、ドイツという国の素晴らしさを見せるため、夏のあいだしばしば長期の旅行に出かけることだった。

十四歳のマックスは、旅先から長文の手紙で、詳細に旅の模様を母親に報告する。

両親が新婚生活を送って、自分とアルフレートが生まれたエルフルトから、やがてザーレ河を船で渡って、古城のあるルーデルスブルクへ。手紙の内容からすれば、ここも父が昔、母をともなって訪れた地であるらしい。

自然が好きな父とその子供たちは、岩壁をよじ登ったり下ったりして、ザーレ渓谷の道を進み、ドイツ自由主義の先達が集って文芸復興の気運をまき起こした古い大学町のイェーナに達する。

義理の伯父ヘルマン・バウムガルテンも学んだところで、幾つかの学生団（後述）の建物の上に旗が翻り、学生帽の姿がちらほらするその町では、ゲーテやシュレーゲル兄弟が住んだ家を見物した。

帰途は、マイン河とライン河の合流点にあるマインツから、朝の九時に快速船に乗って、ライン河を下り、夕方の五時半にケルンに着く。ここでは有名な大聖堂に、圧倒的な印象をうけたが、マックスが手紙に詳しく記したのは、宗教的な感動よりも、むしろ建築物の美学的な分析であった……。

わが国には修学旅行という独特の学校行事があって、生徒が欠伸《あくび》を堪《こら》えながらお決まりの名所旧跡を団体で見て歩いているが、父が子を案内して生涯忘れ難い印象を刻みこむこのような旅こそ、真に修学旅行というに値するものであろう。

家庭の専制君主であっても、自国の自然と歴史を愛し、現世を肯定して、生きることの楽しさをおおらかに謳歌する旅へと導いてくれる父親が、息子たちにはよき仲間ともおもえた。

だが、のちに初めてのイタリア旅行に連れて行かれたとき、自分と違った意見をもつことを認めない父親に、感激を言葉に出して表現することを、行く先先で求められた十六歳のマックスは、それをひどく鬱陶しく感じて、途中から一人で帰りたい気持に駆られたりもするのだった。

かれは両親にたいして、反抗性を表に出さぬよう、自制心を強く働かせていたが、ギムナジウムの教師には、あまりそうした配慮をしなかったようだ。

公然と反抗するわけではないけれど、教師に敬意を抱いていないのは明らかで、授業への義務感も、成績における功名心も示さず、しばしば解答不能の難問を発するかれの厄介な性格に、教師たちは人間的な不信感を抱いていた。

それにひきかえ、仲間には高慢なところがなく、できない友達の勉強を助けてやったりし、教養の水準が周囲と桁違いであるのも明白であったから、生徒間では一種の神童と目されていた。

卒業試験の成績は、教師の予想に反して、群を抜いた。これから年を追うにつれてはっきりしてくることだが、いざとなったときのかれの集中力は、他の追随を許さない。

卒業とともに、内向的な気難し屋で、頭でっかちのひょろ長い若者は、シャルロッテンブルクの家を離れて、ハイデルベルクの大学に進む。

そこでかれは、性格ばかりか、体型まで一変してしまうのである。

強く頼もしい男に

マックスのハイデルベルク生活は、貸間探しからはじまった。

大河ネッカールに臨む祖母の持家には、そのころヘレーネの妹ヘンリエッテが結婚した神学科の教授で詩人のアドルフ・ハウスラートの一家が住んでいた。

ハイデルベルク到着をまず簡略に告げた葉書のあと、最初の詳細な手紙は、ツィーゲルホイザー国道二一番地という住所から、父親宛に出された。

母方の祖父ファレンシュタインが、山を背負う斜面に建てた大邸宅も面しているツィーゲルホイザー国道というのは、ネッカール河に沿った道路で、対岸の山の中腹にハイデルベルク城が見える。

つまりマックスが落ち着いた貸間は、ファレンシュタイン邸とおなじ河沿いの道に並ぶ高台にあった。

　そこに辿り着くまでの経過を記した手紙の冒頭の部分には、なぜかちょっとしたサスペンス小説もどきの雰囲気が漂っているように感じられる。（傍点と丸括弧内は引用者）

「ここハイデルベルクに着くと、幸いにも、公然と駅をうろついている二、三人の西南ドイツ人《アレマン》グループの追跡をのがれ、『リッター』（由緒あるホテル兼レストラン）にいきました。ここは大変居心地がよく、安く泊まれます。わたしは直《す》ぐにハウスラート家を訪れ、祖母の手紙を渡し、昼までここにいました。午後、豪雨のなかを貸間を探してあちこち走り回りました。ネッカー河のこちら側には貸間はなく、市内でも百マルクから百十マルクでは――お聞きした父上のお考えのようには――まあまあという貸間はみつからなかったので、十マルク足して（シェッフェルの詩に出てくる食堂兼旅亭「橋の上のヴァルトホルン」、のちに改称してホテル兼レストラン「シェッフェルハウス」の）この貸間を借りたのです。ここのおばさんは、二人の未婚のばあさんで、とても話好きの、親切な人たちです」


　冒頭の傍点を付した部分は、いかにも怪しげな感じではないか。

　だいいち、見ただけで、どうして「西南ドイツ人《アレマン》」とわかるのだろう。

　たぶんそれは、学生団「アレマーニア」の団員であることを示す帽子をかぶり、リボンをつけていたからに違いない。

　そう想像する根拠は、ハイデルベルクといえば、日本人にはすぐその題名を連想する人が少なくないであろう戯曲『アルト＝ハイデルベルク』（丸山匠《たくみ》訳）にある。
作者のマイヤー＝フェルスターは、マックス・ヴェーバーの二歳年長だから、かなり娯楽劇風に美化された面はあるにしても、作中に描かれた一八七〇年前後と、およそ十年後の学生生活に、さほど大きな差異はないと見て差し支えあるまい。
国名は架空のものだが、ドイツ中部ザクセン地方の小公国とおもわれるカールスブルクの皇太子カール・ハインリヒは、ハイデルベルク大学に入学して、ネッカール河に面した旅亭リューダー館（対岸に城が見える）に寄宿する。
階下の食堂に学生たちの人気者ケーティが働くそこへ、まず青い帽子に三色のリボンのザクセン団員が登場し、さらに色とりどりの帽子とリボンをつけた学生団の団員たちが、次次に現われて、新学期の大コンパがはじまる。（つまり、帽子とリボンを見れば、どの学生団に所属しているかがわかるわけだ）
学生たちはテーブルを叩いて「ビール」「おやじさん」「ケーティ」と叫び、運ばれてくるジョッキを飲み干して大騒ぎする。
その有様を見て、皇太子の内侍ルッツは、ここはまさしく悪徳の巣窟、ソドムとゴモラだ、こんな家では、生命の保証もしかねる、と恐れ戦《おのの》く。（これが必ずしも大袈裟な誇張ばかりでないのを、読者はやがて当地を訪れたアメリカ人作家の紀行文によって知るであろう）
皇太子カール・ハインリヒを団員に勧誘しようとして、ザクソニア学生団のデートレフ・フォン・アスターベルク伯爵は、説得のために有名な詩を朗誦する。

アルト＝ハイデルベルク
栄光あるわが麗しの町よ
ネッカーのほとり
ラインのほとりに
くらべるものとてなし
心楽しき仲間の集う町
知恵にあふれ
美酒にあふる

この詩の作者が、ヴェーバーの手紙にも出てくる国民的な愛国詩と学生歌の詩人シェッフェルなのである。

そして、かれがハイデルベルク大学在学中の一八四四年に創設した学生団《ブルシエンシャフト》が、「アレマーニア」であり、それが初期の精神を失ったとみるや脱退して新たに結成したのが、「フランコーニア」であった。

シャルロッテンブルクにおける林中の散策では、家族と一緒に歌おうとしなかったマックスも、ハイデルベルクでは学生歌や愛国歌の合唱に積極的に加わったようだ。

——これらのメロディーは最後までマックス・ウェーバーについてまわったものである。

とマリアンネは書いている。

さて、戯曲のなかで、デートレフ・フォン・アスターベルク伯爵は、カール・ハインリヒにいう。

「いいかね、一日だけなんだよ、このハイデルベルクで学生団のリボンをつけず、帽子もかぶらずに歩けるのは。第一日目だけだ。つまりだ、ハイデルベルクの美しさとはなにか。学生団のリボン、帽子、仲間たち、それにきっさき鋭いサーベルとは、決闘の意味である。その言葉通り決闘で傷ついたデートレフの頭を、可憐なケーティは両手で抱えて、

「あら、かわいそうに、また決闘でやられたのね」

といい、顔中に包帯をした別の学生にたいしても、

「あら、ゼッペルじゃない。見せてごらんなさい。ほんとに喧嘩好きなんだから、あんたたちって」

と、それを悪戯っ子の喧嘩か、日常茶飯に近い出来事として受けとめている様子だ。

現実の決闘がどのようなものであったかは、後節で詳しく述べるとして、マックス・ヴェーバーが駅に降りた途端に出くわした西南ドイツ人のグループとは、つまり新入生を勧誘しようとして、駅に張り込んでいた「アレマーニア」の団員たちだったのであろう。

以前からたびたびハイデルベルクの祖母の家を訪ねていたマックスは、すでに帽子やリボンによる学生団の見分け方を知っていたのではないか。

ここで気になることが出てくる。

マリアンネの伝記をはじめとして、たいていの評伝や概説書には、父の縁故や意向に従って、マックスが「アレマーニア」に入ってフェンシングの稽古をはじめた……ように述べられている。

だとしたら、「父上様！」と書きだした手紙の冒頭部分に、「幸いにも、公然と駅をうろついている二、三人の西南ドイツ人《アレマン》グループの追跡をのがれ……」と記しているのは、不思議ではないか。

なかには、ヴェーバーの父を西南ドイツ人とした本もあるが、父方の家系は、何世代も前からドイツ西北部のビーレフェルトで亜麻布業を営む名門であったのだから、どうもアレマン人（アルプスに源を発するライン河と、シュヴァルツヴァルトに源を発するドナウ河の上流に住むゲルマンの種族、西南ドイツ人の古称）とはおもえない。

父への手紙のなかで、息子は下宿へ勧誘に来た「アレマーニア」の二人を一度撃退したことを伝え、感じのいいのはむしろ「フランコーニア」の連中で、万一入会するとすればここだ、とも書いている。

頼りない知識とあやふやな詮索によって、いったいなにを述べたいのか、といえば、学問への熾烈な探求心とともに、ひよわで運動が不得意な自分を鍛え直して、

——強く頼もしい男になりたい。

という願望を抱いて、ハイデルベルクに向かった十八歳のマックスが、結局のところ、「アレマーニア」に入ってフェンシングの練習をはじめたのは、父の勧めに単純に従ったというより、それがなにより幼少時からの最大の特質であるかれ自身の熟考の結果としての、主体的な選択によるものであったのに相違ない、と筆者は推測するのである。

マーク・トウェインが見た決闘

マックス・ヴェーバーがハイデルベルク大学に入学する四年前――。

欧州を遊覧して回る途中、しばらくハイデルベルクにとどまったマーク・トウェインは、そこで目撃した大学生活の実際を、旅行記（邦題『ヨーロッパ放浪記』飯塚英一訳）のなかで詳しく伝えている。

すでに「アメリカ一のユーモア作家」の評価を得ていたかれのことだから、独特の諧謔で戯画化もされているに相違ないけれど、その観察眼の克明さは、感嘆に値するものだ。

まず、ハイデルベルクの町の美しさと、背景にある森の神秘を、詩的に表現したあとで、トウェインはおおよそつぎのように語る。

――ハイデルベルクの学生のうち、特有の色の帽子をかぶる学生団に属しているのは、全体の一割で、有名な決闘を行なうのは、五つの学生団に属する者だけである。

五つの学生団はまた、ビール王を決定する飲み会も行なう。前年度の王者は、じつに七十五回もジョッキを空けたそうな。むろんどんな胃でも、そんなに飲めるはずはないが、胃を空にする方法があって、よく船酔いする人はそれをご存じであろう。

学生の大多数はよく勉強し、とくに勤勉な学生は、より多くの講義を聞くため、校舎と校舎のあいだを駆け回っている。

ハイデルベルクの八百人の学生のうち、毎日いたる所で見かけるので、顔を覚えた五十人は、学生団の色つき帽子をかぶって、通りを散歩したり、辻馬車に乗ったり、河でボートを漕いだりし、午後は城の公園でビールやコーヒーを飲んだりしている。かれらは洗練された流行の服装をしていて、礼儀作法も正しい。

かぎられた数の講義にだけ出て、夜はビアホールでアルコールの陶酔と会話を楽しみ、のんびりと暮らしている大半の学生の頭のなかが空っぽとおもったら、大きな間違いで、まったくその反対である。

かれらは大学に入るまで、生徒に自由を認めず、ひたすら奴隷のように教師のいいなりになって学ぶことを強制するギムナジウムという教育機関で、九年間をすごしてきた。

そこですこぶる高い教育をうけ、ギリシャ語やラテン語の読み書きはもちろん、話すこともできるので、あと必要なのは、専門分野の知識だけである。

厳しく拘束されてきたドイツの学生にとって、大学生活の寛大な自由は、まさに必要なものであり、またその自由が長続きしないことを知っているから、ふたたび拘束されて公職や専門職の奴隷になる日にそなえて、十分な休息をとっているのだ。……

ところどころでは、眉に唾をつけたくなるくらい、ドイツの学生にたいするトウェインの見方は好意的である。ユーモリストの視線は辛辣さを蔵しながら、他者にたいしては概して寛容なものだし、とくにここは旅先だから、外交辞令も籠めていたのかもしれない。

それにしても、この最後のくだりに示された指摘は、受験戦争と経済発展が進行する過程のある時期から、モラトリアムのレジャーランドと化したわが国の大学生活にも、ぴったりそのまま当てはまるようではないか。

だが、春風駘蕩《たいとう》としたトウェインの叙述も、いざ決闘の目撃談となると、はなはだ苛烈で凄惨なものとなって読む者の肌に粟を生ぜしめる。

そのまえにお断りしておきたいのだが、他人の作品の引用や抄録によって、こちらが稿料を得ることに、筆者がなんの呵責も感じていないとはおもわないでいただきたい。

当時の学生の決闘についてこれほど迫真的な報告をほかに知らないので、忸怩《じくじ》たるおもいを覚えながらも、敢えてできるだけ忠実な抄出をしてみたいのである。

さらにいうなら、引用と抄録の多用により、描きだす対象の世界を立体化して、多声的（ポリフォニック）なものにしようとする筆者なりの方法意識もないわけではない。

トウェインは伝える……。

——許可を得て、われわれが入った公共の建物の二階にある決闘場には、五つの学生団の全員が集まっていた。

バルコニーで熟練者が砥石で研ぐ剣は、研ぎ上がると刃で髭を剃れるほどの鋭さになるという。

毎週二回の定例の決闘日、当日の主宰者である学生団の団長は、団員から自発的に闘う者（三人以上）を募り、それぞれの対戦相手の選出を、他の学生団の団長に依頼する。

対戦が決まった二人は、完全武装の姿で、試合場に現われる。

両眼と両耳は、鉄のゴーグルと革紐、首はぐるぐる巻きの厚い布、さらにそこからくるぶしまで完全に当て物（パッド）で防護され、何重にも布が巻かれた両腕は、まるで硬くて太い棒のようだ。

この不気味な怪物は、十五分前には流行の服装の若者であったろうが、いまや悪夢のなかでしかお目にかかれないような姿になって、自力では動くのも難しそうな体を、仲間の学生に支えられて立っている。

中立の立場の判定者と記録者のほかに、白髪まじりの外科医も、湿布用の布や包帯や医療器具をもって控えていた。

「始め！」の声がかかると、対戦する両者は予想していたより遥かに素早く、いきなり前に出て、目にもとまらぬ動きで剣を烈しく打ち合わせ、私には飛び散る火花しか見えないほどだった。

二人の介添人が、「やめーっ」と叫び、自分たちの剣で対戦者の剣をはね上げ、競技役員が確認した一方の頭の傷に、外科医が手当して包帯を巻いたあと、記録係がその傷を相手の得点として帳面に記録する。

闘いが再開され、負傷者が側頭部から血を滴らせながらの打ち合いがつづき、剣が曲がったり、折れて破片が天井まで飛んだりするたびに、試合が中断されて、剣の修理が行なわれたり、新しい剣に代えられたりする。

試合は、負傷の手当をするあいだの休憩や中断の時間をべつにして、実質的に十五分間続行されなければならないのだが、第一試合は規定の時間に達するまえに、両者とも疲れきって、引分けとなった。この場合、双方の負傷が癒えたあと、両者はただちに再戦しなければならない。

第二試合は、開始から五分後、外科医が対戦を中止させた。一方がこれ以上は危険とおもわれるほどの傷を負ったからである。傷の具合は寒気のするようなもので、ここに詳しく描写しないほうがいいだろう。

第三試合も、一方がそれ以上闘えば命にかかわるような負傷をして、医師が中止させた。第四試合の敗者が、最後に決定的な傷を負ったとき、台無しになったかれの顔は——いや、止めておこう、ここに詳述すべきではない。私はちらっと見て、すぐに顔をそむけてしまったが、どうなるかがわかっていたら、最初から見なかったであろう。

命を賭けることが決闘の本来の目的ではないが、対戦者はひどい怪我を負うばかりでなく、生命の危険にもさらされる。

目と耳、首と体は、防具で守られているけれど、顔と頭にはなにもつけていないのである。医師が止めに入らなければ、死ぬこともあり得るだろう。

ドイツで二百五十年前から慣例としてつづいている学生の決闘は、いまも毎年ふたりか三人の犠牲者を出している。

ハイデルベルクの公園で、真新しい包帯姿の学生を見るのはめずらしいことではない。試合がはじまったら、決して後退してはならない、とされているかれらは、顔に傷をうけるのを名誉として喜び、ときにはもっと凄みを増そうと、開いた傷口に赤ワインを注いだりする。

そうした学生たちの多くが、胸に絹のリボンを交差させて懸けているのを見かける。引分けをのぞいて、完全に勝負がついた試合を三度闘ったという証拠で、このリボンをもらえば、かれは「自由」になれる。すなわち、もう試合をしなくても、仲間から非難されることはない。

ところが、ビスマルクは、リボンをもらって試合をしなくてもよい権利を手に入れてから、さらに二十回以上もの決闘を行なったという。……

この決闘の習慣が、恐るべき蛮行であるのは、現代の読者にはあらためていうまでもないであろう。

すでに子供のころから親に、侍の家に生まれたのだから切腹ということができなくてはならぬ、と教えられて育った森鷗外でさえ、まさに同時代の『獨逸《ドイツ》日記』において、それを徹底的に批判している。

若干わかりやすくして要約すれば……。

ドイツの学生は多く、コール（学生組合）、ブルシェンシャフト（学生団）などに相結合して、異様の衣を着、異様の語を吐く。これ中古士風の遺風にして、愛すべきところもあれど、弊害の甚だしきものあり、すなわち決闘これなり。

とくに身体を毀傷し、この瘢痕《はんこん》に附するに名誉瘢の名を以てするに於いてをや。けだし、「獨逸大學《だいがく》の惡弊《あくへい》といふべし」

というのである。

しかし、ハイデルベルクに学んだマックス・ヴェーバーは、その恐るべき決闘のなかへと身を投じて行ったのだった。

頬に大きな刀傷

到着早早、駅頭にいた「アレマーニア」から逃げ出したこと、好感をもった「フランコーニア」にも、万一入会するとすれば……という表現をしたこと、それに神学科の教授で大学では管理者の地位にあった義理の叔父のハウスラートから、学生団には入るべきでない、と忠告されたらしいこと等からして、マックスが最初から入団に積極的であったとはおもえない。

また、入団を決意するまでに、持前の熟考癖や分析癖、調査癖を発揮しなかったとも考えられない。

だが、父への最初の手紙から約一週間後に出された母への手紙では、まだ入団したわけではない、と断りつつ、三人の「アレマーニア」団員とフェンシングの練習をはじめたことを報告している。

もっともそう告げるのは長文の手紙の後段で、前段と中段に述べられるのは、入学直後の勉学の様子だ。

かれは教授たちの印象を母（およびおなじ手紙を読むにちがいない父）にこう伝える。

——「法学提要」のベッカー教授の講義は、わかりやすく明快で機知に富み、クニース教授（歴史学派経済学の創始者）のように単調になることは決してありません。

クーノー・フィッシャー（有名な哲学史家）は、一般にきらわれる午前七時から八時の早朝講義を取りましたが、講義の仕方もなかなかに挟むウィットも古くさく、人柄もまったく虫が好きません。……

例によって、キケロやヘロドトスを滅多斬りにしたのとおなじ辛辣な調子である。

そのような冷笑癖もあったとおもわれるかれが、「アレマーニア」の建物（これは現在もそのまま残っている）でフェンシングの練習をはじめたのは、訪ねてきた二人の新入団員の性質が気に入ったからであったらしい。

手紙を読んだヘレーネは、決闘の前稽古であるフェンシングには好感をもてなかったけれど、水泳や体操やスケートのような運動がきらいで、ひよわな息子の体のためにはいいことだ……とひとまずは考えたようだ。

二学期に入ると、マックスの生活は、ずいぶん忙しいものになってきた。

まず朝はフェンシングの稽古、午前中二―三時間、午後二―三時間の講義とゼミナール、その間に、昼食は「アレマーニア」の仲間と一緒にとり、週に二回は夜の酒場でかれらと気勢を上げる。

ここまでの叙述で、決闘をべつにするなら、ハイデルベルクの学生生活が、ひたすら優雅で牧歌的な風にだけ印象づけられたとすれば、それは一面的にすぎることになろう。

昔の大学は治外法権に近かったので、町で暴れる学生にたいして住民から寄せられる苦情や抗議に対処するため、大学は学生牢を設けた。

食事は水とパンだけで、昼間は講義に出席することを義務づけられていたのだが、内部に酒と食べ物を持ち込んで大騒ぎをする者たちが現われたので、かえって牢に入りたがる学生も出たという。

マーク・トウェインは前記の旅行記に、その学生牢の見学談を記している。

牢内の天井や壁には、入牢者がみずから記した名前と投獄された理由、期間などが落書きされていた。

「ボートレースのあまりにも熱心な見物人であったために四日」「愛のために――四日」「女性にたいする親切が誤解されて四週間」「治安妨害のために二日」……等等。

名前のなかには、ビスマルクの息子のものもあった。

トウェインは入牢者の一例として、アメリカ南部からやってきたある学生の話を書く。

――ハイデルベルクに着いた日、学籍登録をして、念願の大学の一員になれたのに感激し、その夜、知り合った学生と祝杯を挙げて、浮かれ騒いでいるうちに、大学のもっともきびしい規則のひとつを犯してしまったかれは、翌日の朝から三箇月間、学生牢に監禁された。

釈放の日、同情して出迎えた仲間の学生と、またも浮かれ騒ぐうち、こんどは市のもっともきびしい法律のひとつを犯してしまい、翌日から三箇月間、市の留置所に収監された。

そこから出た日も、仲間に迎えられ、自由の身になった喜びに飛び跳ねると、みぞれの道に滑って足の骨を折り、三箇月間入院するはめになってしまった。

結局かれは大学の素晴らしい講義を大して聴かないまま、ハイデルベルクを去って行った。……

これはうまく作られたコントかもしれないが、当時はとくに強かった大学生たちの鼻持ちならない特権意識と（じつは世間に甘えた）反俗の意識、それに一生一度の祝祭の意識などから、常軌を逸した乱痴気騒ぎを演じているさまを想像するのは、現代のわれわれにとってもそれほど難しいことではあるまい。

マックス・ヴェーバーの場合、生来の真摯な性格から推して、むろんそんなにひどくはなかったろうけれど、学生歌と愛国歌が生涯ついてまわった、というマリアンネの証言からすれば、夜の酒場やネッカール河にかかる橋上で放歌高吟する程度の青春謳歌は、やはりあったに違いない。

父あての手紙には、やがて経済的窮状を訴える文言が現われる。

——ここハイデルベルクは本当に快適ですし、これから先もそうだろうとおもっています。とはいうものの、父上のご期待のように、わたしは、今月の末ころまではやりくりができないことを白状しなくてはなりません。少なくともいままで、つまり、半ばまではなんとかやってきたのですが——でも、いまやまったく文なしでもあります。……

何度目かの間接的な送金依頼に、立腹した父親は、訓戒の手紙とともに、金ではなく、ソーセージ等の食物の小包を送ったようだ。

息子はつぎの手紙で、小包を受け取ったお礼の返事が遅れたお詫びと弁解を綴ったあと、お送りいただいた素晴らしい食物で十分栄養をとりました、あれはまた素寒貧の仲間たちをもうるおしています……と伝えている。

わが国でもまだアルバイト事情がいまのように恵まれたものでなかったころ、親元から離れて学生生活を送った人のなかには、こうした親子の虚虚実実の攻防と駆引きに関して、身に覚えのある方もいるであろう。

早朝に起きて激しいフェンシングの練習に汗を流し、健啖家ぞろいの仲間と一緒に旺盛な食欲を発揮して昼食をとり、酒場ではいくら飲んでも態度が崩れない酒豪として認められるまで大量のビールを飲んでいるうちに、頭でっかちでひょろひょろしていたマックスは、めきめきと太って頑健な体つきになってきた。

そしてマリアンネの伝記に、

——遂に第三学期には慣行となっている決闘をおこなって飾帯を授けられたほどであった。

と簡潔に記されたくだりは、いったいなにを物語っているのだろう。

長いあいだ虚弱で、自分の内に引き籠もりがちで、水泳も体操もスケートも不得意だったマックスが、あの悽愴な決闘を、三度も最後まで闘い抜いたのだろうか。

闘った証拠が、頰に刻まれ、頭部に幾つも残された刀傷である。

祖母のエミーリエは、閉鎖的なかれのなかに、激越な反抗性が潜んでいるのを、すでに見抜いていた。

この頃の写真の表情には、強く頼もしい男になろう、といったん決意したら、両の目玉が真ん中に寄ってしまうほど、愚直なまでその目標に向かって集中するかれのひたむきさが、歴然と見てとれる。

第三学期の終了後、頰に大きな刀傷を斜めに走らせて帰ってきた長男を見た母ヘレーネは、いきなり顔に平手打ちを食らわせた。

その衝撃は、存在の深奥に沈潜して、しだいにかれを震撼させていくことになる。

子をおもう母の愛の鞭に違いないけれど、それはまたドイツの男性原理にたいする、女性原理からの一撃でもあったのである。

シュトラスブルクの新兵訓練

この章ではまずわれわれの主人公の、幼年期から青年期にかけてのアルバムをめくって見ることにしよう。

といっても、実際にそのような写真帳を手にしているわけではない。ローヴォルト社刊のハンディーな人物叢書《そうしょ》の一冊『マックス・ヴェーバー』に載っている写真を、年齢順に見ていくと……。

五歳のとき、まだ赤ん坊のアルフレートを抱いた母ヘレーネと一緒に写っているかれは、確かに頭の大きさが目立つ。

翌年、椅子に座ったアルフレートの横に立っている姿は、普通のおとなしそうな子供だ。

だが、その九年後、次弟アルフレート、三弟カールと並んで腰かけた十五歳（すなわち堅信礼を迎えながらまだ神を信じられずにいたころ）のかれは、なぜか「不逞《ふてい》」とでも表現したいくらい鋭く反抗的な視線を、上目遣いに写真機のレンズに向けている。

つぎはハイデルベルク大学で、決闘を行なう第三学期に入る直前とおもわれるころ——。いったん目標を定めたら、両の目玉が真ん中に寄ってしまうほど集中してそれに向かって行く、愚直なまでのひたむきさが、歴然と見てとれる、と前章で述べた写真がこれだ。

そのつぎの写真は、肩章のついた軍服姿の半身像。まだ学生なのに、どうして軍服を着ているのか……。

本章の主題となるそのことに関して詳しく語るまえに、ハイデルベルクを三学期で離れたかれが、大学の第四、第五学期目を送りながら、一年志願兵として兵役に服したシュトラスブルクの町について、おおまかなスケッチをしておきたい。

若干回り道のように感じられるかもしれないが、この町の歴史的な特徴を知っておくことは、後年のマックス・ヴェーバーの代表作『プロテスタンティズムの倫理と資本主義の精神』の理解に、少なからず役立つはずである。

アルフォンス・ドーデーの短篇で、フランス語による『最後の授業』を行なった小学校のアメル先生は、教室の窓外に鳴り響くプロシャ兵の喇叭《らっぱ》を耳にすると、青ざめた表情で黒板に大きく「フランス万歳！」と書き、生徒に向かって、もうおしまいだ、お帰り……と手で合図する。

あの有名な場面は、普仏戦争の敗戦によってもたらされた事態を描いているので、そのときドイツに併合されたアルザス地方の中心都市が、シュトラスブルク（フランス名ストラスブール）である。

ただしアルザスは、十七世紀にフランスによって占領されるまで、神聖ローマ帝国に属し、もともとはドイツ語圏にふくまれる地方であった。

第一次大戦におけるドイツの敗戦後、それからナチスの占領時代を挟んで第二次大戦後は、またフランス領にもどり、現在はＥＵの欧州議会がストラスブールに置かれ、効率と経費の面からそれをブリュッセル（ＥＵの本部所在地）に移そうと主張する各国の意見に、フランスは断固として反対している。

そんな風にここは、ヨーロッパの複雑な歴史と未来を象徴する都市でもある。

欧州連合条約の発効以来、独仏の交通上の国境は消滅し、ハイデルベルクからそこへ行くのにも、カールスルーエで乗り換えた列車は、面倒な手続きもなにもなしに、ライン河にかかる長い橋を通過して、ストラスブールに達する。

十五世紀のなかば――。

神聖ローマ帝国時代のこの町へ、ライン河下流のマインツから、一人のドイツ人がやって来た。金属の加工にすぐれた技術をもっているらしく、初めはシュトラスブルクの有名な大聖堂（司教座大教会）の宗教行事に集まる巡礼者のための救済用手鏡を製造していた。司教のあたえる祝福の光を吸いこんで蓄えると信じられていた凸面鏡を、鉛と錫《すず》の合金で宗教的な絵柄を浮彫にした板枠に嵌《は》めこんだものである。

やがて、その鉛と錫などを材料に、人に隠してなにやら秘密の鋳造作業に熱中しているらしいかれは、「黒い魔術師」と呼ばれるようになった。

いまもストラスブールには、大聖堂の近くに、かれの名を冠した広場があって、中央に銅像が建っている。

活字の鋳造にはじまるグーテンベルクの画期的な活版印刷術の発明は、帰郷後にマインツで完成されるのだけれど、基本的な部分はシュトラスブルクの秘密の工房で形づくられたのだった。

みずから発明した新技術によって、かれが印刷製本した「四十二行聖書」は、それまで教会の専有物であった聖書を、やがて聖職者以外の人びとにも解き放って行く一大契機となった。

グーテンベルクの前半生については、あまり確かな記録が残されていないが、一四一八年から二十年にかけて、エルフルト大学に学んでいた、と推定する説がある。

マルティン・ルターがおなじ大学に入ったのは、活版印刷術の完成から、およそ五十年後のことだ。

詩人であって、かつ思想家、革命家でもあったハインリヒ・ハイネは、『ドイツ古典哲学の本質』において、つぎのように述べる。

――ルターがドイツ語に翻訳した聖書は、魔法のような印刷術によって、何千冊も国中に広められ、その文章は（幾つもの方言圏に分かれていた）ドイツ人にとって共通の文語となった。かれに由来するドイツ語に、われわれがこうむったおかげは計り知れない。

宗教改革によって、ドイツに精神の自由、思想の自由をもたらしたルターは、ドイツ近代文学の始祖でもあったのだ。……

また、宗教改革の進行には、ルターの新しい教説を平易に述べた小冊子やパンフレットが、大量に印刷されて、広く民衆のあいだに浸透したことが、大きな力になっており、「そのためグーテンベルクの活版印刷術は、発明されてから半世紀あまりたってその威力を発揮した、といわれている」（戸叶《とかの》勝也『グーテンベルク』）という面もあった。

シュトラスブルクの秘密工房で、グーテンベルクが「黒い魔術」の研究をはじめていなければ、宗教改革はずいぶん違ったかたちのものになっていたに相違ないのである。

ルターの生涯が晩年にさしかかったころ、もう一人の若き宗教改革者カルヴァンが、本拠のジュネーヴから追放されて、シュトラスブルクにやって来た。

かれはここで三年間、著述に精魂を傾けて、主著『キリスト教綱要』の改訂増補と聖書注解書の執筆を行ない、また二人の子連れの未亡人と結婚して家庭生活を安定させ、教会の改革をさらに進めて行くための入念な準備の時期をすごす。

その後に生じた事態を、『プロテスタンティズムの倫理と資本主義の精神』（大塚久雄訳）はこう語る。

——カルヴィニズムは十六世紀にはジュネーヴとスコットランドを支配し、十六世紀末から十七世紀にかけてはネーデルランドの大部分を、十七世紀にはニューイングランドと、一時はイギリス本国も支配した。……

この大躍進は、シュトラスブルクにおけるカルヴァンの雌伏の三年間からはじまったと見てもよいであろう。

われわれの主人公が、大学生活の第四、第五学期を送るためにやって来たのは、そのような歴史をもつ町だったのである。

出世に有利な予備役将校制度

十九歳のマックス・ヴェーバーは、ここで一年志願兵として軍隊の苛酷な訓練を受け、じつに惨憺たる目に遭うのだが、その実際を述べるまえに、当時のドイツの学制と、予備役将校制度についても語っておかなければならない。

一八三四年、つまりヴェーバーが生まれる三十年まえ、それまで各大学で独自に行なっていた入試制度が廃止されて、プロイセンの特権的なギムナジウムの卒業試験に合格した者は、無条件に大学入学資格《アビトゥーア》が与えられ、どこでも望む大学に進めるようになった。

大学の教授は、もっぱら講義を行なうだけで、期末試験などはしない。したがってハイデルベルク大学で見てきたように、学生は気楽に遊んでも過ごせるわけで、一方、向学心に燃える熱心な学生は、希望する教授の講義を聞いたり、いろいろと見聞を広めたりするのに、諸邦の大学を回り歩くこともできる。

そうして三年か四年の学生生活を送ったのち、官僚や教師になるための国家試験や、卒業試験に合格すれば、大学修了者《アカデミカー》ということになる。

いささか煩雑におもわれるかもしれないが、プロイセンで高級官僚になるための道程は、つぎのようなものであった。

最低三年、大学の法学部で学んで、まず官吏になるための第一次国家試験——司法書記官試補試験を受ける。

合格すれば、最初の二年は司法書記官試補として、各種の裁判所で働くことになるが、そのまえに一年間の兵役を済ませて予備役将校の資格を得なければならない。

裁判所で働いたのち、行政官を志望する者は、必要な書類を調えて県知事に申請し、採用されれば、こんどは行政書記官補となって県庁で働く。

第二次の国家試験は、公法と私法、とくに憲法と行政法、国民経済学、財政学について筆記試験と口頭試問が行なわれ、合格すれば書記官に任命されて、あらゆる高級官僚への道が開かれる。

順調にいけば、大学に三、四年、軍隊に一年、書記官試補二年、書記官補二年で、だいたい三十歳に近づいたころ、書記官になれる。

マックス・ヴェーバーの場合は、大学生活四年で、司法書記官試補試験に合格しているから、もし最初は、官僚から政治家へ、という父親とおなじ道を目ざしていたとすれば、順調な滑り出しといえるだろう。

さて、問題なのは、前記の官僚コースのなかで、知事に申請して行政書記官補への任命を待つさい、無条件に採用されるのは、第一次の国家試験で抜群の好成績をあげた者にしぼられ、あとは貴族であるか、学生時代に官界や政界に先輩が大勢いる学生組合《コール》か学生団《ブルシェンシャフト》に属していたか、高官や保守党の政治家にコネクションがあるか……等の条件が、大きくものをいうとされていた点である。

コール（軍隊用語では「軍団、兵団」の意）やブルシェンシャフトの学生が、生命の危険をも冒して決闘に挑んだ理由に、当人たちはまず男としての勇気を重んじた点をあげるに相違ないが、出世に有利に働くという点があったのも事実なのだ。

いま挙げたほかに、採用の好条件には、予備役将校として貴族的で封建的な連隊（とりわけ皇帝の親衛隊と近衛騎兵隊・歩兵隊が上位）に関係があるか、名家と縁戚関係があるか、保守主義に忠実であるかどうか等があり、妻を選ぶさいにもそれらの基準が重視された。

そんな風に、鉄血宰相ビスマルクの武断専制政治のもとで、一般市民の社会にまで広がったミリタリズムの傾向について、現代アメリカにおけるドイツ史研究の大家ゴードン・A・クレイグの『ドイツ人』（眞鍋《まなべ》俊二訳）はこう述べる。

——軍事的な価値がビジネスの世界にも浸透し、まるで要塞司令官のように自分の企業を経営する実業家を作り出したが、大学社会でも、学生の諸団体が兵営生活の儀式と悪徳を模倣して、プロイセンの中尉のスタイルと張り合おうとするような状況を生み出し、富裕なブルジョアジーは、貴族の将校団に娘の配偶者を求め、精鋭騎兵連隊の将校辞令を息子のために求めることで、自分の地位を高めようとした。……

プロイセンの将校団は、伝統的に貴族とユンカーが大半を占めていたが、予備役将校制度によって、市民階級もそれに加わるようになった。

これは一年間、衣食の費用を自分で払って兵役に服し、成績に応じて予備役将校の階級が与えられる制度で、市民生活へ復帰したあと、軍服着用を認められ、社会的な尊敬も得られるので、富裕な家庭の子弟から積極的に志願する者がふえた。

予備役将校になるのは、社会的な上昇系列に組みこまれることを意味し、法律家でも商人でも、資格を得た者は、名刺に市民としての肩書よりも先にその階級を記し、じっさいそれで取引が有利になる場合も少なくなかったという。

上山安敏『ウェーバーとその社会』によれば、「予備役将校になれる身分」と、学生団体に属して示した「決闘に応じ得る能力」は、同質のものと見做《みな》されており、顔に決闘の刀傷をつくることが「一種の社会的ステイタス・シンボル」となる気風も醞醸《うんじょう》されていた。

こうして見ると、典型的なブルジョアになっていたヴェーバーの父が、学生団体への加入を勧めたとすれば、自分のあとを継いで官僚から政治家に進むのに、それが有利と考えたからである可能性が大きい。

しかし、子のほうにそうした意識がさほど強くなかったに違いないのは、出世には学生団よりさらに有利とされる保守的な学生組合への加入を、入学当初から忌避していたことでわかる。

大学在学中に、一年志願兵になる、という選択には、父と子のどちらの意向がより強く働いていたのだろう。

いずれにしても、司法書記官試補の試験を目ざしていた子としては、合格後にどうせ果たさなければならない兵役なら、時間的にゆとりのある学生時代のうちに済ませてしまおう、と考えたのかもしれない。

ちなみにビスマルクも、政治家になるまえは、司法書記官試補の試験に合格し、一年志願兵の兵役を果たして、裁判所や県庁に勤める、という官僚コースを経験していた。

ここまで述べてきたようなプロイセン官僚の昇進の条件を、詳細に分析したあとで、村瀬興雄《おきお》『ドイツ現代史』は、すこぶる的確な批判の視点を示す。

「われわれはよく、東洋の不合理な家父長制と郷黨心《きようとう》と身分制、とくにその根強《ねづよ》さについて云々する。しかし二十世紀のプロイセンと帝政ドイツになお存續《そんぞく》した血縁《けつえん》的な、身分的因襲の強さと深さについては記憶が薄らいだようである。『西洋』においても、封建的遺制の不合理さが、東洋のそれと大きく相違していなかったことを以上の事實《じじつ》は明らかにするであろう」

マックス・ヴェーバーも後年は、決闘をふくむプロイセンの封建的蛮風と結合した立身出世主義の痛烈な批判者となり、若年のころ学生団に加わったことを悔いたりもするのだけれど、このころはまだ周囲に横溢する勇ましい「尚武」の気風や伝統に、さほどの疑問は抱いていなかったのに違いない。

「まるでビヤ樽じゃねえか」

一年志願兵としてシュトラスブルクの連隊に入った十九歳の学生は、そこでこれまで経験したことのない屈辱と辛酸を、つぶさに味わわされることになる。

それはまず、大食と痛飲に明け暮れたハイデルベルクの生活で、すっかり肥満した体に合う軍服が、被服庫に一着もなく、無理に押しこめた腹部を、炊事班長の革帯でぎりぎりまで締めつけなければ、ズボンのなかに収まりきらない、という悲喜劇からはじまった。

ついで、毎日七時間も営庭を走り回らされる訓練に、肥満した体を支えきれない踝《くるぶし》が腫れ上がって、一足ごとに耐えがたい痛みに苦しめられる。

誇り高き「予備役将校になれる身分」を示す決闘の刀傷をつけた顔を苦痛に歪ませ、足をたどたどしく引いて走る一年志願兵を、とくに気合を入れて追い回す下士官の顔には、明らかに堪えきれない喜びの色が浮かんでいた。

フェンシングの練習をはじめるまで、スポーツといっさい縁がなかったかれが、鉄棒にぶら下がって不器用にもがく姿は、「まるでビヤ樽じゃねえか」と、嘲笑の的にされる。

雨つづきで営庭にできた大きな水溜りのなかを行進させる下士官は、それを心から楽しんでいる様子で、訓練のあとの一年志願兵たちは全員、泥人形のようになってしまう。

そんな姿で、一日を終えた志願兵は、兵営ではなく、それぞれの住まいや下宿に帰って行く。

部屋ではベッドに倒れこむしかないのだけれど、ヴェーバーの場合、肉体が疲労困憊《こんぱい》していても、頭脳が疲れていなければ、妙に目が冴えて眠ることができず、横になって読むハイネやツルゲーネフが、兵営では得られない友となった。

かれにとって、軍隊生活でなにより不快なのは、さまざまな重労働と酷使にもまして、肉体的にはさほどの苦痛でなくても、銃の操作など機械的な動作を、何百回、何千回と繰り返しやらされるうちに、精神的な能力とエネルギーがどんどん失われていくことだった。

そうした訓練を受けた日は、下宿に帰って安楽椅子に腰かけ、自分としては短時間葉巻をふかしただけのつもりで、時計を見ると、すでに三時間も経過していたことがあり、その間は放心状態に陥って、ただ茫然となっていたのに違いなかった。

またディルタイの著作を数十ページ精読し、十五分経ったあとには、なにが書いてあったのか、全然おもい出せない。

一年志願兵は、何にたいしても精神的な関心をもつ可能性を、いっさい断ち切られる。

恐ろしいまで鈍感になって、途方もない時間の浪費を、なんともおもわなくなるのが、ここで必要とされる「忍耐」で、ヴェーバーの感じでは「もっとも下司《げす》な野郎どもに無数の無礼な言葉」を浴びせられたあげく、「時間を大切にしろ！」と怒鳴られるのが、「軍隊教育」なのである。

そしてじっさいに、顕微鏡で探しても、自分の脳のなかに思考の痕跡も見出せなくなったとき、もっとも見事な操銃と、いちばん立派な射撃ができるのだった。

つまり、自分が人間というよりも、機械の一部品になったときに……。

夕方、深夜、早朝、昼の四度にわたって、歩哨に立たなければならない衛兵勤務のときは、むろん下宿に帰れない。それがまたはなはだ金のかかる勤めでもあるのは、一年志願兵の奢りでたらふく飲み食いするのが、夜の衛兵室へつぎつぎに現われる古参の兵隊たちの、伝統的な権利になっていたからなのであった。

衛兵勤務以外のときにも、ご機嫌を取ろうと大食漢ぞろいの兵士たちに酒と食事を気前よく振舞ったり、また気の合った一年志願兵の仲間たちと酒場で飲んだりするのに、ヴェーバーはハイデルベルク時代以上に多額の金を要し、ここからもたびたび遠回しに送金を依頼する手紙を両親に送った。

むろん経済的な窮状を訴えるのは後半の部分で、感心せずにいられないのは、肉体的にも精神的にも最悪の状態におかれながら、軍隊生活の実態をときにユーモアさえまじえて詳細に描き出し、また休日に訪ねたシュトラスブルクの親戚バウムガルテン家とベネッケ家（母親のいちばん下の妹エミーリエが結婚した地質学教授エルンスト・ベネッケ一家）の様子を報告するきわめて長文の手紙を、父母の両方へきちんと書いていることである。

たとえば、シュトラスブルクから何マイルも離れたところで行なわれた野戦演習の模様を、母親に伝える長い手紙は、おおよそこんな風だ。

朝まだ真っ暗なうちに、鉄兜、背嚢《はいのう》、炊事用具、パン嚢、外套をつけて整列、出発——。初めは気にならないが、やがてしだいに体の動きを束縛して圧迫する外套や弾薬盒《ごう》や背嚢などが、不快な重荷に感じられてくる。

二つの中隊の将校が、左右から別別の命令をこちらに発する。

左から「そこの一年志願兵、もっと歩幅を上げろ」

右から「こら、そこの一年志願兵、そんなに前へ出るな」

そんなちぐはぐな命令が、交互に何度も繰り返される。

目的地に着くと、縦隊の戦列が散兵戦の形に散開して前進をはじめ、「伏せ」の命令がかかると、泥濘《でいねい》のなかに身を伏せる。

空砲の炸裂音が響くなかを、全速力で走っては、伏せる。

――もちろん、またしても水溜りか汚物の塊か、そうでなければえたいの知れない汚い物のなかへです。……

「射て！」の命令で、一斉射撃が行なわれ、銃声で耳が聞こえなくなる。

さらにしばらく、走ったり、ぬかるみを転げ回ったりを繰り返したあと、最後に、銃剣をつけた銃を水平に構えた全員が、わあという意味の動物的な叫び声をあげ、敵に向かって突進する。

――このときには、もちろん、きまって突き倒されて手を踏んづけられたり、うしろの男の銃剣で膝窩《しっか》を突き刺されたりします。……

――二、三時間の、こういったお慰みの後、やっと帰りの行進となるのですが、両耳まですっかり聞こえなくなり、片目には青あざができ、頭はがんがん鳴って割れかけ、足にまめができて、手は掻《か》き傷のため血が流れ、身体中瘤だらけ、半ば踏み潰されたような状態で、汚れと泥水を、運のいいときには糞尿まで浴びて、一つ一つの装具はほとんど泥と区別がつかず、足は河馬の足のように下にいくにしたがって太くなり、つま先はべっとりした粘土の塊となっているという有様です。棒で一番ひどいところをかき落としたあげく、こんな格好で町へ戻り、シュトラースブルクの住民男女の目の前に連れていかれるというわけです。……

このような便りに、両親は同情ばかりはしていられなかった。じきにまた送金依頼の手紙が来るからで、父親は浪費をきびしく叱責する文句を書き送り、それにたいしては遅れがちな返事の催促もしなければならなかった。

ヴェーバーはその後もたびたび野戦演習に参加して、アルザスの住民がドイツの軍隊に決して好意的でないのを、身をもって体験する。

軍隊生活がつづくにつれ、かれは自分の専攻分野においてこれまで獲得した僅かな知識が、惨めな廃墟と化し、ほとんど崩壊してしまったように感じていた。

そんなある日、行軍を不可能にする疼痛と腫脹を生じた右足の炎症で、営内の病室に横たわったかれは、そこで読んだ一冊の小冊子に、これまでのキリスト教観を、大きく変えられるほどの感銘をうけた。

かれはその衝撃を、母親に宛ててこう書き送った。

——宗教的なものがわたしにとって客観的以上の関心を呼び起こしたのは、これがはじめてです。そしてわたしは、この偉大な宗教的な書物を知って、やはり全然無駄に時を過ごしたわけではないと信じています。……

すべての偉大なものの土台

その小冊子とは、伯母イーダが貸してくれたアメリカ・ユニテリアン派の牧師ウィリアム・E・チャニングの本である。

読者は、姉の影響をうけて、チャニング等の本に親しんだヘレーネが、結婚生活を最初に送った町エルフルトの古ぼけた生気のない宗教生活に、怒りと嘆きの言葉を発していたのをご存じであろう。

その本を、まだ神を心から信ずることができずにいたヴェーバーは、シュトラスブルク連隊の営内病室で初めて読むことになった。

チャニングは、十九世紀のヨーロッパではアメリカの宗教思想家としてもっともよく知られた存在で、D・B・パーク『ユニテリアン思想の歴史』（紺野義継訳）によれば、「一方ではニューイングランドの神学の中に、他方ではヨーロッパの合理主義の中に足場をもつ巨像」であった。

独立宣言の署名者の一人を祖父にもつ家に生まれ、カルヴィニズムの影響を強く受けた環境で育ち、ハーヴァードの神学部に学んだチャニングは、ボストンの教会の牧師として、生涯をユニテリアニズムの興隆に尽くした。

かれの宗教活動の精髄は「説教」にあり、なかでも代表的な『ボルティモアの説教』は、『ユニテリアン・キリスト教』として出版され、神学における新しい自由主義運動の、いわば独立宣言となった。

前記『ユニテリアン思想の歴史』が紹介する『ボルティモアの説教』のさらなる要約を、門外漢ゆえの誤解の危険を冒しつつ敢えて試みるならば、チャニングはつぎのように説く。

――私たちは聖書を、人類にあてた神の啓示の記録、とくにイエス・キリストによってもっとも完全に神の意志が啓示された記録と見ます。

聖書は人間のために、人間の言葉で書かれた本であり、したがってその意味の探究は、他の本にたいするのと同じ方法――つまり理性を働かせて行なわれるべきで、それが私たちの義務であると感じています。

もっとも私たちも、宗教における理性の使用が、危険をともなうものであることを認めます。しかし、正直な人が教会の歴史を眺めて、理性の放棄のほうがもっと危険なものではないかどうかいってくださることをもお願いします。

私たちは、唯一の神が存在することを信じます。それは一つの存在者、一つの位格、それ以上さかのぼれない無限の可能性、そして支配の源である唯一者です。

私たちは三位一体の教義に反対します。その教義にしたがうなら、最高の神性をもつ父と子と聖霊という、三つとも無限で同等の位格が存在することになり、それを承認すれば、結果として、神の単一性をくつがえしてしまうからです。

つぎに、私たちは、イエス・キリストの単一性を信じます。イエスが私たちとまったく同じように、一つの意志であり、一つの霊魂であり、一つの存在者であって、一つの神とは別個のものであると信じます。

私たちは、神の道徳的完全さを信じます。そしてこれが私たちの信心の基礎なのです。

私たちは、イエスが人類を道徳的にまた精神的に救うために、父なる神によって派遣され、いろいろな方法で崇高な目的を達成させたと信じています。

第一に、イエスは神の単一性、親としての性格、道徳的支配について教えました。第二に、義務の道筋に光明を与えました。第三に、私たちに完全性へ向かう熱意と活気を抱かせるため、徳風薫るかれ自身の欠点のない模範を示しました。第四に、改悛しようとしない罪悪を脅かしました。第五に、イエスは不死性を発見する光栄を得ました。第六に、かれは苦しみを受け、死にました。第七に、復活という大事件で、自分の伝道を確証し、未来の生命を人間に理解させました。第八に、私たちが霊的な助けと祝福を得られるよう、神にたえず取りなしています。そして最後に、かれは死者を生き返らせ、世界を裁き、信仰深き人に永遠の褒賞を約束する力を与えられました。

以上の説を、私が主張するのは、それが真理であるばかりでなく、信ずる人びとに強力に作用して、よき実を結ばせることを可能にする教義であり、信仰であると考えるからです。

私たちの見解に、キリストの教えの純粋さを傷つけたり、除外するようなものは、何もありません。私たちに探究心を起こさせ、世界中にキリストの教えが広まるのを希望させるそのことが、教義の純粋さの証しであると、私たちは考えているのです。……

このようにチャニングの説は、人間の理性と心情の双方に基礎をおきながら、さらにその上に人間を遥かにこえた超越者として存在する唯一の神を、疑いなく信じている。

また、イエス・キリストを神とは別個の「人間」として認識し、しかもなお最終的には神と同一化したかれの復活と不死を肯定している。

かつてヘレーネが、堅信礼のまえに「霊魂の不滅」を自明のこととして話したとき、信じられない……という表情をあからさまに示したヴェーバーも、チャニングの解釈には抗し難い普遍性を感じて、

——全然疑念の余地がありません。

と、母への手紙に書かずにはいられなかった。

手紙の内容と日付によって、ヴェーバーが営内病室に入っていた時期はおおよそ推定できるの

だが、それより二箇月ほどまえ、母とかれと弟アルフレートのあいだに、こんなことがあった。そのころ堅信礼の時期を迎えたアルフレートは、兄がそうであったのと同様に、まだキリスト教にたいする懐疑を解決できずに悩んでいた。

まえに従兄のフリッツが自分にしたのとおなじ役目を、母親から頼まれて、兄は弟に手紙を書いた。論旨はこうである。

——君の課題は、君自身が解くしかなく、各人の課題は、各人がそれぞれ自分のやり方で解くしかない。

そのように解釈はさまざまであっても、結局は万人に理解されて、二千年来つづいてきたところに、キリスト教の偉大さがある。

キリスト教は、その二千年のあいだに作り出されたすべての偉大なものの土台で、国家、法律、制度、学問、思想は、いずれも主としてキリスト教の影響のもとに発達してきた。

人類の歴史において、キリストの愛の教えほど人間を感動させ、その文化を充実させたものは、ほかにない。……

兄はそう書いたのだけれど、チャニングの本を読んで「宗教的なものがわたしにとって客観的以上の関心を呼び起こしたのは、これがはじめて……」と感じたのが本音であったとすれば、その二箇月まえに手紙で述べたことは、じつは概念的な把握にすぎなかったわけだ。

しかし、チャニングに心を動かされたあたりから、かれのキリスト教観には血が通いだし、しだいに力強く生き生きと脈を打つものになって、大きく成長をはじめるのである。

自由主義の雰囲気

シュトラスブルクから、ほぼ一箇月ごとに、父母のどちらかに出された長文の手紙を読んでいくと、精神の自由を徹底的に奪いとって消し去ることが目的であるような軍隊生活のなかでも、ヴェーバーの少年時代からの特質である懐疑と批判の精神は、明らかに窒息していないのがわかる。

毎週の土曜、シュトラスブルク大学の歴史学教授であるヘルマン・バウムガルテンのゼミナールに出席し、日曜の午後にはバウムガルテン家を訪ねて、独特の自由主義的な空気をおもいきり吸いこむことが、大きな救いになっていたのだろう。

手紙の内容からすれば、義理の伯父のゼミナールのほか、ローマ法で有名なルドルフ・ゾームの法律学の講義も受けるつもりでいたのがわかるが、これにはほとんど出席できなかったようだ。土曜と日曜も完全に自由が認められていたわけではなく、予定外の衛兵勤務に駆り出されたり、軍隊の教会礼拝に強制的に出席させられたりして、せっかく一週間楽しみにしていたゼミナールや親戚との交歓の時間を、ふいにされてしまうことも、ときにはあった。

ヘルマン・バウムガルテンは、若いころ政治的理想を共有したヴェーバーの父が、年を取るにつれて保守化の度合を強めたのとは違って、いまなお自由主義の信条を堅持しており、ドイツ帝国の創成期には支持したビスマルクの痛烈な批判者となっていた。

かれはこのころ、無批判なビスマルク崇拝が若い世代に浸透して、プロイセン風の軍国主義と偏狭な国粋主義が強まりつつある時代への憂慮と攻撃を、たえず激しく口に出し、そのため周囲から友人が去って行くのも意に介さなかった。

ヴェーバーの父には、子の手紙に書かれてくる軍隊生活への反撥が、あるいはヘルマンの影響によるものと感じられていたかもしれない。

そして伯母のイーダは、いうまでもなくチャニングの自由主義的な神学の信奉者である。

ヴェーバーは、兵営とは正反対の空気が流れるバウムガルテン家で休日をすごし、また地質学教授エルンスト・ベネッケの子沢山の家庭では、自分の家とおなじように寛げるクリスマス・イブを味わうことができた。

そもそもかれが、学生と一年志願兵を兼ねる生活の場として、シュトラスブルクを選んだのには、そこにバウムガルテン家とベネッケ家という親戚がいたことが、大切な理由になっていたのに違いなかった。

こうして厳しい訓練と演習に、反撥しつつ耐える日日を送るうちに、どんどん体が引き締まって、均斉のとれた体つきになったヴェーバーは、やがて将校任官試験を受けるための猛勉強をはじめた。

いざとなると、並外れた集中力を示すかれの特性は、このときも遺憾なく発揮されて、試験の結果は、最優等という評価をうけた。

試験に合格すると、一年志願兵は予備役将校の資格をもつ下士官に昇任する。

その昇任の日に先立って、モールのついた上着が、かれのものとなった。本章の冒頭で触れた軍服姿の写真は、これを着て撮ったのであろう。

試験の結果を、父親に手紙で伝えて、

――水曜日の午後、ついに、わたしたちは予備役願を出しました。それは十一ヵ月前にはまったく不安な夜ごと夢にみた日で、わたしは生きて会えるかどうかも覚束ないとおもいました。人生において「自発的に」歩くことだけでも、有難いことです。

息子マックスより

そう結んだ自分の名前のあとには、「一年志願下士官（あと二十四時間で）」という但し書がつけられていた。

ビスマルクへの疑問

これまでは同名の父親との混同を避けるため、主にヴェーバーと書いてきたわれわれの主人公を、本章からは、マックスと呼ぶことにしたい。

とうぜん異性を意識しはじめる青春時代について語るには、そのほうがふさわしい、と感じられるからだ。

話はいったん少年期に遡る。

九歳のころから、ラテン語を自発的に好んで学び、ひとつひとつ単語を覚えるのを、まるで遊びのように楽しんでは、鮮やかに文章を暗誦してみせたマックスが、もうひとつ熱中していたのは、ピアノの練習で、毎日午後に三十分ずつ、地元の教師についてレッスンを欠かさず、その成果に接した祖母には、指がよく動き、耳も確かなようにおもわれた。

夕食後に一家で散歩するとき、母親がリードする合唱に頑として加わらなかったかれも、じつは音楽に興味がないわけではなかった。

それどころか、音楽への関心がどれほど深く、かつピアノの腕前がどの程度のものであったかは、それから四十年近く経ったあと、ハイデルベルクの自邸で仲間の学者たちを驚かせた一幕によって明かされる。

高度に専門的で理論的な『音楽社会学』（草稿が発見されたのは死後）の構想を述べて、和声学の話をはじめたとき、

——音楽の社会学とは、いったいどういうものなのか……。

学者たちには、さっぱり訳がわからなかった。

するとかれは、ピアノに向かって実際に弾いてみせながら、和声学についてつぎからつぎへと想像もつかなかったような話をつづけ、聞くほうはただ茫然とするばかりで、神学者のハンス・シューバート教授は、「私はほとんど全くなにも理解できなかった」と回想している。

ハイデルベルクで、「ヴェーバー・クライス」（マックスを中心とするサークル）の一員だったパウル・ホーニヒスハイムは、音楽とかれの関係について、つぎのように述べた。（大林信治訳『マックス・ウェーバーの思い出』による）

——音楽はかれにとって、生きるのに欠かすことのできないものだった。（シュトラスブルクで新兵と学生を兼ねる生活を送ったあと、シャルロッテンブルクにもどってから以後の）ベルリン時代には、古典的な室内楽に親しみ、そのころよく聴いたヨアヒム四重奏団のことを、後年たびたび話題にした。

かれはただ一人の名手だけを称賛するのではなく、当時の第二バイオリンのデ・アーナをも、きわめて高い評価とともに記憶に刻んでいた。

二人の兄弟が、第一バイオリンとビオラを弾き、演奏法においてもプログラムにおいても、ヨアヒムの伝統をしっかりと受け継いだクリングラー四重奏団にも、好感を抱いた。

プログラムには、ベートーヴェンとブラームスが多かった。つまり、若き日のかれは、ベート

ーヴェンとブラームスの室内楽が自分にぴったりくる、と感じていた。……

そう述べたあとすぐに、

――しかしこのことは、彼が他の種類の音楽を好まなかったかのように解されてはならない。と、ホーニヒスハイムはつけ加える。全くその反対である……と。

マックス・ヴェーバーに関心をもつ者ならだれもが知る、あの深刻きわまりない精神の病に襲われた長い苦悩の年月のあとにも、かれは自分ではどうにもならない深い憂鬱のなかに閉ざされるときがあった。

生きるのに不可欠な音楽を聴きに、演奏会へ出かけることができないそうした時期に慰められたのは、哲学者のエーミル・ラスクの紹介でハイデルベルクのサロンに加わったピアニスト、ミーナ・トープラーの演奏で、彼女が弾くリストは、マックスを非常に喜ばせた。

音楽社会学をまとめにかかった一九一一年の初頭、研究のために行ったベルリンから、おお、おまえも一緒にここにいないのは何と残念なことだろう……といった調子で、妻のマリアンネに送られた手紙には、足繁く通った交響楽の演奏会や歌劇の感想が、そのたび詳しく綴られていて、なかにこういう一通がある。

――昨日の音楽はすばらしかった。(記念碑的な偉大な歌曲を)トープラーさんはみごとに伴奏し、モーツァルトとショパンを間に弾いたが、後者は特別すばらしかった。容姿も実に優雅でしかも決然とした力強さがあり、それを見るのが喜びだったほどだ。……

ミーナ・トープラーの演奏に、どんなに力づけられたかは、やがて主著『宗教社会学論集』の第二巻『ヒンドゥー教と仏教』を、彼女に捧げていることでもわかる。

音楽はまさしくかれにとって、生命の糧であったのに違いなかった。

その年の夏には、マリアンネと一緒に旅行したミュンヘンで、ワグナーの『マイスタージンガー』を鑑賞した。

ワグナーにたいしては、音楽そのものには強く魅了されながらも、かれにつきまとう宗教的な崇拝や国家主義的喧噪には嫌悪を隠せない、というアンビヴァレントな心理を抱いていた……と、ホーニヒスハイムは語る。

さて、以上のような前置きをしたうえで、もういちど目をシュトラスブルクに向けると……。

一年志願兵の訓練で死にそうな目に遭わされていた五箇月目、そう、あの泥水と汚物塗れになって帰った野戦演習の模様を伝えた便りから、約二週間後に父親に宛てて出された手紙のなかに、つぎのような一行（傍点を付した部分）がある。例によって近況を事細かに記したあとで、

「土曜日はここまで書いて、とうとう眠り込むほど疲れてしまいました。ですから、床にはいりました。日曜日の朝早く当番兵が迎えにやってきて、兵営に出かけました。わたしたちは教会に連れていかれたのです。日曜日の午後と夜は、わたしはバウムガルテン家に招待されていました。月曜日には朝早くから、三時間に及ぶ中隊訓練が始まりました。正午には分隊が整列し、午後は教練ののち、銃剣術が行なわれました。火曜日の午前は九時十五分から十二時まで中隊訓練、午後は二時十五分から射撃練習ですが、これからわたしたちが帰ってくるのは、射撃場が一マイル離れているので、七時です。水曜日は午前から昼まで背嚢をつけての陣中要務演習、午後は三回の異なった召集があり、夜はくたくたになって、エミーが歌うヴァーグナー・コンサートに出かけました。今日の午前は中隊訓練、午後は銃剣術でした」

生涯まるで呼吸するように、何千通とも知れぬ数を書いたといわれるマックス・ヴェーバーの手紙は、どれもみな感嘆を通り越して唖然とさせられるくらい詳細をきわめ、ここに引いた便りも邦訳の単行本で七頁《ページ》にわたっているが、その長い文中でバウムガルテン家の娘エミーに触れた部分は、傍点を付した一行だけである。

だが、一年志願兵の軍隊教育を、途方もなく馬鹿馬鹿しい時間の浪費とおもっていた当時の心境に、かれの音楽好きを重ね合わせて考えるなら、従妹が舞台に立つワグナーのコンサートで味わった芸術の歓びが、砂漠のなかで渇きを癒してくれるオアシスの泉のように感じられたとしても、さして不思議ではないであろう。

ハイデルベルクのネッカールのような大河ではないけれど、清冽なイル河の本流と支流が、中心の市街をかこんで流れるシュトラスブルクは、まさにオアシスを連想させる美しい水の町である。

そのシュトラスブルクを離れて、シャルロッテンブルクにもどってから、しだいに濃さをましてきたエミーの面影が、かれをいっそう音楽好きにさせて、たびたびコンサートホールへ足を運ばせる一因になっていたのではあるまいか……。

そう想像する根拠は、程度の差はあれ多くの人が経験しているであろうように、異性を意識しはじめるころほど、音楽が全身の細胞の隅隅にまで深く滲みわたる気がする時期はないからである。

ハイデルベルクで学生歌と愛国歌を放歌高吟し、シュトラスブルクでは軍歌と喇叭《らっぱ》の音に明け暮れる毎日をすごしたあと、ベルリンに帰って繊細微妙な室内楽の世界に惹かれたというのも、まことに納得のいく筋道とおもえるのだが、マックスと従妹エミーの関係については、ひとまずこれ以上の想像を控え、伝記作者マリアンネの具体的な話に耳を傾けることにしよう。

エミーとの「恋物語」

大学生活の二年目に、マックスがシュトラスブルクにやって来たとき、十八歳のエミーは、聡明で愛らしい娘になっており、その精神と気立てはまったく（母方の）ファレンシュタイン家に属する——すなわち私心のない清純な魂ともいうべきものであったが、「しかし母親と祖母の神経障害をも彼女は受継いでいて、彼女の青春は夙《はや》くから虚脱と憂鬱の影に閉ざされていた」

そうした彼女に一年のあいだ日曜に訪ねるたびに、優しい兄のような愛情を示したマックスは、シャルロッテンブルクに帰ってから半年後、こんどは将校としての軍事訓練を受けるため、ふたたびシュトラスブルクを訪れた。

そのとき、エミーは家にいなかった。伯母のイーダは、甥のマックスを自分の息子のように愛していたが、それゆえにいっそう、「これほど血の繋りの濃い子供たちのあいだに愛情が結ばれることは不幸にならないかと恐れた」

イーダはすでに、わが娘にたいするマックスの愛情が、優しい兄としての域を越えかかっていると感じたのか、あるいは、エミーのほうにより強くそうした兆候が現われていたのかもしれない。

そこであらかじめ危険を防ぐために、次男のオットーが住むヴァルトキルヒの牧師館へ、エミーを送っていたのだった。

ハイデルベルク大学に入ったときから、オットーと親しかったマックスは、シュヴァルツヴァルト（黒い森）の西南端にあるバーデンの町ヴァルトキルヒまで訪ねて行き、詩情に溢れた春景色のなかで、エミーと楽しい数日間をすごした。

二人はたがいの愛情を感じあったが、直接的な愛の告白めいたものは、そのとき何もなかった。ただ別れにさいして、マックスが一瞬目を潤ませただけであった……。

そう文学的に叙述したあとで、「それ以外は何一つおもてにあらわれたものはなかった。何かを感づいていた両方の母親も口を緘《かん》していた――」と、マリアンネは記す。

ここではそれ以上触れられてはいないが、口を緘していたという双方の母親――つまり姉妹のあいだには、通常より遥かに親密なそれまでの間柄からして、この問題に関し、詳しい手紙の交換があったと考えるほうが妥当だろう。

それから何箇月かしたあと、エミーがマックスの母へレーネに、なにやら激しく怒りと恨み言を述べる手紙を出したらしいのは、いったいどういうことだったのであろうか。

その内容については知る材料がないので、はっきりとはわからないが、どうやらいくら待ってもマックスから手紙が来ないのと、頼んだかれの写真が届かないことへの抗議だったようだ。

――君が最近わたしの母に出したお手紙のなかでひどく恨み怒っているのを知って、つくづく自分のぶしつけを悟りました。

と、エミーに宛てて書き出されたマックスの手紙に、こんな箇所がある。

――君のことは、本当に何度も考えました。そして伯父や伯母にも、フリッツやオットーにも、君にも手紙を書きたいとおもいました。世間ではいろいろなことが起こっています。それについて伯父がどう考えていらっしゃるか是非知りたいとおもいましたし、わたしもいろいろいいたいことがあり、それにたいして伯母や君がどうおっしゃるかも聞きたいところでした。しかし、やはりわたしは何よりも、きちんと勉強しなければならないのだという、とても悲しい気持が先に立って、いつも手紙を書くにいたらなかったのです。……

――また、同封したわたしの写真が大変おくれて届いたことで、腹を立てないで下さい。わたしは、このネロとドミティアヌスを見張る将軍みたいな写真以外は探し出すことができませんでした。……

この手紙の最後の署名が、「従兄マックスより」となっているところからすると、かれはエミーにたいする自分の態度を、優しい兄のところまで、もう一度後退させようとしていたのかもしれない。

バウムガルテン家には、エミーとマックスの結びつきに憂慮を深めざるを得ないような不幸な出来事が、そのすぐまえにあった。

マックスがハイデルベルク大学の新入生となったとき、神学科の最終学期を迎えていたオットーは、その後、七つ年上のエミリー・ファレンシュタインと結婚したい、といい出して、一家を驚愕させた。

ずっと年上だったからばかりではない。祖父ゲオルク・フリードリヒ・ファレンシュタインの最初の結婚による息子の一人から生まれたエミリー（つまりオットーには従姉にあたる）は、非常に変わった性格の女性だった。

格別美しいというわけではなく、病身でもあったけれど、詩作や歌唱にすぐれた芸術的才能と、目には見えないものについて語る宗教的な資質をあわせ持つ彼女は、透視など不思議な霊的能力を発揮して、バウムガルテン家の兄弟とそこに集まる若者たちを強く惹きつけた。

けれど彼女の霊性を信じない人には、異常な神経障害の持主としかおもえなかった。

結婚の話が出たとき、父のヘルマンは猛烈に反対した。それでもオットーの意思を変えさせることはできなかった。

結婚してヴァルトキルヒの静かな牧師館に住んだ二人の生活は、長くはつづかなかった。マリアンネの表現によれば、エミリーは生き延びる力のない子供を生むと同時に死んでしまい、オットーは一人あとに残された。

そうした出来事があったばかりだから、イーダは娘とマックスの結びつきに、よけい不安を抱かずにはいられなかったものとおもわれる。

マックスのほうは最初、機嫌と体調のいいときには共通の関心事について知的な会話をかわせる聡明さと、ワグナーの舞台に立つような芸術的感性に恵まれながら、しばしば自分ではどうにもならない憂鬱のなかに閉ざされてしまうエミーの、優しい庇護者になってやりたい、という気持であったのかもしれない。若者にはあり得る心理だし、かれの生来の真摯な性格からしても、そんな風に考えられる。

一方、エミーにしてみれば、わざわざヴァルトキルヒまで会いに来てくれたようなマックスの突然の訪問は、並並ならぬ熱意のあらわれと感じられたであろうし、直接的な告白や態度の表明はなくても、二人でともにすごした楽しい春の数日間は、愛情を証明するに十分なものと感じられたに違いない。

その後、おそらく何度手紙を出しても、返事が来ないことへの怒りと恨みを、エミーがマックスの母にぶつけたのは、なぜだったのだろう。

息子の愛情を母親が妨害しようとしている、と推理したのであろうか。それともマックスの冷たさをヘレーネに訴えて、仲をとりなしてもらおうとしたのであろうか。

全体に弁解めいた調子で書かれた前記の手紙のなかで、きちんと勉強しなければ……という気持が先に立って、なかなか便りができなかった、とマックスが述べたのは、じっさいたんなる口実だけではなかった。

大学の第六学期目を、地元のベルリン大学で送ることになったかれは、専攻をはっきり法律学に定めて、ベーゼラーの私法、エーギディの国際法、グナイストのドイツ国家法とプロイセン行政法、ブルンナーとギールケのドイツ法律史を聴講したうえ、さらにモムゼンとトライチュケの史学の講義も受けるという、きわめて多忙な日課に追われていた。

いずれもドイツの学界を代表する高名な教授のなかで、モムゼンとトライチュケが、すでにマックスの子供時分から、シャルロッテンブルクの家に顔を見せていたのは、ご存じの通りだ。

のちにノーベル賞を受けた近代ローマ史学の最高権威モムゼンの曾孫にあたる歴史学者ヴォルフガング・J・モムゼンは、この年から七十五年後、『マックス・ヴェーバーとドイツ政治一八九〇年―一九二〇年』という書物を世に出した。

世界中のマックス・ヴェーバー研究者のあいだに、猛烈な賛否の両論を巻き起こしたこの本のなかの「第一章　若きヴェーバーの政治的成長」において、著者はマックスとその父親、および義理の伯父とビスマルクとトライチュケの関係を、克明に分析している。

エミーとの恋物語から、いきなり話題は一転するが、次節ではその第二版の邦訳（『マックス・ヴェーバーとドイツ政治1890〜1920　I』安世舟《やすせいしゅう》・五十嵐一郎・田中浩訳）に頼って、当時のマックスが、バウムガルテン家とベルリン大学の教室のあいだで揺れ動きながら体験した思想的転機の素描を試みてみよう。

話の大筋は、モムゼンの叙述に沿って進められるが、なかには他の本から得られた知識や、当方の見方もまじるのを、まえもってお断りしておきたい。

大久保利通が見たビスマルク

W・J・モムゼンはいう。

――マックス・ヴェーバーは、政治の申し子ともいうべき家に生まれた。

代議士の父が、国民自由党の世話役、調整者の立場にいたので、家に招かれる指導的な政治家や一流の学者たちの意見をたえず耳にしながら、総体としては穏健な国民自由主義の影響下に育つ。

父は若いころ、より左派の自由主義者で、歴史家ヘルマン・バウムガルテンと政治的同志として結ばれたが、ドイツ帝国の創設後、妥協を重んずる現実的な性格から、ビスマルクの国家統一を基本的に支持する国民自由党の陣営に移った。

さらに時が経つにつれて、なんらかの理想を追求する政治家というより、財政と行政に専念する実務家としての性格を強めていき、やがてそれが後年、長男とのあいだに激しい対立を生むことになる。

ハイデルベルク大学に入って、親元を離れた子のマックスは、経済学、法律学、哲学史、歴史の講義を聴き、年長の従兄オットー・バウムガルテンに刺激されて、神学上の問題にも取り組んだが、それらは未だかれの思想に直接的な影響をもたらすものではなかった。

学生団「アレマーニア」の仲間が、酒場で力説するショーヴィニスティック（極端に民族主義的で愛国的）な思想にも、さしたる影響は受けていない。後年かれは学生団に加わったことを強く悔いている。

マックスの政治的成長に重大な意味をもったのは、父のかつての同志ヘルマン・バウムガルテンとの出会いであった。

五月の聖霊降臨祭の日、オットーに初めてシュトラスブルクの家に連れて行かれ、数日間滞在したマックスは、母への手紙に書く。シュトラスブルクの日日は、本当に素敵だった、と。……

いまなお若き日の理想を失っていない義理の伯父ヘルマンと伯母イーダ、オットーとその精神的な友人たち（そう手紙に書かれたなかには、オットーの妻となるあのエミリーもふくまれていたのだろうか）、そして愛らしいエミーもいるバウムガルテン家の雰囲気が、一年志願兵と学生を兼ねる場として、シュトラスブルクを選ばせた最大の理由であったのに相違ない。

ゼミナールの学生であって、日曜日にも訪ねて来る甥のマックスは、ヘルマンにとって、またとない話相手となった。子供のころからの耳学問で、遠い過去の細部にまで年齢に似合わぬ該博な知識をもち、かつ現在進行中の政治にも精通している若者に、周囲から孤立していた歴史家は、日頃の鬱懐《うっかい》をぞんぶんに披瀝した。

この年から三十五年前の、一八四八年……。

パリに起こって、ルイ＝フィリップ王を追放し、第二共和制を成立させたフランスの〈二月革命〉が、ドイツの諸邦に波及し、ベルリンにもプロイセン国王の軍隊と市民軍が対決する〈三月革命〉が起きたとき、ヘルマンは市民の側に立つ若きジャーナリストだった。

まだ少年だったトライチュケも、そしてマックスの父も、この革命に心を揺さぶられて、国王や領主の封建的な専制支配に反対する自由主義者を志したのである。

ベルリンの市街戦は、市民軍の勝利となり、降伏したプロイセン国王は、これからはプロイセンを中心とするドイツの統一と自由の先頭に立つ、と民衆に誓った。

ドイツの諸邦から選出された六百人に近い議員が、フランクフルトに集まり、憲法制定のための議会が開かれたが、論議は、オーストリア中心のドイツ統一か、それともプロイセン中心か、をめぐって対立し、一年近くも紛糾がつづいた。

結局、議会は連邦制にもとづく帝国憲法を定めて、プロイセン国王をドイツ皇帝に選んだのだけれど、国王はそれを断った。

皇帝の冠を、革命家から授けられたくはない、という理由からであったが、議論が紛糾する間に進んでいた反革命の動きにともなって、兵力を強化した国王の軍隊に、市民軍はつぎつぎに打ち破られ、国民議会も解散に追いこまれた。

革命はついえ去り、その反動で恐怖と専制の政治がはじまって、検閲が強化され、ヘルマンはジャーナリストの職を失った。

いったん完全に消されたかに見えた自由主義の灯が、プロイセン王家の内紛を契機として、ふたたび点じられる。

精神の病が重くなった国王にかわって、摂政になった王弟ヴィルヘルムは、それまでの保守反動の専制政治との違いを鮮明にするため、開明派と自由派を閣僚にそろえた新内閣を発足させ、選挙干渉がなくなったせいもあって、同年のプロイセン下院選挙では、自由派が議席を三倍にふやし、保守派は逆に三分の一以下に減ってしまった。

自由の「新時代」がきた……という高揚感は、本来軍人気質の持主である摂政ヴィルヘルムのもとで、政府が提出した軍制改革法案によって冷水を浴びせられる。

当時、プロイセンの軍制は、基本的にはすべての国民が兵役の義務を有する徴兵制であった。国民皆兵はそもそも出発の精神においてはフランス革命から生まれた民主的なものであったはずだが、現実には財政上の理由から、毎年の徴兵数がかぎられるため、被徴兵者とそれを免れた者(同一年齢層で二対七)のあいだに不公平が生ずる。

しかし、ヴィルヘルムが主唱した新規徴兵数の増加をふくむ(したがってとうぜん軍事予算を増大させる)軍制改革は、不公平を是正する民主的な意図より、国王の軍隊としての性格の強化を狙うものであったから、とうてい自由派の賛成できるものではなかった。

政府と下院が対立するなかで行なわれた選挙では、自由主義左派が大勝し、軍制改革のための予算案は、圧倒的多数で否決されたが、前国王の死によって即位していたヴィルヘルム一世は、譲歩よりは退位を選ぶ、と強硬姿勢を変えず、パリ駐在公使のビスマルクを呼びもどして首相に任命した。

——時代の中心課題は、演説と多数決では解決できません。それは、鉄と血によって決定されるのです。

という有名な演説は、この首相就任の直後、下院の予算委員会において行なわれたのである。議会を無視して、急速に軍備を拡大していくビスマルクの専制武断政治に、むろん自由主義の立場にたつ歴史家ヘルマンは大反対であった。

おなじ立場のトライチュケも、はじめは反対していたが、ビスマルクがオーストリアとの戦争で短期間に勝利を収めて、プロイセン中心のドイツ統一に大きく歩を進めたあたりから、これを「上からの革命」と考えるようになった。

そして、普仏戦争の勝利によってドイツの統一が実現され、プロイセン国王ヴィルヘルム一世が皇帝に即位して、ドイツ帝国が誕生したときには、ヘルマンでさえもが、いかなる資格があってわれわれはかかる偉大な事業を体験するという恩寵《おんちょう》に浴することができたのであろうか……と感激して、新しい国家の幕開けに期待した。

だが、その後しだいに、ヘルマンとトライチュケの距離は開いていく。

ヘルマンは、ビスマルクの政治下に進行する権力国家の神格化と、軍国主義と国粋主義の風潮の高まりを見て、この巨人はやがてわれわれに大きな災いをもたらすのではないか……と、深い憂慮の念を抱かずにはいられなかった。

ここで少し余談を挟みたい。

明治四年（一八七一）に欧米歴訪の旅に出発した岩倉使節団が、ベルリンに到着したのは、ドイツ帝国の成立から二年目の早春である。

岩倉具視《ともみ》を特命全権大使、木戸孝允《たかよし》、大久保利通、伊藤博文らを副使とする一行は、皇帝ヴィルヘルム一世に謁見したあと、宰相ビスマルクの招宴に出席した。

席上、ビスマルクが行なった演説の骨子を、使節団はおおよそつぎのように聞いた。

——今日、世界各国の交わりは、いわゆる万国公法にもとづいているように見えるけれども、それは表面上のことで、大国はおのれに利あるときは公法を口にし、不利となれば一転して兵威に訴える。

こうした大国の政略に、小国はほとんど抗することができない。それに慷慨して、国力を振興し、対等の権をもって外交のできる国にしたいと、愛国心を奮って励んだ結果、ついに近年にいたってようやくわが国はわずかにその望みを達成することができた。

われわれの願いは、各国がそれぞれ自主の権を全うして、対等の交わりをなすところにあり、わが国のこれまでの戦争も、みなドイツの国権のためにやむを得ずなしたるもので、軍略を喜び他国の国権を侵すもの、という非難は、わが志に反する。

大国のほうこそ海外に属地を貪り、威力をほしいままにして、他国を憂苦せしめているではないか。小国に生まれてその実態を知り尽くしているがゆえに、敢えて非難を顧みず、国権を全うしようとするところにこそ、わが本意がある。……

このほかに使節団が聞いた参謀総長モルトケの話も、大国に伍して行くための軍備の重要さを説くものであった。

大久保利通は知己に宛てて、今回のドイツ滞留の期間は十分ではなかったけれど、ビスマルク、モルトケ等の大先生に面会できただけでも益があった、と書き送った。

招宴における容貌魁偉なビスマルクの（とうぜん昂然としてかつ堂堂たるカリスマ的な迫力に富むものであったに相違ない）演説に、使節団一行が感銘をうけたなかでも、大久保はとくに暗示を得た様子で、新たに国家を経営するためには彼の如くならざるべからず、と頷いた……とも伝えられている。

とすれば、ビスマルクの政治に、ヘルマンが抱いた憂慮は、以後の日本の運命とも、無関係ではない。

「抜け目のない奴」

十四歳のときに起きた〈三月革命〉に感奮して、政治に目覚めたザクセン王国ドレスデン生まれのトライチュケは、その後当時のドイツ大学生の慣わしにしたがって、ボン、ライプチヒ、フライブルク、テュービンゲン、ハイデルベルクの各大学を遍歴して学んだあと、二十五歳でザクセンのライプチヒ大学の私講師になった。

近世の政治史を講じ、自由主義を基調とする立憲君主制によって、多くの領邦国家に分かれていたドイツの統一を熱烈に主張する講座には、学校側がすぐにもっと大きな教室に代えなければならなかったほど学生がつめかけ、南部のフライブルク大学に招かれてライプチヒを去るときには、学生が炬火《きよか》を連ねて別れを惜しんだというから、かれの特徴をなすカリスマ性は、早くから身にそなわっていたのに違いない。

性格と論調は激越をきわめ、軍人で保守派の父親が、党派的な暴論をやめてもっと正確な歴史家になれ、と戒めたほどであった。

政治的立場において対立していたのにもかかわらず、その特異な才能に目をつけたビスマルクは、トライチュケが希望していたベルリン大学教授の地位を保証して、プロイセン政府のために政策立案と文書起草の役を務めてくれるよう求めた。

ビスマルクの議会無視を容認できなかったかれは、その要請を拒絶して、ハイデルベルク大学の招きに応じた。

だが、戦争の勝利がつづくにつれ、前述したようにこれをドイツ統一のための「上からの革命」と考えるようになり、とくに普仏戦争が勃発したときには、戦争の正当性を唱え、祖国への愛情を訴える熱弁をふるって、学生を熱狂させた。

普仏戦争の勝利によって、かれの声望は国民的なものになり、新たに創設された帝国議会の議員（国民自由党所属）に選ばれ、こんどはベルリン大学の招きにも応じた。かれ自身の理由としては、長年の念願である近世ドイツ史を完成するため、政府の公文書庫を利用するのに、ベルリンに住むほうが有利と考えたからだという。

戦後の八年目から刊行がはじめられたトライチュケの『十九世紀ドイツ史』（全五巻）は、マリアンネの表現によれば、叙述の輝くような華麗さと、普仏戦争の勝利によって成就されたものへの情熱的な肯定とによって、多くの人を魅了する効果をおよぼした。

読者の一人であったハイデルベルク大学一年のマックスは、母への手紙にこう記す。

――わたしは、父上が大変ほめているトライチュケの第二巻に、まさに心を動かされています。この本にたいする当地の反響はとても好意的で、叔父（母の妹ヘンリエッテの夫で、神学科教授のハウスラート）も大いに喜び、わたしがまだ読んでいないヘルマン伯父の反論を、激しく攻撃しました。

伯父の論文は、ここの教授たちには驚きと怒り以外の何物をも呼び起こしてはいません。……ここで触れられたヘルマン・バウムガルテンの反論とは、旧友トライチュケの著書に流れる偏狭な愛国主義と軍国主義、ホーエンツォレルン家（プロイセン王室）の歴史の美化、自由主義的な憲法理想から遥かに遠い帝国の現状の賛美……等を、手きびしく批判したものである。

これにたいするハウスラートの攻撃は、いかに多数のバウムガルテンが一個のトライチュケから生まれ得るか……と、親戚の歴史家を取るに足りない群小の有象無象あつかいにし、自由主義者をすべて「ユダヤ人」の名で一括するような種類のものだった。

ハイデルベルクの教授たちが、驚きと怒りしか示していない、というのは、つまりハウスラートの個人的な意見だったのだろう。二箇月後の手紙で、マックスは「当地の教授はみな伯父側です」とも家に報告している。

しかし、ドイツ帝国の精神的指導者としてのトライチュケの声価は高まるばかりで、ヘルマンが翌年、トライチュケ批判（それはビスマルク批判にも通じる）の論文を集めた書物を公にすると、周囲からつぎつぎに友人たちが去って行く。

マックスがゼミナールの学生になり、日曜日ごとに訪ねて行って話を聞いたのは、そうした時期であったのだった。

時代に取り残された歴史家の意見に、どのような刺激と影響をうけたかは、ベルリン大学に移ってからの変化に示される。

マックスは、グナイストのドイツ国家法とプロイセン行政法の講義を、内容といい形式といい真の傑作と感じ、とくに感心したのは時事問題の取り入れ方と、それにたいする自分の意見の示し方で、自由主義的な見解を述べながら、

——しかもトライチュケが国家と教会についての講義でいままたやっているように宣伝的ないし扇動的になることはないのです。

と、ヘルマンに手紙で伝えた。

まえには書物で心を動かされたトライチュケの現在の風貌に、デマゴーグとアジテーターの面影を見るようになってきたのである。

トライチュケが講義のなかで、なにか反ユダヤ主義的なことを暗示すると、熱狂的な歓声を挙げる一部の学生にも、反感を覚えずにはいられなかった。また多くの学生が、信じられないほど歴史に無知であるとも感じられた。

ビスマルクについては、その後こんどは将校訓練のために出かけたシュトラスブルクから、父親に向けてつぎのように書く。

——帝国議会におけるビスマルクの演説は、もちろん当地の学生のあいだに、大きな熱狂を巻き起こしました。どこの居酒屋に行っても、それに関する議論が聞こえます。

そしてだれかが、ビスマルクへの疑問を口にすると、みんな一斉にその人を非難するのです。伯父はあっさりと、かれは「抜け目のない奴」なのさ、といいました。

それにしても、ビスマルクのいうことには大変な迫力があります。……

素朴なビスマルク崇拝者として育ったマックスも、いまや帝国の絶対的な指導者に、明らかに

疑問を抱きはじめていた。

けれど、かれの演説の迫力は否定できない。いまではだれもが口にする「カリスマ」という概念を、初めて学問上の重要な主題としたのがマックス・ヴェーバーであるのは周知の通りだが、その特質の解明の萌芽は、おそらくこのあたりに兆したのであろう。

「プロイセン」と日本の運命

マックスが大学の教室で、グナイストの講義に感銘をうけていたちょうどそのころ、念願のドイツ留学の機会をついに獲得して、日本からはるばるやって来た一人の青年軍医が、ベルリンに到着した。

いうまでもなく森林太郎のことだが、そのときは十日ほどとどまっただけで、最初の留学先であるライプチヒ大学へ向かい、三年後にふたたびもどって来て、結核菌、コレラ菌の発見者であるベルリン大学教授ロベルト・コッホのもとで、細菌学の研究をはじめる。

小説『舞姫』の背景は、この二度のベルリン滞在の見聞にもとづいて描かれた。

作中の主人公にして語り手の太田豊太郎は、洋行の官命を受けてベルリンに着き、初めて街の中心部に入ったときの印象を、つぎのように述べる。（これはまさに、マックスが学生時代をすごした街の姿なのである。かれは毎日ここに描かれたような道を歩いて、大学に通ったのだ）

科学者の目と文学者の筆の両方をもつ人の文章だから、当然のことには違いないが、簡潔に圧縮された描写で、当時のベルリンの中心街の雰囲気を端的にとらえ、髣髴《ほうふつ》とさせる表現の鮮やかさには、他の本からの知識が加われば加わるほど、あらためて深く感じ入らずにいられない。

「余は模糊《もこ》たる功名の念と、検束に慣れたる勉強力とを持ちて、忽《たちま》ちこの欧羅巴《ヨオロッパ》の新大都の中央に立てり。何等の光彩ぞ、我目を射むとするは。何等の色沢ぞ、我心を迷はさむとするは。菩提樹下と訳するときは、幽静なる境《さかひ》なるべく思はるれど、この大道髪《かみ》の如きウンテル、デン、リンデンに来《きたり》て両辺なる石だゝみの人道を行く隊々《くみぐ》の士女を見よ。胸張り肩聳えたる士官の、まだ維廉《ヰルヘルム》一世の街に臨める窻《まど》に倚《よ》り玉ふ頃なりければ、様々の色に飾り成したる礼装をなしたる、妍《かほよ》き少女《をとめ》の巴里《パリー》まねびの粧《よそほひ》したる、彼も此《これ》も目を驚かさぬはなきに、車道の土瀝青《チャン》の上を音もせで走るいろ〳〵の馬車、雲に聳ゆる楼閣の少しとぎれたる処《ところ》には、晴れたる空に夕立の音を聞かせて漲り落つる噴井《ふきゐ》の水、遠く望めばブランデンブルク門を隔てゝ緑樹枝をさし交《か》はしたる中より、半天に浮び出でたる凱旋塔の神女の像、この許多《あまた》の景物目睫《もくせふ》の間に聚《あつ》まりたれば、始めてこゝに来《こ》しものゝ応接に遑《いとま》なきも宜《うべ》なり」

このなかの「まだ維廉一世の街に臨める窻に倚り玉ふ頃なりければ……」というのには、若干説明が必要かもしれない。

明治二十二年（一八八九）に執筆された『舞姫』で、主人公が洋行に出発した年は「五年前」と回想されているから、ベルリンに到着したのは作者とおなじ一八八四年と考えてよいであろう。

前章に述べた軍制改革で、議会の多数を占める自由派と対立しながら、ビスマルクを首相、モルトケを参謀総長に起用して、プロイセンの軍国化をさらに強力に推し進め、フランスとの戦いの圧倒的勝利に導いたヴィルヘルム一世が、九十歳で世を去ったのは、それから四年後の一八八八年――。

喉頭癌のため短い在位に終わった子のフリードリヒ三世につづいて、あとを継いだ孫のヴィルヘルム二世は、年少のころから、いささか奇矯な性格で専横の振舞いが目立つ、といわれていた。軍医としての森林太郎は、生粋の軍人気質の持主であった老王の威厳に、敬愛の念を抱いていたらしく、まえにも触れたドイツ留学時代の追想記『妄想』において、自分がベルリンにいたころは、

「列強の均衡を破つて、独逸といふ野蛮な響の詞《ことば》にどつしりした重みを持たせた卆ルヘルム第一世がまだ位にをられた。今の卆ルヘルム第二世のやうに、dämonisch《デモオニシュ》な威力を下に加へて、抑へて行かれるのではなくて、……」

と述べている。

前記の多少わかりにくい箇所は、『舞姫』の語り手がベルリンに着いたのは、ヴィルヘルム一世の在世中であったから、礼装に威儀を正して胸を張る士官の姿や、普仏戦争の勝利を記念して建てられた凱旋塔が、いっそう誇らしげに目に映った……という意味なのである。

鷗外よりさらに十一年前に、ベルリンを訪れて詳細な報告書を編修した日本人がいる。のちに、神道は宗教ではなく、東洋の祭天の古俗のひとつにすぎない、という論文『神道は祭天の古俗』を発表して、帝国大学教授の職を追われた久米邦武《くめくにたけ》である。

帝大の教授になるまえ、前章で触れた岩倉使節団に随行したかれは、帰国後、浩瀚《こうかん》な『特命全権大使米欧回覧実記』を著述した。

以下、そのなかから、ベルリンに関する部分の文章と地名、人名を現代風に改め、要約して紹介するが、すでにアメリカ、イギリス、フランスを見て来た久米の独自な観察眼の鋭さと辛辣さ

に、抄出する筆者どもも、読者も舌を巻かずにはいられないであろう。

――いまやドイツ連邦の首都となったベルリンは、もとはブランデンブルク侯国の小さな町であったが、十八世紀の初めに誕生したプロイセン王国の王都に定められ、三代目の国王フリードリヒ大王が巨費を投じて開発を進めたころから、欧州第四の大都市にまで急速に発展した都で、じつは歴史がわずか百数十年にも足らざる新府である。

最高の美観ブランデンブルク門に通じるウンター・デン・リンデンは、府中第一の賑やかな大通りで、われわれ一行の旅宿もその中程にあった。

新興の都なので、かつては先進の大都市にくらべ素朴だった人心も、繁栄が進むにつれて頽廃の度を加え、とくに近年周辺の諸国としきりに戦火をまじえてからは、とみに激昂しやすい粗暴な態度が目につくようになった。

麦酒《ビール》醸造の設備をもつ遊園が府内の諸方にあって、多くの人を集め、また劇場内でも酒を飲むのを厭わないのは、英米と面目を異にするところで、飲酒の流行の盛んな点では、欧州第一である。

この都の人気が粗悍《そかん》になった第一の理由は、兵隊と学生の跋扈《ばっこ》による。警官も学生を強く扱えないのは、フランス革命から波及した学生運動によって政府が震撼させられたことがあったからで、意気盛んになった学生は、遊園で麦酒を鯨飲しては放歌高吟し、あるいは路傍で放尿する。

軍服に美美しく着飾って、遊園を逍遥する兵隊には、流眄《ながしめ》を送る妖婦もいて、あたかも俳優をおもわせる者もいる。

淫風も年年盛んとなり、ウンター・デン・リンデンの写真店を訪れたところ、ひどく酔った店員が、秘戯の写真を売りつけようとした。欧州の都市で、春画を公然と売るのに出会ったのは、ここだけである。

この都市の繁栄は、国勢とともに進展して、ロンドン、パリに相拮抗する勢いを示しているが、なお第二等のものと論ぜざるを得ない。

ドイツがまだ諸邦に分かれて、封建の弊が濃厚だったころ、貴族はパリに遊学して、その文化を羨み、芸術を模倣し、学芸技術を輸入した。

普仏戦争の勝利以来、固有の文化が復活して声価を高めつつあるが、政府が富んで人民が貧しい大勢は、依然として変わらないので、フランスを凌駕するには、まだ長い年数を要するであろう。

欧州の都市の発展は、封建の余習を除き、工商の自由を寛大にして、たがいに営業を競い、産業を興し、便利な品物や、滋味の食物を製して、人民の嗜好に投ずるところから生まれた。したがって年年奢侈《しゃし》の度が増すけれども、都市の繁栄は、制することのできないこの奔馬の勢いによるので、勤倹を重んじてプロイセン独自の政治の基礎を築いた二代目の国王フリードリヒ＝ヴィルヘルム一世の治世以来、質素の気風が強かったベルリンも、その例外ではあり得ない。

ブランデンブルク門を出た先には、巨樹が鬱蒼と茂る大公園ティーアガルテンがひろがり、その広大なること、設計の秀れていること、禽獣の多きことは、オランダ・アムステルダムの同種のものを超えている。

この公園の真ん中を貫いて、西へ走る大通りは、シャルロッテンブルクの別宮に達する。宮殿の建物は宏壮とはいい難いけれども、庭園の深鬱《しんうつ》で清麗なることは、フランスのサンジェルマン宮に匹敵するといってよい。……

まだまだ延延とつづいて詳細をきわめる報告の抄録は、ここで中断するけれど、読者は最後に出てきたシャルロッテンブルク宮殿の近くに、マックスの住む家があるのをご存じであろう。都の中心の王宮と、初代プロイセン国王フリードリヒ一世の王妃ゾフィー・シャルロッテの夏の離宮を結ぶ、昔はシャルロッテンブルク街道と呼ばれた長い直線の大通りを、マックスは毎日真っすぐに歩んで、ウンター・デン・リンデンにほど近いベルリン大学に通っていたのである。

「軍人王」の行政改革

マックスが育ったシャルロッテンブルクのライプニッツ・シュトラーセ――。

この地名の由来を明かすことは、そのままプロイセンの歴史を物語ることになる。

バルト海に臨むドイツの北部にあって、ポーランドの支配下にあったプロイセン地方が、公国として独立する形を整えはじめたのは、ブランデンブルク選帝侯のホーエンツォレルン家が、そこを治めるようになってからである。

ホーエンツォレルン家によって統治されたブランデンブルク＝プロイセンの国家的な特徴は、軍事力、官僚制、宗教的信念、の三点にあった。

従来の傭兵軍とは異なる強力な常備軍を創設し、それを維持するのに必要な税金を、恒常的かつ組織的に徴収するために、強力な官僚機構が形成された。

また、ホーエンツォレルン家が、ルター派からさらにもっと神の絶対的な権威と禁欲的な生活態度を強調するカルヴァン派に改宗したことにより、職務への献身と勤勉の精神が強められた。

一七〇一年、ブランデンブルク選帝侯とプロイセン公を兼ねていたホーエンツォレルン家の当主は、神聖ローマ帝国皇帝から「プロイセン国王」の称号を与えられて、初代国王フリードリヒ一世となった。

この経過について、林健太郎『プロイセン・ドイツ史研究』は、つぎのようにいう。

「以後、ブランデンブルク＝プロイセンは、プロイセン王国と呼ばれるようになったが、これはプロイセン公国が新王国の中心になったことを意味するのではない、新王国はプロイセンよりはブランデンブルクの発展したものであり、中心は依然ブランデンブルクにあった、本来非ドイツ人たるプロイセンの名称がブランデンブルクに拡大し、やがて全ドイツを象徴する運命を担ったのは、ただそれが神聖ローマ帝国に属していなかったという歴史的偶然によるものにすぎない」

痩せて小柄で風采のあがらない初代プロイセン国王フリードリヒ一世は、常備軍を創設して版図の拡大に努めた父とは反対に、軍事への関心も禁欲の精神も乏しく、フランスの太陽王ルイ十四世を真似て、豪奢な宮廷生活を送り、学問と芸術に大金をかけて、大学や劇場を建て、芸術アカデミーと科学アカデミーを創設させた。

そこには美貌の王妃ゾフィー・シャルロッテの影響や、または彼女にたいするコンプレックスや対抗意識も働いていたのかもしれない。

ヴェルサイユ宮に滞在した娘のころ、ルイ十四世から王子の嫁にと望まれたこともあるくらい、すぐれた容貌と才知の持主だったゾフィーは、本国人と見分けがつかないほどフランス語を流暢に話し、英語とイタリア語にも通じた読書家であった。

哲学者ライプニッツと彼女の関係について、シュヴェーグラーの『哲学史概要』（邦題『西洋哲学史』）は、こう述べる。

——ライプニッツは、アリストテレス以来もっとも博識の天才で、最高に透徹した精神力と豊かで広い学殖を兼ねそなえたかれの文章の大部分は、フランス語で書かれた。ハノーファー選帝侯の顧問官兼図書館長であったかれは、侯爵の令嬢でのちにプロイセン王妃となるゾフィーと、娘のころから親しかった。シャルロッテは聡明な女性で、周囲に当時一流の学者を集め、ライプニッツの『弁神論』は彼女の勧めによって書かれた。王妃の早死によって実現はされなかったけれど、その著はまず彼女に捧げられるはずだったのである。

ベルリンに科学アカデミーを設立するというライプニッツの提案は、王によって実現され、かれはその初代の院長となった。……

自分が生まれるずっと前に出たこの哲学史の古典に記されたような事柄は、ライプニッツ・シュトラーセに育ったマックスにとって、とうぜん常識の域に属していただろう。かれは百何十年も前に存在したプロイセン王国草創期の宮廷生活を、ごく身近に感じられる環境で、多感な少年期と青年期をすごしたのである。

ホーエンツォレルン家の系譜は、一代ごとに王の性格が正反対に変わって、祖父の特徴が隔世的に孫に受け継がれる印象を示す。

常備軍を創設し、官僚機構を整備して、中央集権化を進め、のちのプロイセン絶対王政の原型を作って「大選帝侯」と呼ばれたフリードリヒ＝ヴィルヘルムの父は、偏狭で小心な男だった。大選帝侯の子で、初代プロイセン国王となったフリードリヒ一世は、前述のごとく奢侈に耽り、学芸の後援に力を入れ、軍隊と官僚による中央集権化は、ここで一時流れが停まった。

いったん堰き止められた流れは、その子の「軍人王」フリードリヒ＝ヴィルヘルム一世の代に、奔流の勢いで噴出する。

父親の浪費と、フランス流の文化に反撥していたかれは、極端な倹約をはじめて、宮廷の予算を八〇パーセントも削り、廷臣と召使の数を大幅に減らして、シャルロッテンブルク宮殿のフランス式花壇を、大根とキャベツの畑に変えてしまった。

いつも軍服を着ていたところから軍人王、極端に切りつめて質素な生活をしたことから「乞食王」とも呼ばれたかれのこの行政改革によって、景気はすっかり冷えこみ、倒産と失業者がふえ、消費税の収入も激減した。

大臣は宮廷予算をまえにもどす景気回復策を進言したが、王は節倹を続行する一方で、軍事予算をふやし、軍隊の強化に努めた。

兵員の数が二倍以上に増加した常備軍は、ヨーロッパでもっともきびしく訓練され、その大軍隊を維持するために、官僚機構はさらに整備されて、中央集権化がいっそう強められた。

結局、この軍隊制度が、プロイセンの絶対主義的国家体制の確立を決定づける役割をしたのである。

かれが世を去ったあとには、軍事予算の厖大な支出にもかかわらず、もう一方の緊縮政策と軍需産業の拡大によって、国庫に巨額の蓄えが残された。

その子供で、強力な軍隊と潤沢な国庫と、父が反撥した祖父母のフランス好きと教養主義を、すべて一身に受け継いだのが、のちにフリードリヒ大王と呼ばれるフリードリヒ二世である。

「君主は国家第一の従僕」

読者は、マックスが十二歳のときすでに、マキアヴェッリの『君主論』につづいて、フリードリヒ大王の『アンティ・マキアヴェッリ』を読んだのをご承知であろう。

その原本をフランス語で書いたフリードリヒは、簡単には信じがたいことだが、母国語であるドイツ語があまり得意ではなかった。

どうしてそんな奇妙なことになったのかといえば……。

かれは物心ついたころから、祖母のシャルロッテとおなじハノーファー選帝侯家出の母ドロテアがつけてくれたフランス人の女性家庭教師に言葉と文字を教えられた。

軍人王と呼ばれた国粋主義者の父は、それを嫌って、武官によるスパルタ式の軍人教育をほどこそうとしたが、反撥したフリードリヒは、ますますフランスの文学に読み耽り、フルートを吹いて時の経つのを忘れる少年に育った。

父王が殴って叱りつけても、いうことを聞かず、十八歳のときにはついに国外へ逃亡を図って失敗し、親友の一人が共謀者として目の前で斬首の刑に処された。

その直前に失神したので、刃が親友の首を落とす瞬間は目にしなかったのだけれど、心に負った深い傷の痛みは、生涯消えることがなかったに違いない。

以来、父にたいして表面上は反抗の態度を示さなくなったが、フランス文化への憧憬は変わらず、やがてもっとも尊敬するヴォルテールと文通をはじめる。

つまり胸中においては、理性と自由を重んじて封建制と専制政治に反対する啓蒙主義者への共感を抱いていたのである。

かれが『アンティ・マキアヴェッリ』の草稿を、ヴォルテールに送ったのは、父王の在世中、すなわちまだ王太子の立場にあったときだ。

冷酷さがじつは慈悲に通じているチェーザレ・ボルジアを、君主の典型と認めるマキアヴェッリの説を斥けて、博愛と人道こそ君主の理想であり、平和と幸福こそが国家の課題である、と主張する匿名の著書が刊行されたとき、王太子の作と知って読んだ人のなかには、それを父である軍人王の専制にたいする批判と受け取って、歓迎した者が少なくなかった。

だが、草稿をヴォルテールに送った(つまり書き終えた)直後に逝去した父王のあとを継ぎ、即位してフリードリヒ二世となったかれは、間もなくシュレジエン(肥沃で、かつ豊かな鉱物資源を有するヨーロッパ中部の地方)の領有権を争って、オーストリアと戦争を開始する。

ここから『アンティ・マキアヴェッリ』は結局、王太子の夢想にすぎなかった、という批判も生まれた。

じつは、二十世紀末のいま見直されつつあるマキアヴェッリの著作から、「おそらくフリードリヒは生涯にわたって大きな影響を受けたもの、と私は確信しているのだが、……」という飯塚信雄(『フリードリヒ大王』)の洞察は、確かに的を射ているのに相違ない。

たとえば、戦争と君主の関係について、『君主論』(河島英昭訳)は、こう語る。

「君主たる者は、したがって、戦争と軍制と軍事訓練のほかには何の目的も何の考えも抱いてはならない、また他のいかなることをも自分の業務《アルテ》としてはならない」

　この点に関して『アンティ・マキアヴェッリ』（長瀬鳳輔訳『君主經國《けいこく》策批判《ひはん》』大正八年刊による）は、つぎのように述べる。

「マキヤヴェルリが大要大國の君主は自ら出でて戰爭《せんさう》を統裁せねばならぬものの如く説く所は予又《また》全然同意を表する。凡て大國の君主は必ず自ら出でて軍を指揮し、又平生常に軍隊《ぐんたい》と動靜《どうせい》を共にせんと欲するに違《ちが》ひない。軍は君主の居るべき處《ところ》である、君主の利益《りえき》、職務、光榮《くわうえい》は凡べて君主の軍隊と共に在らんことを要求する、君主は正義の防備者であると與《とも》に、臣民の防備者である。此の防衛は君主の最も重要なる一職務であるが故に、此の任務は何人《なんぴと》へも委任してはならぬ」

　こう書いたフリードリヒは、じっさいに即位すると、大佐の軍服を着て、日日の任務に精励するようになった。

　そして初めての戦争に勝利を収めて、シュレジエンを手に入れる。

報復の機を狙うオーストリアのマリア＝テレジアは、年来の宿敵フランスと同盟を結び、さらにロシアの女帝エリザヴェータとも組んで、プロイセンにたいする包囲網を形成した。

　フリードリヒはそれに先制攻撃を仕掛けて、「七年戦争」がはじまる。

　ヨーロッパの三列強を敵にまわすのは、無謀に近い戦いで、緒戦においては同盟軍を個別に攻める巧妙な作戦でたびたび撃破したものの、しだいに押されて一時は首都ベルリンまで占領されるほどの苦境に陥り、自決さえ考えながら、なお驚くべき頑強さで挫けずに戦いつづけ、女帝エリザヴェータの死後に即位したロシアのピョートル三世が、フリードリヒの崇拝者であったという幸運にも助けられて、ついに最終的には有利な条件の和議を結ぶことができた。

十八万の将兵と五十万の住民の死という大量の犠牲を払って、シュレジエンの領有は再確認され、プロイセンはヨーロッパ列強の一国としての地位を確立した。

その後、ロシア、オーストリアとともに、ポーランドの土地を分割併合して、さらに版図を広げる。

プロイセンの人口は、フリードリヒの即位当時の二百二十五万から五百五十万にふえ、軍隊も八万三千から十九万五千にまで規模が増大した。

ざっと国民二十八人に一人が軍人の割合で、ベルリンではそれが五人に一人であったともいわれる。

フリードリヒはしかし、マキアヴェッリのいう通り、戦争と軍制のことばかり考えていたわけではなかった。

ベルリン市街の開発を進めて発展させ、中絶されていた科学アカデミーを再興し、ポツダムに華麗なフランス風のサンスーシ離宮を建てて、そこにヴォルテールを師父として招いた。

戦争で荒廃した国土を復興させるために、農業にも商工業にも有効な政策をつぎつぎに打ち出した。

思想言論の自由と宗教的寛容を重んじて、カントの称賛も受けている。

かれの威令によって、官吏の綱紀は厳しく守られていた。

学者に命じて編纂させた「プロイセン国法典」は、ヨーロッパ最初の体系的法典として画期的なものとなった。

こうした数数の業績から、フリードリヒは「大王」と称され、「啓蒙専制君主」または「啓蒙絶対君主」という、すぐにはわかりにくい言葉でも呼ばれている。

啓蒙主義の影響をうけ、絶対的な権力の独裁によって上からの近代化を目ざし、若干の改革を進めた開明的な君主、という意味であるらしい。

なにものにも侵されない絶対至上の権力を、神よりもむしろ、人民から委託されたものと考える君主、という解釈もある。

「君主は国家第一の従僕」と信じ、朝から晩まで毎日十時間ずつ働きつづけたフリードリヒは、自分としては人民のために全身全霊を捧げているつもりであったのだろう。

だが富国強兵のために、税金をきびしく取り立てられ、いくら働いても自分たちの暮しはいっこうに楽にならない国民のほうに、そう考える人は少なかったようだ。

フリードリヒが世を去ったとき、ベルリンの街で悲嘆の表情や態度を見せた者は、ほとんどいなかった、と伝えられている。

それから、約百年後……。

森林太郎より二年前にベルリンに来て、フリードリヒ大王の偉大さをつぶさに教えられ、深甚なる感銘をうけた日本人がいた。

わが国の憲法を起草するため、欧州憲法の調査にやって来た伊藤博文である。

到着から三箇月後、かれは故国の要人に宛てた書状のなかでこの点に関し、おおよそつぎのように伝えた。

――この国の有名な学識者たちは、小生が尋ねて談ずるたび、異口同音にこう忠告する。

日本がアジアの陋習を脱して、欧州文化の風に倣おうとするならば、よろしくわが国の先王フリードリヒ大王の治術に学んで、国家百年の基礎を強固にする道を取るべきである。

フランス革命の悪風が、欧州の人心を泥酔せしめて今日の現状に陥らせたるを認識せずして、それを善政良治となし、かえって国民に不幸を来たすがごとき下策を取ってはならない。

わが国の富国強兵が、国民の安寧幸福を維持し増殖せしめているゆえんのものは、決して自由民権の種子から生ずるのではなく、すべてこれ先王フリードリヒ大王の遺法遺徳の余光によるのであって、それ以外の何物でもないのである……と。

この論、事物に触れるにつれて、真然なりと思わざるを得ず、もとより各国には固有の形態があり、また遭遇する時勢の差別もあって、彼をそのまま是に移すべからざるは論を俟《ま》たずといえども、その精神においては、これをわが国に推すも、決して理に悖《もと》らざるものと信ずる。……

無愛想なグナイスト

わが国の年号でいえば、明治十五年五月十六日、ベルリンに着いた伊藤博文は、まず駐独公使青木周蔵とともに、宰相ビスマルクに面会し、入国の挨拶をして、このたび憲法調査の勅命をうけて来欧し、しばらくはベルリンに滞在する旨を告げた。

ビスマルクは、憲法研究の基地として、ドイツを選んだことに、満足の意を表して、

——その成功を祈る。

と述べた。

翌日から、青木公使らと協議して、調査の方法や順序を打ち合わせた伊藤は、二十日、最初に意見を聞く学者として、グナイストを訪ねた。

さよう、マックスがベルリン大学の教室で、ドイツ国家法とプロイセン行政法の講義を聴き、内容形式ともに真の傑作と感じた、あのグナイストである。

伊藤博文が憲法調査に来たのは、マックスがハイデルベルクで大学生活をはじめたばかりのころだった。

その年の冬には、前章に述べた通り、マックスはトライチュケの『十九世紀ドイツ史』の第二巻を読んで、最初は心を動かされた。第一巻はそれより三年前のギムナジウム時代に読んで、やはり感激した様子を、従兄のフリッツに手紙で伝えている。

では、初めのうち強く惹きつけられ、伯父ヘルマンの批判を知ってから、しだいに距離を置きはじめたトライチュケの史観とは、どのようなものであったのだろうか。

前掲の書『君主經國策批判』に附されたトライチュケのフリードリヒ大王論から、その一端を窺ってみよう。

トライチュケはいう。

——ヨーロッパの列強を相手に七年にわたって戦った、人として堪え得る限界を遥かに越えた戦争の苦痛と辛酸、無用残忍とも考えられる凄惨な惨禍のなかから、プロイセンの人民のうちには、民族、祖国、国家という思想が、強く生まれてきた。

フリードリヒが収めた勝利の結果、以前は峻厳きわまりない義務を意味して他国民には自分がそうでないことを感謝させたプロイセン国民の名が、いまや名誉の呼称に変わり、それはまた他のドイツ諸邦のプロイセンにたいする年来の敵視をやわらげ、意気潑溂《はつらつ》たる多くの青年が、続続と諸邦から集まって来て、プロイセンの軍隊に加わった。

ある者は、フリードリヒの大才にたいする敬仰から、ある者は、王の下で燃ゆるがごとき活動欲を満足せしめんがため、またある者は、プロイセン王国の将来の興隆に期待をかけたがゆえである。

プロイセン王国内で、狭隘なる地方割拠主義は時代遅れとなり、軍人志願でなくても、志をもつ者は、諸邦から競ってプロイセンに流入するようになった。

土地および人民は、王家の所有である、という古来の概念は、フリードリヒの言によって、その根拠を失った。

かれはいった、主権者にとって、国家以外に近親者はなく、いかなる場合にも国家の利害は、おのれの一切の血縁や利害より重んじられなければならぬと。

またいわく、わが唯一の神は、わが職務であると。そうしてかれは、全力を挙げてこの唯一神に奉仕し、人民はかれに深謝した。

古今を通じて、この一人の独裁君主ほど、君職を重んじ、政務に没頭した君主はいない。

フリードリヒはいった、君主は心身を挙げて国家に捧げるべきであり、君主は国家という世俗的宗教の法王である、と。……


多分に美化され理想化されて、たしかに当時の青年を感激させる響きはあったであろうけれど、後年遥かにファナティックなものとなって現われる民族主義と軍国主義、国家と独裁者を神格化する超国家主義の萌芽も、明らかに見てとれるといってよいであろう。

伊藤博文が訪れたのは、そのような史観の持主が、ドイツ帝国の精神的指導者の座についた時期だったのである。

さて——。

憲法制度についての講説を、最初に依頼しに行ったグナイストと、伊藤らの一行とのあいだにかわされた会話の具体的な内容を、公式に記録した資料は、どういうわけかあとに残されていない。

三巻におよぶ『伊藤博文傳《でん》』も、その点に関しては甚だ要領を得ず、ほとんど何も語っていないに等しい。

そこにはいったい、どういう事情があったのか……。

以下、おおむね清水伸の貴重な労作『明治憲法制定史』の詳細な調べに頼って、その経過の概略を辿ってみることにしよう。

——外務少書記官吉田正春の談話によれば、まず伊藤公が、

日本がこのたび憲法を制定するにあたって、ぜひ貴殿の学説と識見をお聞かせいただきたく、また参考となる資料があれば頂戴いたしたい。

と述べたのにたいし、グナイストはすこぶる冷やかな態度で、こう答えた。

それは遠方からドイツを目標にお出でくださったのは感謝のいたりだが、憲法は条文ではない、精神である。私はドイツ人であり、かつ欧州人であって、ドイツのことはよく知っており、欧州各国の事情も一通り知っている。だが遺憾ながら、日本国のことは知らない。まずこちらから日本についてお尋ねしよう。日本国の今日までの君民の関係、風俗人情その他過去の歴史を、明瞭

にご説明いただきたい。それについて考えた上で、ご参考になることがあれば申し上げるが、それが確かに貴殿のご参考になるか、また憲法編纂の根拠になり得るかどうかは、私のほうでも自信がない。

この問いに、伊藤公は困った様子で、日本にはまだ正確な歴史ができていない、と答え、通訳にあたった青木公使は、面目を失したかたちになった。

グナイストには、ほかにも日本側を軽侮するような発言があり、ホテルに帰ってから一同が憤慨するなかで、大蔵権《ごん》大書記官河島醇《じゅん》が、それならばウィーンへ行って、シュタイン博士に相談してみようではないか、といい出した。……

この吉田少書記官の談話に関し、清水伸は、グナイストと面会したのは伊藤と青木公使、それと筆記にあたった参事院議官補伊東巳代治《いとうみよじ》の三人であったのだから、当人が直接そばで聞いたわけではなく、伝聞であったはずで、また初対面で失望して、すぐにシュタインのほうへ向かったように語られているのは、その後一行が、グナイストに紹介された弟子のモッセの講義を、長期にわたって受講していることからしても、事実に反する、という。

直接に会った伊東巳代治は、後年、グナイストには、黄色人に憲法は不適当なり、むしろ生意気なる所業なり、との観念が脳中にあったようだ……という感想を洩らしている。

ベルリン大学の教室で、自由主義的な見解を述べて、若きマックス・ヴェーバーに感銘をあたえたグナイストには、ずいぶん似つかわしくない話だ。

清水伸は、グナイストがみずから講義にあたらなかった理由を推定して、つぎの三点を挙げる。

（一）かれの弟子であるモッセの講義は、ほとんど隔日に行なわれ、受講するほうはその翻訳を筆記して理解するだけで、精一杯であると考えられた。
（二）　モッセが教えるドイツ憲法学は、きわめて包括的かつ体系的なもので、グナイストがしたとしても、それ以上の講義はできなかった。
（三）　この年、グナイストは代表作『英国憲法史』の大著を完成し、引きつづき『英国議会史』の著述にとりかかろうとしていた。つまり学問的達成の最盛期を迎えていて、ほかの仕事にさく時間も精力の余裕もなかった。
このうち、三番目の理由に、筆者はもっとも注目する。

伊藤博文は、欧州に向かって出発するまえに、右大臣岩倉具視から、つぎの五条を眼目とする憲法制定のための綱領を示されていた。
一、わが国の憲法は、欽定憲法とする。
二、国会の構成と運営は、イギリス流を排し、プロシャ流のそれによる。
三、国務大臣は、天皇の親任による。
四、大臣は天皇にたいし、おのおの責任を負い、連帯責任とはしない。
五、予算が国会で成立しないときは、前年度の予算を施行できるようにする。
この岩倉の基本方針には、伊藤も賛成であった。
そしてその可能性は、きわめて大きいと考えられるのだが、グナイストに会ったとき、わが国の議会はイギリス流を排し、プロシャ流で行きたいと考えている、とほぼ最初のほうで語ったとしよう。（プロシャはプロイセンの英語名）
代表作『英国憲法史』を書き上げ、ついで『英国議会史』に取り組もうとしていた、つまりドイツにおける英国憲政の最高権威でもあるグナイストが、そんな挨拶をされたとしたら、かちんときて、とたんに無愛想になり、木で鼻を括ったような応対をしたとしても、不思議ではない。

明治憲法とドイツ憲法学

ドイツへ来て三箇月以上経ったある日、伊藤博文は皇帝ヴィルヘルム一世に午餐に招かれ、青木公使とポツダムの離宮へ赴いた。

このとき八十五歳の老帝とのあいだにかわされた会話について、伊藤と青木が伝える内容には、かなりの隔たりがある。

伊藤は、故国の大蔵卿松方正義への書状で、その点に関しおおよそつぎのように報じた。

――皇帝は申された、憲法研究のために参られたそうだが、朕《ちん》は日本天子のため、国会の開設を祝賀することはできない、もし形勢やむを得ずして国会を開くにいたったとしても、予算の決定権を国会に譲ってはならない、もしそのような下策をとれば、内乱のもとになるであろう、と。これはドイツ皇帝の勅諭としては容易ならざる言葉で、決して世上に公にすべきことではないから、僕も心中に収めるだけにするつもりである。……

松方宛の手紙には「日本天子」と書かれているが、『伊藤博文傳《でん》』に叙述された文では、その部分が、「朕は日本皇帝の爲《た》めに、國會《こくくわい》開設を祝《しゆく》する能はず」と記されている。

おそらくヴィルヘルム一世は「皇帝」という言葉で語ったはずで、つまり日本の天皇を、自分とおなじかそれに近い種類の権力を持った君主、と考えていたものとおもわれる。

予算の決定権を国会に委ねてはならない、というのは、二十年前の「軍制改革」が、議会の多数を占める自由派の反対によって、いったん潰されかけたことを、いまだに苦い記憶として、心に刻んでいたからに違いない。

そのとき首相に起用されたビスマルクは、国家の活動は一刻も停止できない、と、予算が成立していないのに、軍備の拡張を強行し、下院は「予算は毎年法律をもって確定する」という憲法第九十九条への違反だと反対して、「憲法闘争」が巻き起こった。

わが国の新たな権力者たちも、そのあたりの事情をよく承知していたに違いないのは、岩倉具視が憲法制定のための基本綱領とした五箇条のなかに、「予算が国会で成立しないときは、前年度の予算を施行できるようにする」という項目があることで明らかだ。

ヴィルヘルム一世の言葉に、伊藤は、大いに覚るところあり、と述べ、かつ議会の反対によって予算不成立の場合には、周到なる配慮をめぐらして対処する旨を奉答した……と『伊藤博文傳』は伝える。

それにたいし、通訳にあたった公使の『青木周蔵自伝』(草稿の分冊の表紙に㊙と記され、長く篋底《きょうてい》に秘されていた)は、以上のやりとりに、いっさい触れていない。陪食の場面を抄録すれば……。

皇帝は青木に、卿の友人(伊藤をさす)はわが国の憲法を調査するために来独したと聞いたが、それは本当か、と訊ね、然り、と答えると、こう質問する。

——そもそも一国の憲法は、その国の歴史に鑑みて制定せらるべきものであるのに、貴国がわざわざ大官を派遣して、他国の憲法を調査せしむるのは、いかなる理由によるのか、卿の友人に訊ねてもらいたい。……

通訳された言葉を聞いて、伊藤は答えた。

——君主国として歴史のあるプロシャ憲法は、かならずわが国にとって模範とするに足るものがあるに相違なく、憲法の条項は書籍によって研究し得るとしても、なお実地について見聞することは益するところ多からんと信じて、貴国を訪ねた次第です。……

青木の自伝で、伊藤がいくらかでも意味のある言葉を発したのはここまでで、あとはもっぱら皇帝と公使二人だけの会話になる。

伊藤が青木に、皇帝の質問にいちいち通訳を介して答えたのでは、冗長にわたる虞《おそ》れがあるばかりでなく、言語上の錯誤が生ずるかもしれないので、足下《そっか》が代わって答奏してもらいたい、といったからである。

——皇帝はいう、憲法の制定には、それに先立つ行政法の完備が必要である、なぜなら、行政法は樹木にたとえれば根幹で、憲法はその幹があって初めて開く花だからである、わが国の憲法を知ろうとするなら、まずわが国の行政法を研究する必要がある、と。

青木は答える、われわれは行政法と自治制度の調査も予定している、貴国と英国のごとく自治制度の発達した国は稀であるけれども、わが国も封建時代より各藩ごとに不完全ながら自治制度を実施してきたので、甚だしく理解に苦しむことはないとおもわれる。……

このあと、青木が口をきわめてドイツの地方自治制度の優秀さを称賛したのに、皇帝は、善し、卿はともに談ずるに足りる者なり、とわが意を得た様子で、地方行政の細部にまでわたって両者の問答が延延とつづく。

そして陪食の模様を記した章は、
「以上皇帝との問答は、其後予より詳細伊藤氏に語れり」
と結ばれている。

じっさいに行なわれた会話が、この通りであったかどうかを判断する材料は、むろん当方にはない。だが、百科事典で与えられた知識によれば、ここで皇帝が口にした考えは、グナイストの見解にはなはだ近い。

イギリス地方自治制の研究で知られ、イギリス議会は家屋の正面にすぎず、その実体は地方自治制にある、というのが、グナイストの学説の根幹であった。

青木の語学能力には疑う余地がない。

長州の貧しい医師の家に生まれたかれは、明治元年（一八六八）、藩命によってプロシャ留学を命じられ、医学修得のために渡欧したのに、やがてベルリン大学で政治学を学びはじめる。

このときグナイストの講義を受けたらしく、明治六年の春、岩倉使節団の副使として来欧した木戸孝允に、グナイストを紹介して、その講説を聞く仲介の役を務めている。

同年、外務一等書記官となり、翌年、ドイツ公使、その三年後にドイツ貴族の娘エリザベットと結婚し、家庭ではドイツ語以外話さなかったといわれる。

『青木周蔵自伝』の校注者坂根義久の解説によれば、語学にすこぶる堪能であった青木は、この結婚によって、さらにドイツ人の信用を博し、皇帝とも親しく言葉をかわすことができるようになったのである。

こうした経緯からすれば、皇帝の言として伊藤に伝えたのは、師グナイストの学説、あるいはドイツの政治体制に心酔していたかれ自身の持論であったのではないか、と考えられなくもない。陪食の場においては、青木が主役となって、伊藤は意味不明の会話を、そばでおとなしくじっと聞いていただけのようにおもわれるが、この印象が正確であるかどうかもわからない。

伊藤と青木は、おなじ長州の出身であるけれど、長く対立する関係にあった。

これも『青木周蔵自伝』によれば、二人の対立は、岩倉使節団の来欧時にはじまっている。明治五年七月、使節団がロンドンに到着したとき、木戸孝允はベルリン大学で学んでいた郷里の後輩青木周蔵を、わざわざそこまで呼び寄せて質問した。

――欧米人はなにゆえかくも宗教に熱心なのか。そもそも西洋人にとって宗教とはいかなるものなのか。わかっていたら教えてもらいたい。

青木は答えた。

――これは天地を震動せしむるほどの大問題です。往古、ギリシャ、ローマは卓越せる文化を有していたにもかかわらず、発展が頂上に達したとき、かえって社会の道徳は廃頽し、政争に明け暮れ、悪徳を恣《ほしいまま》にして、ついに国家の滅亡を招きました。

ところが、ローマの末期、天なる神の使命により腐敗せる世界人類の救済を任務として、耶蘇基督（イエス・キリスト）が降誕し、従前すでにその萌芽を胚胎していたユダヤ教を排斥して創立した新宗教（キリスト教）が、しだいに古ローマ帝国の旧領地およびその他の地方に帰依者を生じて、暗黒の欧州に点点と光輝を放ち、その崇神、克苦、博愛の道徳主義が普及し実行せらるにおよんで、ついに欧州の文明開化は、今日の隆盛を見るにいたったのです。

欧米人が宗教に熱心なのは、そのためです。……

この話の途中から、伊藤博文ら数人が部屋に入って来て、そばで聞いていた。

木戸は話題を変えた。

——われらがさきにアメリカで、条約改正を提議したのに、米国政府は、日本のごとき無宗教の国もしくはキリスト教を尊重せざる国と、相互対等の条約を締結して、貴重なるわが国の生命財産を託するのは危険である、として、受け入れられなかった。

米国の有力者で、日本が各国と対等の立場にたつには、全国民挙げてキリスト教に帰依すればよい、と説く者があり、それを聞いて、わが使節団一行のなかには、畏《かしこ》くもこの事情を叡聞に達し、陛下が率先してキリスト教に御帰依あらんことを奏請し、高官も相次いで改宗すれば、国民も漸次それに倣うに違いない、そうすれば列国との交際上もっとも便宜なるべし、と主張する者がいる。この説をどうおもうか。

そう聞かれて、青木が、

——宗教の改宗とは、人間にとってもっとも困難なことです。イギリスをはじめ、改宗の軋轢やキリスト教の新旧両派の対立が、悲惨な内乱の原因となっている例は、枚挙に遑《いとま》がありません。ゆえに近ごろ文運隆盛なる国は、いずれも憲法において信仰の自由を公約しております。わが国でも聖上に改宗を奏請し、国民に政略的改宗を勧めるならば、いたるところに擾乱《じょうらん》が発生するでしょう。日本国民として見るに忍びないそのような事態を強行しようというのであれば、まず私の頭を刎《は》ねてからにしてください。

と答えると、木戸は伊藤に向かい、声を荒らげて叱咤した。

——欧州の各国を広く深く知る学生の論は、かくのごとく理路整然としている。そのような事情も知らず、みだりに米国の宣教師や浮薄な政治家の言を聞いて、卒然一種の空想を描き、軽挙国家を乱すがごときことがあっては、恐懼《きょうく》に堪えない。青木氏の論と、足下平生の所説とは、まったく正反対だ。足下の言を、予は信ずることができない。

あまりの口調のきびしさに、伊藤らは唖然としたのち、怱怱《そうそう》に退散した。……

青木はそう述べるのだが、かれ自身はキリスト教の信者であり、また伊藤は後に激しい政治的確執の相手となった存在であるから、後年に回想して書かれた自伝の文章を、すべてその通り事実と受け取るわけにはいかない。

しかし、わが国を代表する使節として、米欧を回覧するうち、政治において宗教がきわめて重要な一課題であることが、岩倉具視、木戸孝允、伊藤博文らにとって共通の認識となったのは、確かな事実と見てよいであろう。

このことは本章の後段に、すこぶる重大な意味を帯びてくるので、記憶にとどめていただきたいとおもう。

プロイセン＝ドイツへの親近感

開始直後、早くも前途多難の様相となった欧州憲法の調査から、明治憲法の制定にいたるまでの経緯を、表裏ともによく知るためには、いちど岩倉使節団の出発以前にまで溯って見なければならない。

わが国の開国以来、諸外国とのあいだに結ばれていた不平等条約の改正を主目的とし、あわせて欧米先進諸国の視察と調査を行なう使節団の海外派遣を、最初に構想したのは、オランダに生まれて、移民したアメリカから、宣教師として日本へやって来たフルベッキである。

安政六年（一八五九）、長崎に上陸したかれは、四年後に長崎洋学所の教師を依頼され、佐賀藩の英学塾致遠館にも招かれる。

そこで「私は二人のごく有望な生徒をもった。それは副島（種臣）と大隈（重信）である。かれらは新約聖書の大部分を研究し、アメリカ憲法の大体を学んでしまった」とのちに述べたという話は、あながち社交辞令とばかりはおもえない。

アーネスト・サトウの『一外交官の見た明治維新』のなかに、明治元年、イギリス公使パークスにたいして、「自分は聖書を読んでいるから、キリスト教のことはよく知っている」と見得を切る少壮の外国事務局判事大隈重信の姿が現われるからである。

明治二年、新政府の顧問兼開成学校（東京大学の一前身）の教師として招聘されたフルベッキは、ドイツ医学の採用を建言する。これが実現されていなければ、森林太郎の人生もまた、別の方向へむかっていたに違いない。

おなじ年、フルベッキは、日本が不平等条約の改正を目ざし、そのための第一条件となるであろう信教の自由を確立して、先進国の仲間入りをしてくれることを願い、米欧諸国に大使節団を派遣する計画の「ブリーフ・スケッチ」（組織、旅程、人員、目的、調査方法等について概述したもの）を書いて、信頼し嘱望していた教え子の参与大隈重信に送った。

激しく吹き荒れた攘夷の嵐が、まだ治まっていない時期であったから、大隈はそれを秘していたのだが、異例の早さで栄進して参議の地位につき、各国条約改訂掛に任ぜられるにおよんで、条約改正のための外交使節派遣を発議し、みずから使節の任にあたることを申し出て、閣議の諒承を得た。

だが結果として、それは特命全権大使岩倉具視の下に、大久保利通、木戸孝允、伊藤博文と、薩長の実力者が副使として顔をそろえる大使節団となって実現される。

全権大使がどうして、大隈から岩倉に変わったのかに関しては、大久保利謙《としあき》の緻密な論文『岩倉使節派遣の研究』があるので、詳しくはそれを参照されたい。

要するに、岩倉とかれを擁立した大久保を中心とする薩長の実力者は、この使節団が結局、新しい国家の基本的な設計を決定づける、きわめて重要な役割を果たすことになるのを、漠然とながら予測していたものと推定される。

明治四年の秋ごろ、大使にきまった岩倉は、大隈が秘していた「ブリーフ・スケッチ」の存在を察知して、フルベッキに復原を求め、大使節団の長期にわたる海外渡航は、それにもとづいて実行に移された。

海外の主要な国国の政治形態に、使節団がどのような印象をうけたかは、『特命全権大使米欧回覧実記』の叙述（編修にあたった久米邦武は、佐賀の藩校弘道館で大隈重信と同寮であった）によって、一端を窺うことができる。前章の抄録と同様、初めて接する読者はその観察の鋭さに、目を瞠《みは》らずにはいられまい。

——米国の民は、大統領の権を抑えるため、さかんに論戦を行なう。欧州君主国の人びとは、米国の民が平時にも戦うのを笑い、共和国の民ならざることを幸いとする。

米国の民は、そのような政治のなかに化育されて百年に垂《なんな》んとするため、三尺の童子も君主を奉ずるを恥とし、共和政治の弊害を知らず、その美点のみを愛し、世界を挙げて、おのれの国是に就かしめんとする。

英国の立君政治は、米国の共和政治と異なり、立法と行政の両権の平衡をとる妙があって、首相は政党に推され、国王に任命されて、輔翼《ほよく》の任につき、かつ毎回議会に出席して、衆議による政治の弁証にも従事する。

その職務は繁忙をきわめ、ゆえに英国の首相となる者は、才能、性格、学識において卓越しているのみならず、脳力が人の何倍もなければ、責任に堪える能わずといわれている。

また英国の開明と進歩は、改進党の政府によって歩を進め、保守党の政府によってこれを完美にし、交互に改良に努めるところから生まれており、これが政党政治のもっとも有益な点である。

仏国はいまより二百数十年前、ルイ十四世の代に王権隆盛の極点にまで達したが、ルイ十六世の代にいたって、その圧制に堪えかねた民衆の蜂起により、封建の制が破られ、国王は死刑に処されて、立憲政体が定められた。

これを仏蘭西《フランス》革命の乱といい、波及して各国がつぎつぎに立憲政治に変わり、今日の欧州をなすにいたったのは、みな仏国が開いた機運による。

人民はおおむね平等で、財産もこれに準じて平等であり、富める者の多きことは、欧州第一である。仏人はいう、国の貧富は政府が蓄える財の量によるにあらず、人民の貧富による、と。

パリーは各国が尊敬する文明の中枢で、府中製造の諸品は、新奇の工夫がよく人の嗜好に投じ、欧州の流行はつねにここにはじまる。

ただし、先年「コンミュン」の乱において、賊徒が行なった破壊の跡は、プロシャ軍のそれよりも猛烈で、西洋各国の風俗をすべて美とするのは大きな誤りである。

元ブランデンブルク侯国より起こり、ドイツ連邦の帝位を有するにいたった普国《プロシャ》は、地味乏しき土地に長く刻苦勉励をつづけて来た結果、文武ともに進み、碩学を輩出すること欧州に冠絶し、兵は勇敢沈着なることによって欧州に名を轟かせ、教育も欧州中において最上等に位する。

人民の半数が農業に従事する普国の国是は、わが日本によく似たところがあり、この国の政治、風俗を講究することは、英仏の事情に学ぶより、益する点が多いであろう。

連邦の中央政府は、ベルリンに置かれ、国民により公挙された議会が立法し、行政の権は皇帝および執政に帰する。

執政はビスマルク侯で、皇帝は連邦の名において興軍する権を有する。

ドイツ政府とは別に、普国政府もベルリンにあり、普国の王位は、ホーエンツォレルン家男子の世襲によって継がれ、女王を立てることはない。

国王は行政の全権を統べ、宰相および大臣に事務を掌《つかさど》らしめる。

普国の兵制は、国中の男子で武器をとるに堪える者ことごとく兵卒の訓練をうけ、少なくとも一年間は常備軍役に服し、みな軍人として錬磨せられるものである。

ドイツ国民は、帝王を尊敬し、政府を推奉する念が、はなはだ篤い。……

それまで驚異の目で回覧して来た国国のなかで、プロイセン＝ドイツにとりわけ親近感を抱いた様子が、ありありと窺える。

現実の世界は、万国公法（国際法）よりも武力によって動かされる、というビスマルクの演説、大国に伍して行くための軍備の重要性を説いたモルトケの意見に、大久保利通ら使節団の面面が、すこぶる感銘をうけたのは、まえに述べた通りだ。

ビスマルクの外交辞令をまじえた、プロイセン＝ドイツは、小国、後進国、新興国である、という自己認識にたいする共感も大きかったろう。

なによりこのとき、相次ぐ軍《いくさ》に連戦連勝して、ついに欧州文明の中心をなすフランスを打ち破り、旭日昇天《きよくじつ》の勢いを示して誕生したばかりの新帝国であったことが、信頼に値する印象を決定づけたのに違いない。

じつに一年十箇月にわたる長期の回覧を終え、やがて明治国家の基本的な設計者となる全権大使岩倉具視が、どのような考えを抱いて帰国したかは、以後おいおい明らかになる。

ところで……。

読者はここしばらく、われわれの主人公がいっこうに姿を見せないのに、不審の念を抱いておられるであろう。

まえにも述べたように、伊藤博文が憲法調査のため欧州に滞在した約一年は、マックスがハイデルベルク大学に入って、勉学のかたわらフェンシングの練習をはじめ、三学期に決闘を敢行して頬と頭部に傷を負うまでの時期にあたっている。

そして目下の主題である、政治と宗教、君主制と議会制と官僚制、の関係は、マックス・ヴェーバーにとっても、これから生涯のテーマとなる重要な問題なのである。

したがって本章だけはこのまま、伊藤博文らによる欧州憲法の調査から、明治憲法の制定にいたるまでの話をつづけさせていただきたい。

瀕死の岩倉が伝えたかった事

グナイストの弟子モッセの隔日の講義が、長期にわたるにつれて、伊藤の面持にはしだいに鬱鬱とした色が濃くなっていた。

まず、プロイセン立憲政体の沿革、国王の行政権、臣民の邦家にたいする義務……等から説きはじめられたのは当然としても、やがて話が自治制度に入ると、「ドイツ村邑《そんゆう》の制および吏員の資格」「市政および府会」「市府警察および地方税」……と、地方行政についての事細かな講義が、微に入り細を穿って、いつ果てるともなく延延とつづく。

むろん通訳は青木が務めていたのだけれど、伊藤は山県有朋や井上馨《かおる》らに宛てた手紙で、ドイツ語がわからないため理解困難で、滞在は予定より一年かそれ以上延びそうだ、と憂鬱を訴えている。

青木はその様子を見て、ヴィルヘルム一世との午餐を設定し、地方行政の重要性を、皇帝の口から語らせようとしたのかもしれない。

おそらく伊藤としては、プロイセン憲法の要諦をもっと簡潔に説き明かしてくれる講義を期待していたのであろう。

暑中休暇に入って、ウィーンにロレンツ・フォン・シュタイン教授を訪ね、講話を聞いた伊藤は、それまでとは別人のように意気揚がる表情を見せた。

フランス社会主義思想の理解者で、自身は穏健な自由主義者、漸進的な社会改良主義者であったドイツ国家学の巨匠シュタインの憲法思想については、いくつかの詳細な研究がある。

しかし、浅学の筆者の誤解で、相手にご迷惑がかかってはいけないので、敢えて名前を挙げずに、もっとも説得力を感じた学者の説を紹介させていただこう。

シュタインは、「真の憲政」（議会主義的憲政）と「特殊プロイセン的憲政」（行政国家型憲政）を、分けて考えていた。

後者において、国王は不可侵であり、行政権を掌握し、大臣の任命権をもつ。

さらに軍隊を統帥し、宣戦・講和・条約の締結権をもち、また立法府に関わる権利として、法案の拒否権と公布権、議会の解散・停会権を有する。

国王に任命される大臣は、議会にたいしてではなく、国王にのみ責任をもち、したがって責任内閣制や議院内閣制は否定される。

シュタインが伊藤に教えたのは、一八五〇年のプロイセン憲法で規定された強大な君主大権のもと、行政府が立法府たる議会の掣肘《せいちゅう》をうけることなく国政を運用し得るこの「特殊プロイセン的憲政」のほうであったのでは……というのが、筆者がもっとも説得力を感じた学者の説なのである。

そうだとすれば、伊藤はまさにわが意を得た気がしたに違いない。

岩倉具視に示された憲法制定のための「大綱領」（前記の五箇条の「綱領」のもとをなすもの）には、天皇の大権として、陸海軍を統率するの権、宣戦・講和・条約の権、大臣以下文武官任免の権、議院開閉・解散の権……等が、すでに定められていた。

イギリス流の議会主義的憲政を排し、プロイセン＝ドイツ的立憲君主制をとる、というのは、出発する以前からの動かせない既定の方針であった。

それが決定するまでの経緯を、溯っていえば……。

伊藤博文の一行が、憲法調査に発つ前年に起きた「明治十四年の政変」は、「開拓使官有物払下事件」とも呼ばれる。

北海道開拓長官黒田清隆が、おなじ薩摩出身の実業家五代友厚らに、官営の諸工場をはなはだ安く払い下げようとしたのを、自由民権派の新聞や講演会がこぞって攻撃し、民衆もこれに呼応して、国民の人気は、政府内でただ一人払い下げに反対した筆頭参議大隈重信に集中した。維新以来、日本の人民がこれほど激しく政府のやり方を非難したことはなかったといわれる。

ちょうど折しも、大隈が国会の早期開設を主張し、イギリス流の政党政治を唱えたことが、それに重なり、このままでは自由民権派の天下になりかねない……と、保守派は危機感を強めた。

結果として、大隈は政府転覆を企てた疑いをかけられて罷免され、かれを支持していた河野《こうの》敏《と》鎌《がま》、前島密《ひそか》、矢野文雄、小野梓《あずさ》、犬養毅、尾崎行雄ら、英仏派の憲政論者は、ことごとく免官されて野に下り、かわって伊藤博文を中心とする井上毅《こわし》、伊東巳代治、福地源一郎ら、プロイセン＝ドイツ憲政派が擡頭して、憲法制定の主導権を握った。

かつての条約改正＝海外視察のための使節団派遣のときと同様に、大隈はふたたび日本の新しい進路をきめる決定的な局面で、舵を取れる場所から追われたのである。

大隈は、先進的でしかも現実的な立憲思想の持主であったが、政治的な権謀術数において、公家出身の最高実力者岩倉具視と、大久保利通なきあと内務卿を継いで以来、閣内で最枢要の位置を占めていた伊藤博文の敵ではなかったようだ。

ただし、岩倉、大久保、伊藤の権謀も、海外では通用しない。

岩倉使節団が当初の目的としたアメリカでの条約改正交渉は、後述するように、ごく初歩的でかつ基本的な外交手続き上のミスが原因となって、敢えなく失敗に終わった。いってみてもまことに詮方《せんかた》のない話ではあるが、最初の発議通り、気鋭の大隈が全権大使となり(たとえばフルベッキをブレーンとして)条約改正と海外視察の途に上っていたら、以後の日本の歴史は、ずいぶん違ったものになったかもしれない。

菅沼竜太郎訳『ベルツの日記』によれば、伊藤博文の滞欧が一年におよんだころ、岩倉具視は重篤な病の床についていた。

主治医のベルツが、岩倉の要求に応じて、危険な容態であることを隠さずに告げると、「ありがとう、そのつもりで手配しよう。ご存じの通り、伊藤参議がいまベルリンにいる。新憲法をもって帰朝するはずだが、死ぬまえにぜひとも遺言を伝えたい。すぐに召還して、つぎの汽船に乗りこむよう指令を出しても、帰国までまだ何週間もかかる。それまで、なんとかわしをもたせてもらいたい」と語って、こうつけ加えた、「これは自分一身の問題ではないのだ」と。

ベルツは全力を尽くすことを誓ったが、病状は悪化する一方で、ついに臨終が間近に迫ったのを知らされた岩倉は、

「井上参議《さんぎ》を呼び寄せるように命じた。公は参議に、聲《こえ》がかれているから、側近くひざまずくように促した。その間わたし(ベルツ)は反對側《はんたいがわ》に、公から數歩《すうほ》はなれてうずくまり、いつでも注射のできる用意をしていた。そして終始、寸刻を死と争いながら、公は信ずるものの耳にその遺言を一語一語、ささやきつつ、あえぎつつ、傳《つた》えるのであった」

おそらく憲法の問題に関して、もっとも期待をかけていた伊藤博文に、どうしてもいい遺した

かった最後の言葉とは、いったいどのようなものであったのだろう。

井上毅とロェスラー

帰国した伊藤博文は、翌明治十七年(一八八四)の春から、参議と制度取調局長官を兼ね、井上毅、伊東巳代治、金子堅太郎を直轄の局員として、憲法起草の具体的な作業を、おもむろに進めて行く。

そもそも新憲法の基本的な設計図となった岩倉具視の「大綱領」、それを要約した「綱領」、なかの重要事項についての解説を記した「意見書類」を、じっさいに執筆したのは、憲法の完成後に法制局長官となる井上毅である。

のちに日本の国家イデオロギーを形成する「教育勅語」の起草にも関わった熊本藩出身の井上は、少年のころから抜群の秀才として知られ、司法省に出仕し、岩倉使節団の視察にも途中から加わって、欧州諸国の法制と法学を学んだ。

帰国後、大久保利通に認められ、その没後は岩倉具視と伊藤博文の知遇を得て、法律の学究官僚として隠然たる地位を確保する。

北海道開拓使の官有物払下事件にはじまる自由民権派の急伸に危機感を抱いて、伊藤博文に奮起を促し、大隈重信とかれを支持する英仏派の憲政論者を、政府内から一掃した明治十四年の政変の、陰の立案者は井上であったと推測される。

もともとはフランス語によってフランスの法制を学んだかれが、確固たるプロイセン＝ドイツ憲政派になったのは、若き日からナショナリズムの思想を抱懐していたのに加え、日本の政府の法律顧問としてドイツから招聘された法学者ロェスラーとの出会いによるところが大きい。

カトリックの強い南独のバイエルン王国に生まれ、二十七歳の若さで北部のロストック大学の正教授に抜擢されたほどの俊才ロェスラーが、日本へやって来たのは明治十一年、四十四歳のとき――。

前年にカトリックに改宗して、プロテスタントしか教授として承認されないロストック大学にいられなくなったのが、招きに応じた理由のひとつであったようだ。

政府からの依頼をうけて、ロェスラーを選んだのは、駐独公使の青木周蔵である。このころ青木はカトリック信者だったので、その点での共感と同情があったのかもしれず、またかれはドイツの君主専制政治、外交戦略、軍事体制の熱烈な信奉者であったのだから、ロェスラーの学問と思想が、それから大きく懸け離れたものであったとはおもえない。

だが、伝統的な君主の大権を重んずる立憲君主制を理想としていたロェスラーは、ビスマルクによって作られたドイツ帝国と帝国憲法には反対で、現帝国はすべてが軍事力に集中されている軍国主義的政体であり、帝国憲法はビスマルクの個人的権勢の拡大を目ざして編集されたものである、と批判する著書を、来日する二年前に発表しており、それも故国を離れさせる一因になったものとおもわれる。

ドイツ帝国の成立直後から、ビスマルクが行なった政策の重要なひとつに、「文化闘争」というのがある。新教国プロイセンを中心とするドイツの統一がなされたとき、西南諸邦のカトリック勢力は、反中央政府の姿勢と行動を示し、それにたいしてビスマルクは、ドイツ帝国内においてイエズス会を禁止するなど、一連のカトリック抑圧政策を強行した。

ロェスラーのカトリックへの改宗とビスマルク批判は、そのあたりにも起因していたのではなかろうか。

カトリックの聖者をおもわせる高潔な人柄で、勤勉きわまりない真摯な学究であったのに、日本へ来てからも、ビスマルクの崇拝者が多い公使館員など同国人のあいだでは、孤立していたといわれる。

そのロェスラーに傾倒して、欧州各国の憲法に精通しているかれの教えをつぶさに受け、問題点についていちいち意見を質したうえで、井上毅は憲法制定のための「大綱領」を作り上げた。

骨子はすでに確定し、ドイツ法律学の該博な専門家も日本にいるのに、伊藤博文があらためてドイツに向かったのは、世界的な大学者による（下野した英仏派の錚錚たる憲政論者たちにも有無をいわせないだけの）権威づけが欲しかったからだとおもわれる。

しかし、グナイストには素っ気ない対応をうけ、懸命に望んだシュタインの日本招聘も、老齢を理由に固辞されて実現しなかった。

グナイストにかわって講義を行なったモッセは、そのころ三十代なかばのユダヤ系ドイツ人で、法律顧問としての招きをうけ、来日して憲法起草に助言を行ない、とくにわが国の地方制度、市制と町村制の確立に多大なる貢献をした。

それなのに、伊藤がかれの名前を公式に挙げることがなかったのは、清水伸のいう通り、当時はまだ権威性に欠けていたからだろう。

じっさいの憲法起草は、初稿を井上が書き、もう一方でロェスラーもドイツ語で草案を記し、伊藤（と制度取調局の直轄局員）が、両案をあわせて検討する、というかたちで進められた。

筆者が『天皇はどこから来たか』（新潮社刊）でも触れたように、井上の初稿にはなかった天皇を「神聖不可侵」とする条文を盛りこむよう、強く主張したのは、ロェスラーである。

井上は、天皇が神聖不可侵であるのは、日本国民にとって肇国《ちょうこく》以来自明のことであるから、憲法にあらためて記す必要はない、と考えていたようだ。

助言者のモッセは、つぎのような理由で、「神聖」という言葉を入れることは、不要であるとした。

――いずれの君主国の憲法にも、国王と皇帝に関して、「不可侵」あるいはそれに加えて「神聖」であることが明文化されているが、後者の言葉はべつに法律上の効果をもたない。

日本国の場合、天皇の神聖性は、古来、天皇と国民のあいだの純然たる徳義上の関係から生まれているので、それを憲法に掲げることは、政治的にその必要がないばかりでなく、かえって弊害を生む恐れがある。

なぜなら、天皇の神聖性が、憲法によって初めて生じたもののように、誤解されかねないからである。……

そうした反対もあったのだが、ロェスラーは、大学教授としての洋洋たる将来を棒に振ってまで、カトリックに改宗し、ビスマルクのカリスマ的な権勢が全ドイツを覆っていた時代に、それを批判する著書を公刊するほど、自己の信念をあくまで貫き通す人である。

故国で喪われつつある政治的な理想を、日本において実現したい、という願いもあったのかもしれない。

かれは、君主の大権にたいする将来の議会の干犯を防ぐために、まず「天皇ハ神聖ニシテ侵スヘカラサル帝国ノ主権者ナリ」と条文に明記すべし、と主張し、結局、伊藤がこれを容れて、「天皇ハ神聖ニシテ侵スヘカラス」の大日本帝国憲法第三条が生まれた。

　国王や皇帝の「神聖」や「不可侵」は、君主制をとる欧州各国の憲法に、おおむね記されていることで、これは「君主無答責」すなわち、君主は法律上においても、政治上においても、なんら責任を負わされることはない、具体的にいえば、法律によって訴追されたり、逮捕されたりすることはない、という意味である。

　また、伊藤自身の憲法思想は、君権尊重ではあっても、国学者のような天皇絶対主義ではなく、自著とされる『大日本帝國《ていこく》憲法義解』で第三条を解説した部分においては、

「君主ハ固《モト》ヨリ法律ヲ敬重セサルヘカラス而《シカウ》シテ法律ハ君主ヲ責問スルノ力ヲ有セス」

と、君主無答責よりも、立憲性のほうを先に記している。

　だが、結果として、ロェスラーの原案から「主権者」の文字を削って、いわば抽象化された「天皇ハ神聖ニシテ侵スヘカラス」の条文が、やがてしだいに法律の次元を超越する神秘的な霊気を放ちはじめ、いかに天皇を神格化するのに絶大な威力を発揮したか、戦前戦中を知る人は、鮮明に記憶しているであろう。

　このように明治憲法の基本的な性格をきめるほど決定的であったロェスラーの寄与または関与が、長く秘されてきたのは、それが明らかになれば、大日本帝国憲法は天皇が自らの意思で制定した欽定憲法である、という根本の出発点が覆ってしまうからである。

日本の運命が決した瞬間

天皇臨御の下に開かれた枢密院の憲法会議の第一日（明治二十一年六月十八日）、原案の第一審会議第一読会を開始するにあたって、枢密院議長伊藤博文は、起草者として大要つぎのような趣旨説明の演説を行なった。

――すでに各位ご承知のごとく、欧州においては今世紀におよんで、憲法政治を行なわざるものなしといえども、その萌芽はすべて遠き昔に発している。

これにたいし、まったく新たに始めるわが国においては、まず、わが国の機軸はなにか、ということを確定せねばならない。

欧州においては、憲法政治が萌《きざ》してより千余年、人民がこの制度に習熟せるのみならず、宗教なるものがあって、深く人心に浸透し、人びとはこれに帰一する。

わが国においては、宗教なるものの力が微弱で、どれをとっても国家の機軸とはなり得ない。かつては栄えて上下の人心をひとつに繋いだ仏教も、今日は衰退に傾き、神道もまた宗教として人心を帰一せしむる力に乏しい。……

伊藤はこう説き進んで、注目すべき結論を述べる。

――わが国において機軸とすべきは、ひとり皇室あるのみ。ゆえにこの憲法草案においては、もっぱらこの点に意を用い、君権を尊重して、なるべくこれを束縛しないことに勉めた。

君権を強大にすれば、濫用の恐れなきにしもあらず、という者がある。もしそのようなことがあるときは、宰相が責を負うべく、ほかにも濫用を防ぐ道はあり、徒《いたずら》にそれを恐れて、君権を狭縮すべきではない。

すなわちこの草案においては、君権を機軸として、それを毀損せざらんことを期し、敢えてかの欧州の主権分割の精神に拠らず、もとより欧州数国の君権と民権とが共同する制度とは、軌を異にする。

これを起案の大綱とし、詳細については、各条項において弁明したい。……

最後の部分で、「主権分割」と「君民共治」を否定しているのは、清水伸の解説によれば、そのころ民間でさかんに唱えられていたモンテスキューの三権分立の原理と、イギリス流の議会政治への反論を意図したものだという。

話は変わるが……。

岩倉使節団に随行して帰国後、政府の修史事業に携わっていた久米邦武は、この明治二十一年の十月、所属する部局が、帝国大学に移管されて、帝国大学文科大学教授となった。

その三年後に発表した論文『神道は祭天の古俗』の要旨はこうだ。

――神道は宗教にあらず、天を祭り、攘災《じようさい》招福の祓いをなす日本固有の風俗である。新嘗祭《にいなめさい》、神嘗祭、大嘗祭《だいじようさい》は、いずれも天照大神《あまてらすおおみかみ》を祭るにあらず、天子が親祭したまう祭天の大典で、伊勢神宮も天照大神を祀るにあらず、祭天の宮であり、三種の神器は、祭天の神座を飾るもの、すなわちこれも祭天の古俗で、韓土にも似た風俗がある。

この祭天の古俗が、万代一系の皇統とともに、今日にいたるまで伝えられているのは、まさに涙の出るような美俗で、わが国体の誇りとすべきところであるが、それも時代に応じて進化してこそ、皇室も国家もますます繁栄するのである。

いまの時代に、ふたたび祭政一致の世を蘇らせようとするがごとき考えは、秋の木の葉とともに揺り落されてしかるべきであろう。……

はじめ「史学会雑誌」に発表され、雑誌「史海」に転載されたこの論文は、神道家と国粋主義者の猛反撃を呼んで、久米は帝国大学教授を依願免官となった。

さらに後年、記紀は説話であって歴史ではない、とする『神代史の研究』などの著書が、「皇室の尊厳を冒瀆する文書」の疑いで起訴され、早稲田大学教授の席を失った津田左右吉《そうきち》が、敗戦直後に発表した『建国の事情と万世一系の思想』で示した天皇観、国体観はこうであった。

――日本の昔に、天皇を神として崇拝するということはなかった。天皇が神を祭られる、そのことがなによりも人であることの明らかなしるしで、民衆のために呪術や祭祀を行なう宗教的な任務にたいする、人びとの尊敬と感謝の念が、精神的権威のもとであった。

天皇は、武力と政治の実務に携わらなかったため、外国のような王朝の更迭がなく、時の権力者にたいしてつねに弱者の立場にあられたことが、皇位を永続させた。

こうして、一方において皇室が永続し、一方において政治の実権をにぎる者が、つぎつぎに交替していくという、世界に類のない二重政体組織の国家形態が、わが国には形づくられた。

ところが（先進の諸外国が開国と通商を求めてきた）十九世紀中期の世界情勢は、日本に二重政体の存続を許さなくなり、政府は朝廷か幕府かのどれかひとつでなければならなくなった。そこで天皇親政を目ざして、明治維新を推し進めた力のなかには、むしろ頑迷な守旧思想があった。

民権の要求をできるだけ抑制して、天皇の権力を大きくする。憲法はそのような思想のもとに制定せられたのである。

それとともに、ヨーロッパの一国（プロシャ）に学んだ官僚制度が設けられ、行政の実権は漸次その官僚に移行し、とくに軍事の権が、他の全ての政務に優越する地位を占めるようになった。これらの事情によって、皇室は煩雑で冷厳な儀礼的雰囲気のなかに閉ざされ、国民はそれにたいして親愛の情を抱くより、その権力と威厳に服従するように仕向けられた。……


これにもうひとつ、法制史の泰斗石井良助が『天皇――天皇の生成および不親政の伝統――』で示した説を、要約してつけ加えたい。

――戦前の国体論は、天皇親政をもって国体としたが、じっさいに天皇親政が行なわれたのは、中国式皇帝に倣った上世中期と、プロシャ王制の影響をうけた近代中期にかぎられる。日本固有の形態をもって国体とするなら、天皇不親政の伝統をこそ、わが国の国体と呼ぶべきであろう。……

たしかに、わが国の歴史を虚心に見るなら、天皇が古代からいつの時代にも一貫して、行政と軍事の実権をすべて一手に握る絶対的な権力者であった等という考えは、明治以降の教育によって作られた官製の歴史観と国家観が、明治以前の時代にまで溯って投影されたところから生じた幻影にすぎないのは、大方の目に明白であろう。

遠い昔から、邦家と民衆の無事と繁栄を祈って、祭祀と儀礼を敬虔に司るのが、わが国の天皇のもっとも伝統的な任務であった。

中国の皇帝やヨーロッパの国王と、わが国の天皇のあいだには、まったく別の地位といってもいいほど遥かな距離がある。

ところが新たに作られた憲法は、軍事と政治の実務から長く無縁のところで生きてきた天皇の任務に、陸海軍の統帥権と、宣戦と講和と条約締結の権、さらに行政のすべてを総攬する大権を加えた。

では、じっさいのところ、この憲法の設計者となった人びとは、天皇の権力を、どのように把握していたのだろうか。

岩倉使節団の条約改正交渉が、アメリカで最初から難航したのは、全権大使と名乗りながら、条約の調印に必要な天皇の全権委任状を持っていなかったからであった。

わが使節団は条約に調印する権限を有しております、と何度も主張したが、受け入れてもらえない。

日本側がいかに周章したかは、冷徹で知られる大久保利通が、伊藤博文とともに途中から急遽帰国し、委任状を持って引き返したことでもわかる。

王政復古と天皇親政を掲げて維新を遂行し、のちに明治の元勲といわれる政治の指導者が、天皇の権力を現実にはどのように理解していたかを示す好例といえよう。

国王が行政と軍事の全権を掌握して臣下を従わせる、ヨーロッパのような絶対王政は、わが国にはまず存在しなかったといっていい。

そこに形としては君主の大権を重んずるプロイセン型の憲法が作られた。

天皇以外の人たちがやったことが、天皇の名において絶対化される。わが国の歴史に前例がなく、世界に類例のない「絶対天皇制」がここに生まれた。

枢密院の憲法第一審会議第二読会で、「天皇ハ神聖ニシテ侵スヘカラス」と、井上毅が第三条を読み上げたとき、議場は粛然と静まりかえり、議長伊藤博文の、

「本件については各位において意見なきを認む。ゆえに原案につき表決を取らん」

との声に、列座の枢密顧問官が間髪を容れず一斉に起立し、原案は全員一致で可決された。

日本の後年の運命は、ある意味でこの瞬間に決したのである。

ゲッティンゲンの猛勉強

大学生活の第三学期までをハイデルベルク、第四、第五学期をシュトラスブルク、第六学期をベルリンの教室で送ったマックスは、第七学期の勉学先として、ゲッティンゲン大学を選んだ。法律家から政治家への道を進んだ父親の母校であり、法律学の名門として知られるそこで、司法書記官試補の受験勉強に没頭するためであった。

読者はすでに、教師に敬意を示さずにすごしたギムナジウムの卒業試験と、下士官にしごかれつづけた一年志願兵役の将校任官試験において、われわれの主人公が義務を果たすべき最終の段階を迎えたさい、いかに並外れた集中力を発揮するかを、よくご存じであろう。

その時期が、またやって来たのである。

マックスはこの段階において、かりに法律家を目ざさず、作家を志したとしても、確実に成功したに違いない。

もし小説家の道へ進んでいたら、ドイツの文学史はトーマス・マンに匹敵する大作家をもう一人獲得したはずだ。

しかし、そうはならなかったことを、残念におもう必要はない。その能力は、のちに鬱蒼たる学問的研究において十二分に発揮されるからである。

かれの作家的な素質と才能は、まえにも述べた通り生涯まるで呼吸するように書いた何千通もの長文の手紙によって、如実に明かされる。

ときには短篇小説ほどの長さをもつ一通一通の手紙から、まざまざと感じられるのは、賛嘆に値する緻密な観察眼と記録癖に加えて、卓越した自己客観化の能力と、読む相手を終始面白がらせようとする気遣いに満ち溢れたサービス精神の旺盛さだ。

綿密な観察と、自己客観化と、サービス精神の結合は、たとえば、一年志願兵になったばかりの訓練で、鉄棒にぶら下がった自分の体型を「まるでビヤ樽じゃねえか」と下士官の口から語らせるような、秀逸なユーモアを生みだす。

ゲッティンゲンから父親に宛てて出された手紙に、ほかの本から与えられた知識と当方の推察もまじえて書けば、最終段階を迎えた学生生活の模様は、おおよそつぎのごときものであった……。

マックスが下宿したのは、父親の学生組合仲間の一人が住んだことのあるニコラウスベルク街の、エルンスト嬢の家だった。

嬢というのは、ずっと独身だったからで、父親の懐《なつ》かしい追憶の対象でもある彼女は、三十年前と様子がまったく変わっていなかった。（これはいまも若若しいというより、当時からすでに小母さんの印象を与えていたという意味であろう）

部屋は、どんなに肺が丈夫な人でも煙草の煙で一杯にするのは不可能で、なかでちょっとした散歩ができるくらい広く、大きな窓がたくさんついているので、懸命に暖房しても外気とさして温度が変わらぬほど寒かったが、明るく静かで居心地がよい。
ここで毎朝七時に起き、七時四十五分にコーヒーを飲んで、大学へ向かう。
教室で受ける講義と演習のそれぞれについて、マックスはこんなふうに感じていた。
一、ドーヴェの教会法。これまでほんの少ししか勉強したことがないが、試験のために必要で、それほど重要な講義ではないけれど、聴けば教会法の詳細な書物を何冊も読まずに済むので、時間の節約になる。
二、バールの民事訴訟法。内容は非常にすぐれているが、感じはよくない。バールは見映えのしない小男で、話しながらしばしば奇怪に顔をしかめる。しかし、民事訴訟法規にたいしてたびたび試みられる辛辣な攻撃と、理論構成の鋭さは、やはり魅力的だ。
三、フレンスドルフの行政法。一般に退屈とされているけれど、わたしはそうおもわない。講義は即物的で、活気に乏しいが、事実関係ではグナイストよりもいろいろ学べる。自分の理念を述べてしばしば激しい批判を展開するグナイストの講義も、それなりにたいへん興味があったが……。
四、シュレーダーの商法ゼミナール。すこぶる有益で実際的な演習で、かれはまことに面白く気持のいい、身振りの活潑な小男である。いちど訪問したら、バウムガルテン家とゴルトシュミット家のことを尋ねて時が経つのを忘れ、ゼミナールに遅れそうになって、わたしと一緒に教室まで走ったことがあった。
五、レーゲルスベルガーの民法ゼミナール。素晴らしい演習で、自分の知らないことを驚くほど明瞭に確認させられ、訴訟事件についての広範な勉強に導かれた。かれはとても優しい人柄だ……。

こんな生活を送っていたある日、マックスは庭園の木木の葉が落ちて見通しがよくなった隣の家の古典学者ヴィラモーヴィッツ教授を訪問した。

ベルリンに住むローマ史学の巨匠モムゼンの夫人から、娘婿を訪ねるよういわれていたからである。

べつに非常識な時間ではなく、取次もせずに直接部屋へ案内する女の召使について行くと、書物や書類や紙切れが机や床に所狭しと堆積するなかに、日常的な部屋着をしどけなく着て立っていた背の高い人は、不意の訪問に恐ろしく仰天した表情を示した。

かれは一方の手で、部屋着のボタンをとめ、もう一方の手で椅子に載っていた本や書類をのけて、それに坐るように勧めたあと、服装が客を迎えるのにふさわしい恰好でないのに気づいた様子で、隣の部屋に駆けこみ、いくらかましな姿になってもどって来た。

それから夫人（モムゼンの娘）の部屋に案内してくれ、先に立った教授に招かれてから、室内に入ったのだけれど、結果は彼女をひどく驚かせることになってしまった。

まだ化粧の真っ最中だった夫人に、マックスは戸惑いながら、モムゼン家からの伝言と、母へレーネの挨拶を伝えた。

出産を間近に控えた彼女は、すっかり太って、以前の知的な面影とは、ずいぶん印象が変わっていた。

マックスは逃げだすようにして、その不首尾な訪問を終えた。

しばらくして、学校の掲示板に見入っていると、横から腕をとる人がいた。

父親と学生時代の友人だったフレンスドルフ教授で、その夜、家に招かれて歓待をうけ、父上にくれぐれもよろしく、と言伝された。

いつも昼食をとる店で、ときどき隣り合い、腰かけた椅子を体ごとうしろへ揺する癖があった一人の神学者については、手紙にこう記す。

――家での経験から、どうなるか知っているわたしが注意しても一向に止めず、ついに仰向けにひっくり返ってしまい、いとも芝居がかった愛嬌で、痰つぼの上にのっかってしまいました。これにはわたしも大笑いで、食堂の人たちもどっと沸きました。……

まったくの創作ではないだろうが、この一節の描写には、読み手へのサービス精神も働いているようにおもわれ、いささか構図が決まりすぎの感がしないでもない。

学生団「アレマーニア」の一員も、ニコラウスベルク街の下宿に訪ねてきたが、マックスにはもう、そういうつき合いをつづける気持はなくなっていた。

受験生の手紙

ゲッティンゲンの街は雪につつまれ、朝晩の寒気は日に日に厳しさを増してきた。

朝起きると、戸外とさして変わらぬ冷気のなかで、身支度と受講の準備を調え、自分でコーヒーを淹《い》れて飲む。

これが七時四十五分で、八時にはもう大学の講義室にいる。

下宿は学校のすぐ近くにあったのだけれど、この十分前後のあいだに、マックスは道を斜めに突っ切り、全速力で疾走しているのである。

寒さが厳しさを増すにつれ、受講する学生の数がしだいに減って、一般に退屈とされていたフレンスドルフ教授の教室には、ごく疎らにしかおらず、話しながら奇怪に顔をしかめるバール教授の講義を聴くのは、マックス一人だけになっていた。

帰宅後は、まずなかなか燃えつかずに燻《いぶ》りつづける暖炉の火を熾《おこ》すのが一仕事だが、広い大きな部屋の冷気が、むしろ精神を活気づけてくれる快いものに感じられなくもない。

夕食は、倹約を志して安い牛の挽肉一ポンドを、いっさい調味料を使わない自己流の方法で料理し、卵四個の目玉焼きとバターつきのパンとともに平らげる。

昼食も、自分が旧約聖書でヨナを飲みこんだ鯨の気分になるくらい食べるのが常で、大食漢ぶりは変わらないが、ビールの量はハイデルベルク時代にくらべると、著しく減った。

マックスにとってもっとも能率の上がる時間である十時まで、一心不乱に勉強し、以後は何通も手紙を書いてから就寝する従前の日課に、ゲッティンゲンに来てからは、ゼミナールの予習の時間が加わった。

十二時には、だいたいランプの灯が消える。油がそこで尽きるからだが、かれにはランプが、疲れた、おまえも疲れたろう……といって消えるように感じられるのだった。

日曜は週に一度だけ寝坊できる日だから、七時に起きなくてもいい。それでも勉強をはじめる時間と決めた十時より、だいぶ早く起きて、学業以外の本を読む。

かれほど定められた目標にむかって抜群の集中力を発揮する人間でも、われわれ凡人と同様に、受験勉強のまえには、べつの本を読みたくなるのだろうか。

ただし読むのは、スピノザやチャニングである。

そして、チャニングの戦争に関する論述を読んで感じた不満を、母ヘレーネへの手紙で縷縷《るる》と述べる。

——チャニングは、戦争にかかわりをもつすべての人間と行為を、まったく下等なものと決めてかかろうとしているようにおもわれ、職業軍人を人殺しの一味と同列に置いて、公衆の軽蔑の烙印を押された者とするならば、そこにいったいどんな道義の高揚が生まれるというのか、わたしにはわかりません、そんなことをしたら、戦争は決して人道的なものにはならないでしょう。

というのである。

一年間にわたって仲間と惨憺たる労苦をともにした志願兵役と、第一回の予備役将校訓練を終えて間もないマックスは、確固たる思想と義務感にもとづくものと信じていた自分の生き方を、根底から否定されたように感じて、どうしても納得がいかなかったのであろう。

さらに違った観点からの反論を加えて、しかし「このことは、わたしのチャニングにたいする尊敬の気持を何ら妨げるものではありません」ともつけ加えている。

おなじころ、エミー・バウムガルテンに送った手紙も、自分の将来を決定する重要な司法書記官試補試験を、間近に控えた受験生のものとは、とてもおもえないほど長い。

文面から察するところ、まえに走り書きの短い便りを出したのに、もっと最近の生活ぶりの変化を詳しく教えてほしい、という催促をうけて書かれた様子だ。

自分をすでに恋人と決めていて、しかも精神状態がつねに安定しているとはいいがたい相手にたいし、数えきれないほどの冗談や警句を連発したあとで、

——これ以上手紙が厚くなると、郵便局で小包扱いにしかしてくれないかもしれませんので、

この位にしておきます。

というのがオーバーでないくらい、多様な挿話を延延と連ねた長い手紙の最後には、やはり「従兄マックスより」と署名されている。

試験が目前に迫った受験生であれば、終わったあとでゆっくり手紙を書くから……と事情を説明し、あとは簡単な近況報告の程度ですませるのが、普通ではないだろうか。

それなのに、相手を喜ばせようと心身の疲労をものともせず、深更まで懸命になって書きつづけたのに違いない手紙の長さには、たんにサービス精神というだけでは片づけられない、無類の優しさと誠実さが感じられる。

おなじような驚きを覚えずにいられないのは、人生や信仰や学問上の重大な疑問について助言をもとめる弟アルフレートに出された、ほとんど論文ともいえるほど詳細な長文の手紙である。

イエスと「神話」

二年近くまえ、堅信礼を迎えながら、キリスト教への懐疑を解決できず、ずっと悩んでいたアルフレートは、ギムナジウムの最終学年が終わりに近づいたこのころ、福音書の物語に画期的な批判と分析を行なったシュトラウスの『イエス伝』に接して、非常な衝撃と感銘をうけ、兄の考えを聞いてきた。

ヘーゲル哲学を信奉する神学者シュトラウスが、これより半世紀まえ、二十七歳の若さで世に問うた『イエス伝』は、教会の正統的な教義に反する主張の危険性によって、著者に神学校教師の職を失わせ、やがてヘーゲル学派を左派と右派に分裂させるほどの、多大な反響と激しい論議を巻き起こした。

福音書を、歴史と虚構のどちらか一方に決めつけてしまうのではなく、「神話」として捉える視点の重要性を説いた原著は、岩波哲男訳『イエスの生涯』の解説によれば、全二巻の頁数がおよそ千五百頁におよぶ大作である。

イエスの誕生や復活といった奇跡を、そのまま承認する伝統的な教会の超自然的な説明の仕方、それにたいする合理主義者たちの自然主義的解釈の方法は、ともにもはや時代遅れになったと考えざるを得ず、かわって神話として検討する見方が、新たに登場しなければならない、と著者はいう。

これは、イエスの物語全体が、神話であるというのではなくて、個個の挿話のすべてにわたって神話的なものがふくまれているのではないか、またはたしてどこまでが歴史的な根拠と基盤のうえに成り立っているのかが、批判的に吟味探究されるべきだというのである。

そうした意図と方法にもとづいて、イエスの誕生から、生涯にわたって行なった説教と奇跡、受難と死と復活までの物語の各挿話について、四福音書の異同を克明に比較検討し、それらに先行する神話の存在を明らかにしていく……。

その精緻な分析に、学問的な価値を認めたチューリヒ大学は、著者を教義学の教授に招聘しようとした。

だが、教会と住民の反対に遭って実現せず、教壇に立つまえに年金を支給されるというかたちで解雇され、以後、文筆家となったかれは、晩年、主著にくらべて格段に調子が落ちる、と評判がよくなかったキリスト教批判の書『古い信仰と新しい信仰』を著した。

マックスは、ハイデルベルク大学に入ったばかりのころ、その本を読み、母親に宛てた手紙で、
――シュトラウスの『古い信仰と新しい信仰』にはあまり新しいものは含まれていませんし、読まなくてはおおよそわからないようなものは全然ありません。まさに自由主義的世界観の小百科辞典とでもいうべきもので、それゆえしばしばまったく皮相的におもわれざるをえません。

と酷評したことがあった。

そしていま、アルフレートに意見をもとめられた主著については、

――シュトラウスの『イエス伝』をはじめて知ったときに受けた異常な感銘は、いまなお、とてもなまなましく思い出されます。

と語りはじめて、概略つぎのように記す。

――この作品はたしかに力のこもったもので、著者の確信がすこぶる率直に表明されているため、一人一人の胸にピストルをつきつけるような感じをあたえます。「おまえはわたしにくみするか、それとも偽善者か」と。

人間の精神史の大問題を、このように断定的な二分法で、決定的に解釈することは、むろん不可能です。にもかかわらず、このような二者択一を提示する勇気のある人びとの、先駆者としての力は、決して消え去るものではありません。シュトラウスの場合も、まさにそうでした。かれの思想は、それまであった多くの中途半端な考えを一掃しましたが、以後の学問は、シュトラウスの見解を最終的な解答とは認めず、より多くの問題を提起したものと見做す方向にむかって進んでいます。

シュトラウスが示した「神話」の概念は、わたしたちの悟性と論理に消化不良を起こさせる事

柄を解明するための、一見わかりやすい鍵を提供したようにおもえますが、じつは事柄を少しも明瞭にしておらず、一個の真の人格としてのイエスと、歴史上のキリストとの関連を、全然解明できておりません。

神話は、最初のキリスト教徒の精神を揺り動かしたものとは、まったくべつの人間精神の面から生ずるものです。

それは芸術的素質のある民族が、長い時間をかけて形成する文学的空想の産物で、最初のキリスト教徒のまえに姿を現わしたのは、まったくべつのもの、すなわちいままでに見たことのない、一個の強く豊かな精神の力でした。

この本が、きわめて明快な、すぐれたものであるという点では、完全に同意見で、以前はわたしもその考察に示された感覚の鋭さを喜んだものです。

しかし、神話という単純な概念で、イエスの人格および歴史上・宗教上のキリストを、すべて解明できると考えるのは、妄想にすぎません。

これが、シュトラウスの本を読んで君が書いてくれたことにたいする、わたしの反論です。……自分の意見の論拠を詳細に列挙しつつ、おおよそそんな風に論じたあと、

——では、紙幅もついになくなりましたので、これで。ことに、勉強にかからなくてはなりませんので。君が先日のお手紙でふれていたように、ときにはこんな事柄について話すのは、わたしも嫌いな方ではありません。わたしの方もとても楽しくおもいました。

と結ばれる手紙は、邦訳の本で七頁にわたり、四百字詰の原稿用紙に換算して十二枚にもおよんでいる。

マックスのシュトラウス批判が、正鵠を得ているかどうかは、べつとしよう。アルフレートと同様に、堅信礼を迎えたころは、まだ神を信じられずにいたかれも、チャニングによる覚醒を経験したいまとなっては、一個の人格としてのイエスの実在が、疑いをいれぬものとなっていたのに違いない。

また、後年のかれの学問の主要な特徴となる、さまざまな要素がからみ合って成り立っている複雑な現象を、なにかひとつの概念に還元しようとするような、一元的な思考法への拒否が、すでに明瞭に現われていることを、記憶にとどめておきたい。

この時期、マックスは司法書記官試補試験のまえに、大学の卒業試験も受けなければならなかった。

並の人間ならいても立ってもいられぬ不安と焦燥に駆られるであろう期間に、かれはこの「シュトラウス論」のまえにも、アルフレートの問いに答えて、ローマ帝国の特質を論ずる四百字詰原稿用紙で八枚以上の手紙を書き送っている。

以上を要するに、マックスは猛烈な勉強家であったけれど、わが国の言葉でいう「ガリ勉」型ではなかった。

父と母に宛てた長文の近況報告もあわせて考えれば、自分自身にたいするのとおなじくらい、家族に気を遣い、ひいては他者を尊重する態度を、若くして身につけていた。

二つの大事な試験が、目睫《もくしょう》の間に近づき、時間がいくらあっても足りない状態においてさえそうである。

ゲッティンゲンにやって来るまえには、ヘルマン・バウムガルテンに四百字詰原稿用紙で二十三枚分の手紙を書き、現在のドイツの政治状勢を仔細に分析しかつ批判していた。

受験生マックスの法律学の勉強は、たんに試験に合格するためだけのものではなかった。それは一方において、神と人間の長い歴史にたいする根源的な問いかけをたえず意識し、もう一方では、政治の現状からも目を離すことができない精神の活潑な往復運動のなかで行なわれる、生き生きとして広大な世界に開かれた自分自身の問題意識にもとづくものなのであった。

「ドイツのなかのイギリス」

ところで、いまマックスが学んでいるのは、そもそもかれがこの世に生まれるきっかけをつくった……といえなくもない大学である。

ゲッティンゲン大学が誕生したのは、これよりおよそ百五十年まえ、歴史はさほど古くないが、創立者のハノーファー選帝侯ゲオルク二世の熱心な財政的後援により、豊富な蔵書と優秀な教授陣を擁して、学問と文化の一中心となり、ドイツ諸邦の貴族の子弟のみならず、海外からも多くの学生が集まってくる名門として知られていた。

読者は、プロイセンの地主貴族《ユンカー》の子ビスマルクが、ここで最初の大学生活を送って、大酒と喧嘩と決闘に明け暮れ、教授連の顰蹙《ひんしゅく》を買ったのをご記憶であろう。

マックスの手紙にも、イギリス人がとても多いことが書かれているが、それには理由があって、ここは「ドイツのなかのイギリス」ともいうべき特別な街なのである。

ゲッティンゲン大学の創立者ゲオルク二世とは、すなわちイギリス国王ジョージ二世――。

その父親のハノーファー選帝侯ゲオルク一世が、母方の血筋でイギリス国王ジェームズ一世の曾孫にあたり、かつ新教徒であったことから、子息がすべて早世したアン女王の没後、英国の王位についてジョージ一世となった一七一四年以来、イギリスとハノーファーは「同君連合」の国となっていた。

英語ができないジョージ一世が閣議に出席せず、故国にいることが多かったため、英国初代の首相の座についたウォルポールのもとで、責任内閣制が発達した。

子供のゲオルク二世（ジョージ二世）も、自分が治める二つの国のうち、生国のハノーファーを愛して、イギリスの政治に関心が薄く、それがさらに英国の議会政治の発達を促した。

そうした歳月が流れて、フランスの七月革命の影響がドイツの諸邦に波及した一八三三年、ハノーファー王国でも、イギリスの議会主義に範をとった立憲君主制の新憲法が制定された。

それから四年後、ヴィルヘルム（ウィリアム）四世が逝去したとき、イギリスでは十八歳の姪ヴィクトリアが後を継いで女王となったが、女系相続を認めないハノーファーでは、ヴィルヘルムの弟アウグストが王位について、両国の同君連合は終わった。

ハノーファーの軍隊を率いる将軍であったアウグストは、君主専制を理想とし、高橋健二『グリム兄弟』によれば、ゲッティンゲン大学のダールマン（議会主義的な新憲法制定の推進者であった）やグリム兄弟など高潔な教授について、「教授と娼婦と踊り子は、数ターラー余計出しさえすれば、いくらでも得られる」と公言するような人物だった。

かれは時代をまえに逆戻りさせようとして、即位するとただちに貴族党の領袖フォン・シェーレを大臣に任命し、そのさい憲法を遵守する義務を宣誓から省いた。それが前触れで、二人はまもなく、一方的に議会の解散を宣告し、憲法の破棄を布告した。

ゲッティンゲン大学の教授の一部が、抗議に立ち上がった。これが有名な「ゲッティンゲン七教授事件」である。

大学当局に抗議書を提出した教授は、署名順にいって、政治学者ダールマン、法律学者アルプレヒト、文献学者ヤーコプ・グリム、文献学者ヴィルヘルム・グリム、歴史学者ゲルヴィーヌス、ヘブライ語学者エーヴァルト、物理学者ヴェーバーの七人であった。

国王は大学に七教授の罷免を命じ、なかでもダールマン、ヤーコプ・グリム、ゲルヴィーヌスの三人を国外追放処分にした。

それがかえって、ゲッティンゲンの七教授を、ドイツ諸邦の自由派の輝かしい希望の星とした。大学の学生九百人のうち、およそ八百人が、抗議書の写しを数部ずつ作って国の内外にひろめ、ドイツ中を巻きこむ憲法闘争がはじまった。

林健太郎『ドイツ革命史』によれば、各地に救援のためのゲッティンゲン協会が結成され、著名な実業家や学者が多数加入して、七教授がふたたび大学に地位を得るまで、もとの給料を保証するようにした。

マックス・ヴェーバーの母方の祖父で、自由主義の信奉者であったため、長く官吏としての出世を妨げられていたゲオルク・フリードリヒ・ファレンシュタインも、その協会の会員であったか、少なくともシンパではあったのに違いない。

ハノーファー国王の妨害にもかかわらず、諸邦から七教授に招聘の手がさしのべられ、エーヴァルトはテュービンゲン大学、ダールマンはボン大学、グリム兄弟はベルリン大学、アルプレヒトとヴェーバーはライプチヒ大学、そしてゲルヴィーヌスは、読者もご承知の通り、ハイデルベルク大学に迎えられた。

ゲッティンゲンの憲法闘争からほぼ十年後、こんどはフランスの二月革命がドイツに波及して起きた三月革命（今日ではこれを「革命」とはいわず「三月の諸事件」と呼ぶほうが普通になっている）が一段落したあと、諸邦から選出された議員がフランクフルトに集まって、憲法制定のためのドイツ国民議会が開かれた。

学者が多いことから「教授議会」とも呼ばれた議員のなかには、ゲッティンゲンの七教授のうち、ダールマン、ゲルヴィーヌス、ヤーコプ・グリム、アルプレヒトがふくまれていた。ダールマンとゲルヴィーヌスは、それ以前に、新しい連邦の制度を構想するための十七人委員会のメンバーにも選ばれている。

ゲルヴィーヌスは依然として、自由派の輝ける星であった。その後に長い年月をかけて完成した全八巻の主著『十九世紀史』は、当時の自由主義的歴史記述の典型とされている。

マックスの祖父ファレンシュタインが、二度目の妻の持参金で、経済的な余裕を得たのち、グリム兄弟の浩瀚な《ドイツ語大辞典》編纂事業の熱心な協力者となり、ハイデルベルクのネッカール河畔に建てた大きな家の二階を、ゲルヴィーヌスに提供したのは、ゲッティンゲンの憲法闘争とかれらの学問的業績への、深甚なる共鳴と尊敬の念からであったのに相違ない。

けれど、ファレンシュタインの死後、美しく成人した娘ヘレーネにたいして、父親がわりであったはずのゲルヴィーヌスは、老いらくの恋心を抑えることができなかった。

尊敬する師父の求愛に愕然として、それから逃れようと、ベルリンの自由主義的な歴史家ヘルマン・バウムガルテンに嫁いだ姉イーダのもとへ行ったヘレーネは、ヘルマンの政治的同志で、市庁に勤める賢明で快活な若き法律家マクシミリアン・ヴィルヘルム・ヴェーバーと出会った。

そんなふうに辿ってみれば、全ドイツの自由派の精神を揺り動かした「ゲッティンゲン七教授事件」が、マックスをこの世に誕生させる遠因のひとつであった……と考えられなくもないのである。

マックス、大いにもてる

奇怪に顔をしかめる話ぶりで、学生の人気を集められずにいたカール・フォン・バール教授(名前からして貴族なのであろうか)は、意外なことに、教室の外では社交的な人物であったようだ。

あるいは、夫人の社交性に、教授のほうが合わせていたのだろうか……。

いずれにしても、マックスは、フォン・バール氏の舞踏会に招待されたことで、自分がどれだけ多くの時間と金銭の損失をこうむったかを、例のサービス精神いっぱいの手紙で、母ヘレーネにこう訴える。

――まず、招待に腹を立てたことで、十五分(の損失)。オペラハットを買いに行って、三十分と大金。そのとき忘れた手袋を、もういちど買いに行って、三十分とまた大金。

正装するにあたって、取れていたシャツのボタン、ゆるくなったチョッキのボタン、こわれたズボン吊り、きつすぎてやぶけた燕尾服の袖……等を直すのに、たっぷり一時間と十五分!(もちろん家族に宛てた私信を、他人が読んで面白いとはかぎらない。母親の顔には間違いなく微笑を浮かばせられるであろうユーモアを、大袈裟と感ずる人もとうぜんいるに違いないが、マックスがみずから戯画化して語る独得な感受性のありようが、よく伝わってくるので、もう少しこの手紙の話をつづけさせていただきたい）

髭を剃らせに出かけ、ありとあらゆる香油と香水を頭に振りかけられて、十五分。遅れてはいけないと、急いでフォン・バール邸に駆けつけ、早く着きすぎて、十五分。余計な話ばかりのおしゃべりで、三十分。食事に一時間十五分。そのあと、身体を動かし、おしゃべりをし、汗をかくこと、五時間。

おかげで翌朝、ドーヴェの講義で居眠りして、一時間。それを取り戻すのに、もう一時間。合計およそ十二時間近く。……

自分が無駄にした時間をそう数え上げて、かれはさらにこう語る。

——つまり、丸一日です。これだけの時間があれば、帝国刑法の総則を完全に読み通し、細則を少なくとも「公安を害する罪」まで読むことができます。

ダンスの長所を、人が主張するのは自由です。それが好きで、身体の弱い人が、余暇の十分の一ぐらいダンスをするのは有意義でしょう。しかし、わたしはそのいずれでもないのです。

「人はすべて、みずからの出生時にありし法律に従って生きるなり」と、ザクセンシュピーゲル（ザクセン法典＝ドイツ最古の法令集）は、いみじくもいっております。残念ながらわたしたちは、もはや父祖の法律に従って生きてはいません。またローマ法は、「何人《なんぴと》も能力以上の義務は強制されず」（ultra posse nemo obligatur）といっています。つまり、能力をこえていれば、止めることを許されるのです。

ところが、こちらの限界を、若いご婦人たち——その身体能力からすれば不当にも「弱きもの」と呼ばれている人たち——は、かならずしも顧慮してくれるわけではありません。

それにしてもわたしは、予想していた以上に楽しくおもいました。若い婦人の何人かとかなりおしゃべりをし、いくつかの事柄について、つまりスケート場、合唱団、ある司法書記官試補の婚約、コチリヨン・ダンス（数人が一組となって踊るフランス舞踏）、部屋の暑さ、天候の急変……等等について、いろいろな角度から光をあてられ、十分な知識を得ることができました。

結局、一時間から一時間半のダンスなら、わたしも喜んで応じます。ただし、常識的できちんとした服装だけで十分で、燕尾服にシルクハットと白手袋、それに饒舌癖までは必要としない、という条件であればです。……

要するに、やや太目ではあるけれど、間もなく司法書記官試補となって出世コースに乗るかもしれない名門大学の学生で、身嗜みも凜凜《りり》しく燕尾服を着た長身の青年マックスは、若い女性にもてたのである。

だからこそ、頑健さではだれにも負けないかれが、若干体力の限界を意識させられるほど、長時間にわたってつぎからつぎへと違う女性とダンスをし、おしゃべりをさせられることになったのであろう。

令嬢たちは、マックスの有望性を、舞踏会の主催者である教授の夫人から、耳打ちされていたのかもしれない。

マックスは、舞踏会のあとの日曜日にも、招かれてフォン・バール邸へ行った。

フォン・バール夫妻は、とても愛想よくマックスをもてなし、教授は機知に富んだ会話を、政治の全領域にわたって、三時間も繰り広げた。

マックスには、こうした時間のほうが、カンガルーのように飛び跳ねてみせて(つまりダンスをして)ようやく一片の肉にありつき、葉巻を吸うのにいちいち吹き抜けのある場所まで逃げ出さなければならない舞踏会より、よっぽど充実して後味のいいものにおもわれた。

かれをそんな気持にさせた日曜日のもてなしは、同時に教授夫妻のほうも、マックスに好感を抱き、将来を嘱望したことのあらわれであったのに相違ない。(さらに想像を逞しくすれば、夫人は舞踏会で、マックスが気に入った令嬢の名前を知りたかったのかもしれない)

さて——。

読者はおそらく、われわれの主人公が直面していた二つの試験の結果について、すでになんの不安も持ってはおられないであろう。

その通り、かれはまず卒業試験に合格して、卒業証書を手にしたのち、ゲッティンゲン大学で行なわれた司法書記官試補試験にも合格した。

ドイツ法制史の試験をしたフレンスドルフ教授が、ゲッティンゲン大学での研究の続行を勧めたらしいところからすると、ギムナジウムの卒業試験や一年志願兵役の将校任官試験のときとおなじく、ここでもやはり抜群の成績を示したものとおもわれる。

まえに述べたように、司法書記官試補と予備役将校の資格は、プロイセンの出世コースの大事な出発点で、マックスのまえには、洋洋たる未来が開かれたはずであった。

だが、じっさいにはかれにとって、司法書記官試補試験の合格は、これから長くつづく索漠とした苦悩の年月のはじまりだったのである。

司法書記官試補の悪戦苦闘

試験のたびに示す抜群の成績と、のちに達成される巨大な学問的業績からすれば、意外に感じられるかもしれないが、マックスは最初から、学者になろう、とはっきり心に決めていたわけではない。

それどころか、かれは大学を卒業してから、じつに七年ものあいだ、将来の進路を決めかねておもい惑う、長い懊悩の時期を送らなければならなかった。

迷いながらも、ローマ法、ドイツ法、商法の教授資格を取得し、病が篤くなった恩師ゴルトシュミットの代講を頼まれて、ベルリン大学の教壇に立ったときでさえ、自分は結局、本当の学者ではない、と考えていたくらいであった。

その複雑な苦悩を理解するためには、かれが生まれ育った幼少時の環境にまで、もういちど立ち返ってみる必要がある。

地方行政（とくに財政）の実務家で、自由派の週刊紙の編集もしていた父親が、ビスマルクを支持する国民自由党の代議士になり、党内の世話役、調整者の役割を担うにつれて、シャルロッテンブルクの家に、有力な政治家のほか、哲学のディルタイ、歴史学のトライチュケ、商法のゴルトシュミット、ローマ史学のモムゼン……と、各界を代表する学者たちが訪れるようになっていたことは、すでに何度も記した。

そうした家庭で育ったマックスに、学問や学者への尊敬の念がなかったはずはない。しかし、それにもまして、ドイツ帝国を誕生させたばかりの輝かしい英雄ビスマルクと、ほとんどその姿に重なりあって見える父親こそは、少年マックスの憧れの対象であった。

素朴な賛嘆と憧憬の感情に、亀裂が生じはじめたのは、大学生活の二年目に、予備役将校の資格を得るための一年志願兵役を果たそうとして、シュトラスブルクへ行き、バウムガルテン家の自由主義的な雰囲気に接したときからだ。

マックスがシュトラスブルクへ向かう少しまえ、母ヘレーネに宛てた伯母イーダの手紙のなかに、

――ビスマルクはわたしの気に入りません。この世界も気に入りません。わたしたちの年老いた知事は老衰しています。しかもそれに面と向かってお追従を言い、逸話を語る教授連中はわたしを憤慨させます。

という一節があった事実を伝えるのは、ヘルマンとイーダの孫エドゥアルト・バウムガルテン（『マックス・ヴェーバー　人と業績』生松《いきまつ》敬三訳）である。

まえに述べたように、ヘルマン・バウムガルテンは、かつての同志でいまやビスマルクの熱烈な支持者となり、ドイツ帝国の精神的指導者の地位を築いたトライチュケを批判する論文を発表して、周囲の友人を失い、孤立する立場に置かれていた。

そのことが、シュトラスブルク大学の教授たちにたいするイーダの不信を強めていたのだろう。イーダの子フリッツの長男で、自分も大学教授になったエドゥアルトは、バウムガルテン家と

ヴェーバー家の双方にあった「学者の世界」についての微妙な見方に関して、おおよそつぎのように仄《ほの》めかす。

——独得の学者批判を、もっとも鋭く口に出し、手紙に書くのは、イーダであった。もちろん卓越した学者も少なからずいるに相違ないのに、彼女は親戚のアドルフ・ハウスラート（妹ヘンリエッテの夫で、ヘルマンのトライチュケ批判を激しく攻撃したハイデルベルク大学の神学科教授）をふくめて、多くの身近な教授に、冷笑的であったり、虚無的であったり、利己的であったり、神経質であったり、卑小であったりする面影を見て、おなじ道に進もうとしている自分の二人の息子（のちの文献学者フリッツ、神学者オットー）も、似たような人間になるのではないか……と恐れた。

そして、将来の世代は、いまよりもっと向上するはずだ、というところに希望を託していた。……

イーダを尊敬して、たえず文通していたヘレーネは、とうぜんそうした学者観の影響もうけたに違いない。

学問的な議論において少年時代のマックスの好敵手であった従兄フリッツは、ベルリン大学の学生時代、トライチュケの家を訪ね、ドイツ帝国の精神的指導者らしからぬ極端な偏見と無作法さに、ひどく驚かされた。

ヘルマンの影響をうけたあとのマックスは、かつて父親が絶賛する主著の第一巻と第二巻を読んで、自分も感動したトライチュケの講義にベルリン大学で接し、反ユダヤ主義的な思想を暗示して一部の学生に熱狂的な歓声を挙げさせるアジテーターぶりに、反撥と幻滅を覚えた。

つまりマックスは、少年時代から尊敬し崇拝してきた学者の、むろんかぎられた一部に違いないけれど、公に与えているのとは異なる私生活や素顔の印象を、普通の人よりずっと間近に窺える環境にいた。

以下は筆者のごく個人的な見解だが、どのような立場にある人間でも、自分の職業に堅持する自負の意識と、他の職業にたいして無意識に抱く軽侮の念は、当人以外にはほとんど理解しがたいほど強烈なものだ。

一人一人がそれぞれおたがいにそうおもっているのだから、これは人間一般に普遍妥当する定理であるといっても、決して過言ではないであろう。

とすれば、きわめて実務家肌の人間であったマックスの父親が、つねに学界の権威の意見を聞いて相応の敬意を表しながら、しかしいかに精緻をきわめた理論であっても所詮は机上の幻想を述べているにすぎない学者より、現実の困難に直面して日日激しい闘争をつづけている政治家のほうが、遥かに有意義な仕事だ、と考えていたとしても、別段不思議はない。

エドゥアルトも婉曲に仄めかしているが、学者が去ったあとの家庭内で、父親がそうした内心の感想を口に出すのは、十分にあり得ることで、またそれがマックスの耳をたんに素通りするだけであったともおもえない。

おそらく父親は、政治家こそ最高の職業と信じていたであろうし、大学在学中に一年志願兵役をすませて、プロイセンの官僚コースの第一段階である司法書記官試補の試験に合格したマックスも、父の後を継いで、地方行政の専門家から中央政界への道に進もうとしていたものとおもわれる。

初めは学者よりも、実務家の生活に惹かれていたマックスは、じっさいに大学の教授資格を得るまえ、ブレーメン市の法律顧問の地位を希望して、土地の有力者を歴訪する積極的な就職運動を行なったことがあった。

結果としては、地元の人間が採用されたこの就職運動に、もしも成功していたら、『プロテスタンティズムの倫理と資本主義の精神』も『社会科学および社会政策の認識の「客観性」』も『職業としての学問』も、われわれが読むことは、たぶんなかったはずだ。

法律の実務家から政治家へ……という進路に、迷いが生じたのは、少年期の偶像であった父親との距離が、しだいに大きく開きだしたのも、原因のひとつと考えられる。

ゲッティンゲンで司法書記官試補の資格を得て、シャルロッテンブルクの家に帰った翌年の春、マックスにとっては、父親への心理的背反の契機となるひとつの「事件」が起きた。

父からの離反

堅信礼の時期を迎えながら、神を信じない態度をあらわにして、信仰心の篤い母親を悩ませるのは、三番目の息子カールの場合も同様であった。

しかもかれは、兄たちとは違う問題も抱えていた。いまの言葉でいえば非行少年のような悪友たちとの遊びに、身も心も奪われていたのである。

強烈な家長意識の持主である父親の影響をうけて、弟妹への責任感が人並み以上に強いマックスも、弟の放埓な振舞には、心を痛めた。

自分自身の体験に照らして、かれには六つ年下の弟の心理の動きが、手に取るようにわかる気がした。

カールがいま送っているのは、いわば精神的なその日暮らしの生活だった。

家のなかで、母親から間断なく注がれる気遣いや愛情に、かれが表面的に示す感謝の念は、かならずしもすべてが偽りではないが、きわめて一時的なもので、翌日、学校へ行って顔を合わせる仲間――軽薄さと軽率さからひどく悪質な行為までふくめてどんなことでもやりかねない少年たち――との交遊において、家庭では味わえない解放感と、一種の英雄気取りに浸る。

みんなと一緒になっておなじことをしないためには、相当の道徳的勇気が必要で、かえって仲間の気に入られようと、率先して悪事を働いたりする。

これは未成年の人間にはさほど珍しくない、ありがちな心理で、放っておくと由由しきことにもなりかねないが、しかし直ちに改めさせようとしても、簡単には成功するはずがない。かれはまだ、母親の愛情と心遣いを真に評価するには、何歳か若すぎる。

ただし、かれがろくでもないことをしでかすたび、はっきりと不満を表明し、そんな真似をしていてはいつまでたっても他人の敬意は絶対にうけられない、と気づかせるための厳しい態度は、徹底して貫かなければならない。

なにもかも疑ってかかって、一時逃れの嘘を重ねさせるのには不賛成だが、おなじように不当に信頼しすぎることによって、相手をその隙《すき》につけ込ませ、卑劣な背信や欺瞞に導くのも、避けなければならない。

母親の感化の重要さは計り知れず、なかなか目には見えなくても、やがてそれはかならず、ゆっくりと持続的な効果を表わしはじめるものだ……。

マックスは自分の過去の経験にもとづき、そのような観察と分析を披瀝して、しばしばうるさく干渉しがちになる母親の教育方法を、より間接的なものに変えさせようとした。

ヘレーネは、若い神学生フォイクトを、カールの家庭教師につけた。成績の悪い学課の勉強を見てもらうだけでなく、神への信仰の大切さも教えてもらおうとしたのである。

彼女自身、若い神学生との精神的な対話で、これまで息子たちが与えてくれなかった宗教的に浄化された感情を味わうことができ、かれを家庭教師に雇った選択に満足していた。

だが、父親の目に、それはあまり愉快な光景ではなかったらしい。現世に自足し、彼岸にはなんの関心もない現実主義者の父親にとって、宗教はつまるところ欺瞞にすぎず、神学者はすなわち偽善者なのであった。

家庭教師になって一年後、フォイクトは父親から解雇を申し渡された。

それにはたぶん、経済的な理由もあったものとおもわれる。

ヘレーネの母エミーリエは、六年まえ莫大な遺産をのこして世を去った。ヴェーバー家の財産のうち、十分の九までは、母方（もとはフランクフルトの富裕な商人であったスーシェー家）から受け継いだものだった。

代議士としての父親の収入が、年間一万二千マルクなのに、母方の遺産から生ずる利子は、二万マルク以上もあった。

ヘレーネはその利子のほんの一部分だけでも、自分の考えで遣いたいとおもった。衣服や贅沢のためにではない。自分の自由になる金を持たなかった彼女は、家計のために与えられる費用の一部を割いて、教会の慈善活動に献金した。

典型的な家父長制支配の体現者である父親にとって、財産はすべて自分のものであり、妻がべつに独立した財産を所有したり、独自の遣い道を選んだりするなどという事態は、およそ考えられもしないことだった。

年とともに、ますます俗物化するにつれて、吝嗇《りんしょく》の度合も増していたかれには、偽善者である神学者に、自分の金が支払われていることが、家長の主権への侵害とも感じられて、とうてい我慢できなかったせいもあったのだろう。

家庭教師の一方的な解雇は、完全に意思を無視された母親のみならず、年下の神学生の誠実さに好感を抱いていたマックスをも憤激させて、父親に背を向けさせる最初のきっかけになった。

弁解と謝罪の繰返し

神学生の解雇が行なわれたのは、マックスがシャルロッテンブルクの家を留守にしていたときの出来事だった。

その間、二度目の将校訓練を受けに行ったシュトラスブルクの連隊で、マックスはもうひとつべつの重大事件に遭遇していた。

国境の向こうのフランスにとって、普仏戦争の敗戦により、ドイツ領とされたアルザスとロレーヌの両地方を、もういちど奪回したい、というのは、以後消えることのない宿願であった。

そして前年に、フランスのフレシネ内閣が、対独「復讐《ルヴアンシュ》」を唱えるブーランジェ将軍を陸相に起用したことによって、一気に緊張が高まり、エルザス（アルザスのドイツ名）の中心都市シュトラスブルクの連隊には、いまにも戦争がはじまりそうな、一触即発の空気が漲っていた。その張りつめた緊張感のなかで、将校としての訓練を受けたことは、もともとマックスの内部に存在していたナショナリズムを、鋭く刺激せずにはおかなかった。

訓練を終えて、シャルロッテンブルクに戻ったマックスは、ヘルマン・バウムガルテンになんとトライチュケの古い詩集を送り、それに付した手紙に、いかにも苦しげな調子で、大略つぎのように記した。

——われわれは、トライチュケの粗野で不公平な言論が、多くの人におよぼしている甚だ好ましくない効果をよく知っています。けれど、この古い詩集のなかに見出される、かれ本来の理想的な特色まで、すべて否定することはできません。

悪評高いかれの教壇での活動が有害であるとすれば、それは煽動と情熱を区別できない聴講者の側にも責任があります。

おなじことが、ビスマルクについてもいえます。もし国民が、かれの活用すべき点は活用し、信頼できる点は信頼し、そうでない点は拒否することを知っていれば——いまとなってはもう遅すぎるかもしれませんが、かれの政治がこうまで破壊的になることはなかったでしょう。

もし最初の理想と情熱が失われていなければ、いま「軍国主義」の名のもとに横行している粗暴な振舞の礼賛、いっさいの努力を軽蔑してもっぱら人間の低劣な面にのみ目を向ける「現実主義」の教養と文化、反対意見を排除してひたすら勝者に追随しようとする「現実政治」なるものへの偏執……といったもろもろの低俗なるものの悪影響を、われわれは免れることができたはずなのです。……

つまりマックスは、少年のころから信じてきた新生ドイツ帝国を賛美するビスマルク＝トライチュケ流の愛国主義、国家主義と、大学生になってから認識させられたヘルマン・バウムガルテン流の自由主義とのあいだで、二つに引き裂かれて混乱していた。

かれの心を痛め、乱れさせる問題は、ほかにもあった。

司法書記官試補になって二年目のこの年、書簡集でみると、エミー・バウムガルテンに出された手紙は六通あり、うち五通までが、短篇小説ほどの長さにわたっている。

春の復活祭後の日曜日に出された一通目は、文面から察するところ、一年以上まえに来た手紙への返事として書かれたもので、その間おそらくエミーは憂鬱の病に閉ざされて療養の生活を送っており、二人の文通は途絶えていたものとおもわれる。

読み手を喜ばせるための、みずから「無駄話」と称する多種多様な挿話を綿綿と連ねた長文の手紙に、愛の告白とおもわれる言葉はどこにもなく、ラブレターの甘い響きもない。署名は例によって「君の従兄マックス」。

二通目は、冒頭で相手に「ほおじろちゃん」と男性名詞の愛称で呼びかけ、途中で無作法なくらい返事を書くのが遅れたことを詫《わ》び、いまの生活が恐ろしく多忙であるのを伝える。

裁判所の予審判事の下で働く司法書記官試補、プロイセンの忠実な官吏としての仕事のほかに、さらに上級の国家試験にそなえ、学生時代よりも多くの講義を大学で聴いているので、毎朝七時に起き、夜は仮眠程度の睡眠しかとれないほどだ、というのである。

にもかかわらず、かれはエミーがシラーの劇『オルレアンの少女』を見たという話をうけて、シラー論とゲーテ論を熱心に展開する。

三通目では、しばらく手紙を書かなかったのは、だれかから、きみの調子があまりよくない、と聞いたからで、いまの自分は改悛した罪人だという。

四通目も、返事が遅れた謝罪の言葉からはじまるが、問題児の弟カールの現状を詳しく報告し、さらに「善」と「悪」についての哲学的論議を延延と繰り広げる。

五通目では、返事が遅れたのは、君の手紙が、君が考えているよりずっとあとに届いたからで、そのとき自分はゲッティンゲンに行っていたのだと書く。

六通目も、六週間のあいだ返事を出さずにいたことの弁解にはじまり、その間、ゴルトシュミット教授のゼミナールのため、数百冊におよぶイタリアとスペインの法規集を読むのに、まず両国語を自分のものにしなければならず、しかも資料は大昔の方言で書かれているので、理解に骨が折れ、ほかのことまで手が回らなくて、

——親愛なるエミーさん、また君に便りをするにはいたりませんでした。

と述べる。

総じてこの年、エミーとの関係において、マックスは矢継ぎ早に手紙の返事を催促してくる相手の鋭鋒を躱《かわ》すのに、精一杯であったような印象をうける。

長い憂鬱のあとには、躁の状態がやってくるらしい相手に、弁解と謝罪を繰り返しながら、そのたびにさまざまな趣向を凝らして、短篇小説ほどの長さの手紙を書くかれの、愚直なまでの心優しさと誠実さには、感嘆を通り越して、啞然とさせられるほどだ。

六通目の便りで、イタリアとスペインの法規集を何百冊も読む必要があり、返事を書く暇がな

かった……というのは、いかにも口実めいて感じられるが、われわれはやがてそれが、かならずしも誇張でなかったのを知ることになる。
この手紙が書かれた日付——一八八七年十月二十一日は、のちに重要な意味を帯びてくるので、記憶にとどめていただきたい。

マックスのひそかな夢

駆出しの司法書記官試補として勤務する、ベルリン地方裁判所の陰鬱な書記部屋での単調な仕事に、マックスはむろん満足していたわけではなかった。

だが、受験勉強のさなかにおいても、いったん手紙を書きはじめると、取り憑かれたように没頭するのと同様に、ここでもペンを持つ手が書痙《しょけい》の症状を呈するくらい、猛烈な速さで象形文字のような字を連ねて、書記の仕事に精励した。

しかも一見機械的な調書の作成に、なんの知的興味も感じていないわけではなかった。

ヘルマン・バウムガルテンが、早く大学の教授資格を取得して、純粋な学問的活動に専念するように……と勧めてきた手紙に、かれはこう答える。

——伯父上のご親切な忠告に、心から感謝します。でも、率直に白状すれば、わたしは自分が純粋な学問的活動に向かうのには、まだ少し早すぎると考えています。

理由のひとつは、そのまえにどうしても第二次の国家試験を受けよう、と断固決意しているからです。（筆者註——前述したように、プロイセンの官僚コースにおいて、第一次の国家試験に合格して司法書記官試補となった者は、法律学のほかに国民経済学と財政学をふくむ第二次国家試験に合格す

ることによって、書記官に任命され、高級官僚への道が開かれる）

もうひとつの理由は、法律学そのもののために法律学の研究に従事しようとする欲望が、いまや著しく衰えている点にもあります。

それにかわって魅力を感じているのは、事柄への意志、というか、具体的な事柄への愛着と関心です。

その意味で、司法書記官試補の仕事は、しだいに好ましい様相を呈して来ていて、わたしはそこから本当に多くの事柄を学ぶことができます。

仕事以外では、若手の国民経済学者たち、および一群の若い歴史学者たちとつき合っています。若い歴史学者たちはたいてい、学問的歴史叙述と芸術的歴史叙述を無差別に取り扱うトライチュケの無条件の崇拝者で、わたしはかれらと大いにやり合っています。……

この手紙からは、二つのことが読みとれる。まずマックスが、まだ官僚としての階段を上ろうとしていたこと。かれは以後、東部国境地域ポーゼンでの軍事演習に三度参加するが、そのことも社会的に尊敬される資格と権威を身につけたのち、父親とはまた違った政治家になろうとする道を、依然として断念していなかった証拠とおもえる。

つぎにかれは自分の将来を、法律学を専門とする大学教授、という領域に限定したくなかった、ということである。

読者がすでに熟知しているように、少年時代からかれの読書の範囲は、文学、哲学、歴史、宗教……と、すこぶる多岐にわたっていた。

また現実の政治への熾烈な関心と批判精神、祖国ドイツの運命にたいする切実な憂慮と期待の念は、少年のころから死にいたるまで、生涯を通じてかれの心から決して離れることのないものだった。

そしていま、若手の国民経済学者との交流を深めつつあるのは、第二次国家試験の科目に国民経済学が入っていたせいもあるだろうけれど、いちばんの興味がその分野に移りつつあるのを示している。

マックスが、ひそかに夢見ていたのは、昼は確かな収入が保証された実務について、国家や社会のために活動し、帰宅してから夜半にかけて、なにものにも束縛されない自由な学問の研究に勤しむ、という二重生活であった。

それは、あるいは昼の軍医が、夜は文学者となる後年の森鷗外とも、共通する夢であったのかもしれない。

丁度このころ、森林太郎は、ベルリン大学に新設された衛生学研究所に研究生として入所し、ロベルト・コッホの下で、細菌学の実験に従事しながら、人生上の疑問に悩んで、眠れぬ夜をすごしていた。

その煩悶の内容については、自伝風の作品『妄想』に詳しく語られている。けれど、あるとき、

「夜の明けるのを待ち兼ねて、Hartmann《ハルトマン》の無意識哲学を買ひに行つた」

と書いたのは、どうやら作者の芸術的な創作であったらしい。

神田孝夫の『森鷗外とE・v・ハルトマン』は、じっさいに『無意識哲学』を入手して精読したのは、日本に帰国してからであったに違いないのを、精密に論証してみせる。

ただし、鷗外が留学中、シュヴェーグラーの『哲学史概要』を徹底的に読んだことは、のこさ

れた蔵書のほとんど全頁にわたる夥《おびただ》しい書込みから明らかで、哲学書では、プラトン、アウグスティヌス、デカルト、ライプニッツ、スピノザ、カントなどのレクラム文庫本を買ったのも、事実であるという。

いうまでもなく専門の医学書や自然科学書、それになにより興味のある文学書は、とうぜん遍《あまね》く渉猟しているわけで、森林太郎の読書範囲の広さも、ヴェーバーに引けを取るものではない。この年から翌年にかけて、マックス・ヴェーバーと森鷗外は、建物は隔たっていても、おなじベルリン大学のなかで学んでいた。

二人はともに、関心がすこぶる多岐にわたって、専門をひとつにしぼりきれない境界人《マージナル・マン》であった。

マックスがなかなか進路を決めかねていたのは、まだだれも知らない領域、いわば具体的な事柄《ザッヘ》が鬱蒼と生え茂る原始の森に分け入って、前人未踏の道を切り開こうとする境界人でもあったからに相違ないのである。

自分で得たパンこそ幸福の土台

司法書記官試補の生活に、不満があるとすれば、単調で機械的な作業の連続であることや、仕事の量が厖大なため、自分の勉強をするためには睡眠時間を削るしかないことにもまして、それが無給であることだった。

マックスを知る教授たちが、学者になるのが最適の道で、将来きっと成功するはずだ、と信じていたのに、当人が躊躇しているのは、教授のポストを得るにはそのまえに、やはり確実な収入を期待できない私講師の時期を経なければならない点にもあった。

いまなによりも耐えがたいのは、心が離れてしまった父親の財産――その大部分は母方の遺産なのだが――に依存して暮らす部屋住みの身分に甘んじていなければならない、かれにとっては屈辱的な生活の状態で、一日も早く経済的な独立を果たして家を出ることが、最大の念願となっていた。

それだから、大学の教授資格を取得するまえに、ブレーメン市へ就職運動に出かけたりもしたのである。

進路に迷っている現状に示す父親の不満も、かれの心を苛立たせた。

自分の手で得たパンこそ幸福の土台である……。そう考えるようになったかれには、学問だけに専念するより、早く金銭的に独立させてくれる職業について得られる内面的な安らぎのほうが、遥かに重要であるとおもわれた。

昼は実業につき、夜に研究する二重生活を夢見たのも、そのためである。

後年にE・H・エリクソンが独自の意味を持たせた言葉でいえば、長い「モラトリアム」の期間をのちに回想して、かれはエミーへの手紙に、こんなふうに述べる。

――この数年のやりきれない索漠さを、ぼくはぞっとするような気持でおもい出します。この期間、ぼくは苦渋を抱えこみながら諦念のなかに沈み、もっぱら義務的な職業上の仕事の機械的継続に没頭していたのです。……

しかし、その間に、マックスの憂鬱な気分に曙光がさしてきた。

ドクトラント（博士試験受験有資格者）として、ゴルトシュミットのゼミナールに出ていたかれは、自分の学位請求論文のテーマを、法律史と経済史の境界領域に見出した。

やがて完成された論文『中世商事会社史序説』を読む能力は、残念ながら筆者にはない。けれど、マックス・ヴェーバーの学者としての出発点をなす研究が、どのようなものであったかを知っておくことは、今後の話に欠かせないとおもわれるので、長年の愛読書である安藤英治『マックス・ヴェーバー』に示された要約を、さらに約《つづ》めて紹介させていただきたい。

若きヴェーバーは、近代的な会社形態の起源を、中世のイタリアにもとめた。

その考えによれば……。

――近代合名会社の構成原理は、二つあって、ひとつは連帯責任の原理、もうひとつは会社特別財産制度である。

この二つの原理は、海商法の世界には見出せず、海商法とは無縁の内陸法から生まれたものと考えられる。

海商法は、遠距離貿易を営む沿岸都市から生まれ、イタリアではヴェネツィア、ピサ、ジェノヴァ等を支配した。

内陸法は、手工業と局地市場に立脚する内陸都市に生まれ、イタリアではフィレンツェが代表している。

手工業が取り入れられたことから、ひとつの家のなかに、血縁共同体とはべつの、労働と生産によって結ばれる家計共同体が成立した。

血縁共同体と家計共同体が、ひとつの家のなかに形成されたことによって、近代経営の根本原理である、家計と経営の分離が生じてきた。……

この学位論文には、後年のヴェーバーの「近代化論」を特徴づける三つの視角が、すでにはっきりと現われている、と安藤英治は説く。

それは、(一)沿岸都市と内陸都市、(二)商業と手工業、(三)ローマ法とゲルマン法、を対比させて分析する視角だ……というのである。

博士の学位請求論文をめぐって行なわれる審査は、すこぶる峻厳なものだった。

受験者は、まず法律学の七つの科目にわたって、試験をうける。

それに合格すると、受験者が提出した三つの論点について、公開の討論会が開かれる。

駁論《ばくろん》者の役目を務めるのは、受験者の師や友人で、テオドール・モムゼンとオットー・バウムガルテン、それに若手の国民経済学者ヴァルター・ロッツという顔ぶれであった。

学者や研究者を聴衆とする討論会で、マックスは、オットーとヴァルターの反論を論破したあと、慣例にしたがって、まだ駁論を試みる者はいるか、とラテン語で訊ねた。

声に応じて、白髪痩軀《そうく》のテオドール・モムゼンが立ち上がり、こう質問を発した。

――受験者は、コローニア(植民都市)とムニキピウム(自由都市)の概念について、生涯にわたってこの問題を考えてきた自分には、奇異におもえる断定を下したが、その点についてなおいっそうのご教示をお願いしたい。

この問いをめぐって、七十二歳の巨匠と、二十五歳の受験者のあいだに、しばし論戦が行なわれた。

最後にモムゼンはいった。(訳文は筆者が学生時代に読んだ青山秀夫『マックス・ウエーバー』による)

「ウエーバーの主張が正しいことを私が充分納得したわけではない。しかし私は彼の前進をさまたげようとはおもわない。また、私の反駁を固執しようともおもわない。老人がすぐ結びついてゆけないような新しい考えを若い世代はしばしばもつものだ。恐らく今の場合もその一例であろう。しかし私がやがて墓場にいそがねばならぬとき、『槍はすでにわが腕に重すぎる、われにかわりて、わが子、汝この槍をもて』とよびかける相手は、わが敬愛するマックス・ウエーバー以外にはない」

この感動的な祝辞によって、公開討論会は閉じられ、マックスは法学博士の学位を授与された。指導教授のゴルトシュミットも、最優等の評価をあたえた論文を書き上げたのは、一八八九年の夏の初めごろで、十月にはその学位論文を中心の一章とする大著『中世商事会社の歴史――南ヨーロッパの文献による』を刊行した。

二年前の十月に、エミーに宛てた手紙で、イタリアとスペインの法規集を何百冊も読む必要がある……と書いたのは、誇張ではなかったのである。

学者として出発するには、十分な成果を挙げたとおもわれるのに、ヘルマン・バウムガルテンにその最初の著書を贈呈するさいに同封した手紙のなかで、マックスはまだ、来年は第二次国家試験を受けるつもりです、と書いている。

眼前の政治にたいする関心も、いっこうに衰えていないのは、その手紙に、つぎの選挙の結果を予想して、

――社会主義労働者党は、おそらく議席を倍増し、自由主義派は実質的に後退に等しい現状の維持にとどまって、国民自由党はかなりの弱体化を強いられるでしょう。

それが将来にたいして、なにを意味するかは、だれも知ることができません。

と述べている事実によって明らかだ。

じっさいに、かれの「モラトリアム」は、これからまだ数年つづくのである。

話は変わるが、マックスが博士の学位を得るこの一八八九年の四月二十日——。

ドイツ・バイエルンとの国境をなすイン河に面したオーストリアの小さな町ブラウナウに、一人の男の子が、呱呱《ここ》の声をあげた。

税関吏ヒトラーのその子は、アドルフと名づけられた。

上級官吏試補の愛と苦悩

史学のモムゼン、商法のゴルトシュミットと、ともに学界を代表する権威から高く評価される大作の論文を完成して、博士の学位を授与された翌年、マックスは丸一年ものあいだ、ヘルマン・バウムガルテンに手紙を出していない。

これまで折にふれて、ドイツの政治と文化の現状を鋭く批判する長文の手紙を書き送っていたことからすれば、異例の事態である。

原因のひとつは、その間、マックスが精力を傾けていた第二次国家試験の受験と、ブレーメン市法律顧問への就職活動が、純粋な学究生活への専念を期待する伯父の意に反するものであったからだろう。

プロイセンの公法と私法、憲法と行政法、国民経済学と財政学について、厳しい口頭試問をうけたうえ、研究と執筆に相当の期間を要する二本の学術論文を提出しなければならない第二次国家試験の難関を突破して、上級官吏試補の資格を獲得したマックスは、ヘルマンに宛てた久方ぶりの手紙でこう告げる。(括弧内は筆者註)

——伯父上が、ブレーメンの法律顧問の地位を求めるわたしの運動に反対であることは、よく知っています。

しかし、わたしは依然として、つぎのように考えています。学問的な性格と、不断のジャーナリスティックな活動の両面をもつこうした地位（ブレーメンは、ハンブルクに次ぐ規模の内港と、世界的な汽船会社を擁し、アメリカとの貿易で栄えていた商業都市）にあって、二、三年徹底的に大きな商取引の実務に携わることは、自分にとって大きな価値があるに違いない……と。

わたしは、実務活動に異常な憧れを抱いています。

白状すれば、無給の司法書記官試補、上級官吏試補から、やはり無給の私講師に転ずるのには――それがどれだけ自分にぴったりの職業であるとしても――よほどの我慢をしなければなりません。

学究生活の表面的な安定より、金銭的に独立させてくれる職業について得られる内面的な安らぎのほうが、比較にならないほど大きい、とおもわれるからです。

ベルリン大学が、わたしに強く求めているのは、商法の教授資格です。

ゲッティンゲン大学のフレンスドルフ教授（行政法）が、わたしに望んでいるのは復習講義だけにかぎった私講師です。

教授という職業の、教育者としての側面には興味があるのですが、いまのわたしは三分の一ぐらい、国民経済学者になりつつあるのです。……

このころ、マックスは、ベルリン大学におけるもう一人の指導教授マイツェン（農政史）のもとで、ローマ農業史の研究を進めていた。

それには、予備役将校として、東部国境のポーゼン（現ポーランド・ポズナニ）でうけた軍事演習が、ひとつのきっかけになったのかもしれない。

厖大な量のイタリア語とスペイン語の史料にもとづく学位論文を仕上げるため、並並ならぬアルバイト（労働、勉学、労作）に励んだ最中にも、かれは東部国境の軍事演習に参加していた。プロイセン領にされる以前、ポーランド最古の都市のひとつであったポーゼンには、大学、劇場、図書館、博物館、美術館など、豪華な歴史的建造物が多い。

だが、いったん郊外に出ると、大都市の観がある市街にくらべて、あまりにも荒涼とした農村の光景に、マックスは愕然として、胸の塞がるおもいを禁じ得なかった。

郡長に案内されて、かれはドイツ人の入植地を見て回った。二年前に成立した植民法「東部辺境法案」により、国費で購入した土地に、ドイツ人の村落の建設を進める政策は、とうぜんポーランド人の強い反感と抵抗を呼んでいた。

矛盾にみちた実態を目のあたりにして、土地と人間の結びつきというものを、あらためて深く考えてみずにはいられなかったのかもしれない。

全ヨーロッパの農村の徹底的な実地調査と歴史的解明にもとづいて、耕地制や村落形態は、それぞれの民族性によって左右される、と説くのが、農政史家マイツェンの学問である。

ローマ史の最高権威モムゼンの史観には、農業社会学的な視野が欠けている、と考えたマックスは、マイツェンのもとで、ローマ農業史の研究をはじめた。

学位論文審査の公開討論のさい、「われにかわりてこれをもて」という最大級の祝辞とともに、モムゼンから渡された槍を、結果的にはまず、その師の学問にたいして向けることになったのだ。

学位獲得の翌年、かれがやったことは、第二次国家試験の受験と、ローマ農業史の研究以外にも、さらに二つある。

ひとつは、二年前に入会した社会政策学会から委嘱された農業労働者調査への従事であり、もうひとつは、第一回の福音主義社会会議への参加である。

これは二つとも、きわめて穏健な社会主義への接近を示すものであった。

それについて語るまえに、この年——一八九〇年に起きた政治上の大事件について、簡単な報告をしておかなければならない。

宰相ビスマルクの失脚である。

前年の大晦日に、ヘルマン宛の手紙に記したマックスの選挙予測は、驚くべき正確さで的中した。

二月二十日に行なわれた総選挙は、社会主義労働者党の躍進、国民自由党の大敗という結果になり、対決の焦点であった「社会主義者鎮圧法」の新法の議会通過は、決定的に不可能となって、首相は退陣に追いこまれ、カリスマ的な権勢を誇ったビスマルクの時代は終わった。

葬り去られた「社会主義者鎮圧法」

話は十二年前に溯る……。

一八七八年五月十一日、ウンター・デン・リンデンを無蓋の馬車で通過中の皇帝ヴィルヘルム一世に、ブリキ職人ヘーデルが銃弾を放つという事件が起きた。

弾丸は二発とも外れたが、エーリッヒ・アイクの大著『ビスマルク伝』（第六巻・加納邦光訳）によれば、ヘーデルは社会主義労働者党など左派の政党とも揉め事を起こしていた精神的に不安定な若者で、狙撃の意図も、はたして本当に皇帝を狙ったのかどうかも、はっきりしなかった。

だが、事件を知ったビスマルクは、これを社会主義運動を禁止する好機ととらえ、社会主義者を法律上の例外状態におく「例外法」を議会に提出したが、第一党の国民自由党の反対により、圧倒的多数で否決された。

このとき議会の外で、同法案を支持したのが、グナイスト、ベーゼラー、トライチュケの三教授である。

とくにトライチュケは、すでに数年前から社会主義者のみならず、新歴史学派の経済学者シュモラーらに代表される「講壇社会主義者」にも、激しい攻撃を浴びせていた。

シュモラーらの提唱は、国家の力をかりた社会政策によって、階級の対立を和らげ、社会問題を漸進的に解決して行こうとする、ごく穏健な社会改良思想だったが、通商や貿易の徹底した自由放任を主張するドイツ・マンチェスター学派が、これを、大学の講壇から社会主義を説くものだ、と非難したことから、「講壇社会主義」と呼ばれるようになったのである。

議会が「例外法」を否決して、およそ一週間後の六月二日、ウンター・デン・リンデンに面する建物の窓から、ノビリングという男が、散弾銃で狙った弾丸が命中して、通過中の老皇帝は、数多くの傷口から出血する重傷を負った。

ライプチヒ大学で国家学の博士号まで取得しながら、街の統計事務所で地味な仕事につき、社会的には目立たない存在であったノビリングの、思想傾向は判然とせず、やはり精神的に不安定なところがあったらしく、逮捕される直前に自分の頭に銃弾を打ちこんで意識不明のまま未決監で死亡してしまったので、犯行の動機は、いまもって明らかになっていない。

狙撃の第一報に接したとき、ビスマルクは皇帝の容体や、事件の詳細を聞くより先に、「それなら議会は解散だ」と口に出し、すぐさまそれを実行に移した。

半官半民の新聞が、ノビリングは社会主義労働者党の集会に出席し、社会主義の著作を読んでいた……と書き立てたことから、ドイツ中に社会主義への恐怖と不安が広がり、議会の解散による総選挙の結果、「例外法」に反対した国民自由党は大幅に議席を減らし、かわって保守派が勢力を伸ばした。

ビスマルクは新しい議会に、社会主義と共産主義の集会、結社、印刷物、示威行為をいっさい禁止し、そうした活動を行なった人物を追放する権限を各邦警察に与える「社会主義者鎮圧法」を提出した。

辛うじて第一党の座にとどまっていた国民自由党も、こんどは賛成せざるを得なかったのだけれど、同党左派の指導者ラスカーの懸命の抵抗によって、それを二年半の時限立法にすることに成功した。

この法律によって、ドイツ社会主義労働者党は非合法化されたが、議会で時限立法の延長が審議されるたびに、ビスマルクの強権政治の露骨さが明らかになって、選挙民のなかに社会主義労働者党への同情と支持を育てていく結果につながった。

謎の犯人ノビリングの狙撃から十年後の八八年三月九日、老皇帝ヴィルヘルム一世は、九十歳で世を去り、子のフリードリヒ三世があとを継いだ。

自由主義者として知られ、ビスマルクとは「憲法闘争」で対立したこともあるフリードリヒ三世の即位は、自由派と中道を望む大衆に希望を与えたが、喉頭癌に冒されていたため、在位は百日に満たなかった。

つづいて即位したヴィルヘルム二世は、宰相にすべてをまかせた祖父ヴィルヘルム一世とは異なり、昔の絶対王政のような皇帝親政を目ざしていたので、ビスマルクの権力は、急速に危ういものになった。

時限が来るたびに、延長を繰り返してきた社会主義者鎮圧法は、またも満期を迎えようとしていた。

ビスマルクは、それを無期限にするとともに、議会外の支持が伸びつつあった社会主義労働者党の党員を、居住地域から追放する権限を警察に与える「追放条項」を付加した新法を、議会に上程した。

国民自由党は、保守党や自由保守党と連合して、ビスマルク政府の与党を形成していたのだけれど、さすがにこの「追放条項」には賛成できず、両保守党もおなじ態度をとったので、社会主義者鎮圧法の新法は、大差で葬り去られた。

それから一箇月後に行なわれた総選挙の結果は、博士号を得たばかりの若き司法書記官試補マックス・ヴェーバーが予想した通り、社会主義労働者党が一気に躍進し、ビスマルクの与党が敗退したなかでも、とりわけ議席を半分以下に減らした国民自由党の転落ぶりが目立った。

ビスマルクはなおも、社会主義者鎮圧法の新法の成立を目ざして、さまざまな権謀を試みたが、皇帝ヴィルヘルム二世に、同法案の議会上程を断念するよう申し渡され、ついに万策尽きて、辞表提出を余儀なくされた。

ドイツ帝国の生みの親となってから、およそ二十年にわたったビスマルクのカリスマ的な支配は、こうして終わりを告げたのである。

開きゆく父親との距離

社会主義者鎮圧法が最初に成立したのは、マックスがギムナジウムの生徒で、まだ政治家としての父の思想と生き方に、疑問を持っていないころであった。

ベルリン大学では、かつてビスマルクの「例外法」を支持したグナイスト、ベーゼラー（ドイツ私法）、トライチュケの講義を聴き、グナイストが時に示す自由主義的な見解には感銘をうけたりもしたのだけれど、シュトラスブルクにおける思想的転機を経てきたかれにとって、社会主義者鎮圧法は、もはやとうてい賛成できかねるものになっていた。

それは、法の下の平等という、自由主義の基本原理に反する、と考えたからである。

初めのうち親近感を抱いていた国民自由党と、ヘルマン・バウムガルテンが支持する自由思想家党については、こう分析していた。

――最盛期にくらべて遥かに減少した国民自由党の議席数では、もう独力ではなにもできない。国民の記憶は短く、かつての党の業績を知る者は、だれもいない。

もっぱら現状の維持にのみ心を砕いている党が、ふたたび国民の信頼を得ることができるかどうかは、まったく疑問である。

財政法案と軍事法案のすべてに、絶対反対の立場をとる自由思想家党の、硬直した教条主義的態度は、自由主義の将来を危うくするものだ。

この党には、政治を積極的に展開する能力がなく、したがって政権につくチャンスも、まずあり得ない。……

そんな風に見通していたマックスにとって、大きな心配は、右翼と左翼の急進的諸政党が、中央党（カトリック教徒の代表で、与党と野党のあいだをゆれ動く「機会主義的政党」と目されていた）と交互に結託して、ドイツの政治をおもいのままに動かしていくことだった。

八九年暮れの選挙予測と同様に、この観測もまた、やがてしだいに的中していくことになる。

マックスは、ドイツの将来になんの希望も抱いていなかったわけではない。伯父への手紙でつぎのようにいう。

――ほかには何物をも持ち合せていない反ユダヤ主義者、トライチュケ流の神秘的な国民的狂信に陥った観念論者、それとは反対に素朴実在論（意識は実在の模写であるとする考え――すなわちもっとも原始的な唯物論）を最新の思想と信じこんでいる現実主義者たち、わたしと同世代で、いま大騒ぎをしているのは、こういう連中です。

しかし、おなじ世代のなかに、そうでない人間もいます。わたしの考えでは、自分自身をよく知っていて、活力に富み、やがて支配的な立場にたつに違いない人たちです。

反ユダヤ主義や、立身出世主義や、（教会の権威と支配を極度に重んずる）ハイ・チャーチ的な傾向とは無縁のかれらに、わたしは精神的な自由を認めないわけにはいきません。

それは、国民経済学者と社会政策学者で、これまでの自由主義者とは違ったものの見方、考え方をする人たちです。

したがって、かれらがいわゆる社会問題への政府の関与を、ある程度正当と認めたとしても、決して驚くにはあたりません。……

少しまえから、マックスが交わりを深めていた若手の国民経済学者は、ドイツ・マンチェスター学派の自由放任主義に反対する人たちだった。

マンチェスター学派が、社会問題ではなく、個人の生き方の問題で、解決策は当人の勤労意欲と倹約に求められるべきである、とする労働者の貧困を、かれらは社会的な構造の問題としてとらえ、政府の社会政策によって漸進的に改良されなければならない、と主張する。つまり、マンチェスター学派のいう「講壇社会主義者」である。

マックスは、集団特有の官僚的な気風や、社会政策に関する論議の未熟さに、違和感を覚えないでもなかったけれど、ここには未来に通じる道があると考えて、代表者のシュモラーらによって創立された社会政策学会に入会し、熱心に活動をはじめた。

その学会の委嘱によって開始された調査の報告は、驚くべき速度と密度で進められ、八百頁をこえる国民経済学上の処女作『東エルベ・ドイツにおける農業労働者の状態』にまとめられた。

資料となったのは、学会がドイツ各地方の雇用主三千人以上に送付した部厚い調査票で、マックスが担当したのは、ドイツを東西に二分して流れるエルベ河以東の諸州から返送されてきた分の整理・集計・分析であったが、論述の出来栄えは、農政史の権威クナップ（シュトラスブルク大学教授）に、「その思想の豊かさと理解の深さによってすべての読者を驚かせた。われわれの専門知識は過去のものとなり、一から学び直さなければならないという感銘を呼び起こした」といわしめたほどであった。

それを読む能力が筆者にはないので、牧野雅彦『ウェーバーの政治理論』の要約に頼って、分析の重要とおもわれる部分を紹介させていただこう。

——ドイツ東部の農場経営を特徴づける家父長制組織は、雇用主と労働者の利害共同体を基礎として存立している。

雇用主が、地代収入に安住する利子生活者の地位に甘んずることなく、みずから農業企業家として、共通の利害のために命令を下す、という家父長的指導が、農業労働者に軍事的な規律を自明のものとして受け入れさせ、また軍隊の将校身分におけるユンカー（プロイセンの軍人や官僚が多くこの階層から出たところから、のちにはドイツ軍国主義の温床ともいわれた）の役割を大きなものにさせた。

すなわちユンカーの率いる家父長制的労働組織は、軍事的規律の生成基盤で、そこには「血肉化した服従」と「個人的な名誉と義務感情」との結合が存在する。

こうした家父長制組織をもとに、ドイツ東部は、帝国統一の基礎としての軍隊組織と行政官僚制をつくり出した。

東部が成就したこの国民的偉業（帝国建設）によって、ドイツ西部と南部の大都市的、工業的発展が可能になった。

その結果、発展する工業に労働力を吸い取られ、世界市場の圧力とも相俟って、ドイツの国民的統一の基盤であった東部農業労働制度は、いまや解体に向かいつつある。

この解体傾向は、不可避的なものだ。なぜなら「いかなる犠牲を払っても、故郷なきプロレタリアになってでも領主の家父長的な家＝経営共同体から自由になりたい」という人格的自立への志向が、労働者層のもっとも能力ある部分に強く存在するからである。……

問題の解決の方向を、マックスは、農業労働者が望む自立的農民への上昇可能性のなかに見出そうとした。

この『東エルベ・ドイツにおける農業労働者の状態』にまとめられる調査を開始した年に、かれはまた、第一回の福音主義社会会議にも参加している。

会議を主宰したキリスト教社会労働者党の創立者シュテッカーは、じつはマックスが学生時代から、大嫌いな人物だった。

ベルリンの宮廷付牧師で、ハイ・チャーチ的な傾向が強く、さらに決定的なのは、反ユダヤ主義者だったからである。

それにもかかわらず、会議に参加したのは、信心深い母ヘレーネと、従兄の神学者オットー・バウムガルテンが、社会問題への関心を強めていたからだろう。

ヘレーネは、福音書の教えと、自分たちのブルジョア的な暮らしとの矛盾に、深く悩んでいた。心に痛みを感ずるだけではない。並外れて鋭敏で繊細な神経をもつ彼女は、夜、ベッドに入って、暖かい寝床をもたぬ多くの貧しい人びとについて考えると、肉体的な苦痛さえ覚えるのだった。

一方において富が増大し、一方では貧困がますます深刻な社会問題となっている現実にたいして、若い良心的な神学者や、反マンチェスター学派の国民経済学者が抱く疑問と不満は、彼女自身のものでもあった。

彼女の夫、すなわちマックスの父親には、そうした苦悩が、まったく理解できなかった。

ブルジョアジーの利害を代表する国民自由党は、自由貿易主義を支持しており、その点ではマンチェスター学派とおなじ立場にたっていた。

また黒衣の聖職者の偽善性にたいする疑いと嫌悪感は、昔から自由主義者の肌に染みついて離れないものだった。そしてじっさいに、教会は国家の秘密警察の役目をする場合も、少なくなかったのである。

もちろん、そうでない聖職者はたくさんいた。

ベルリンの牧師になったオットー・バウムガルテンは、雑誌「福音と社会の時事問題」を創刊し、キリスト者として現下の貧困の問題に具体的な光をあて、それを改善に向かわせようとする運動を、真剣に進めていた。

聴衆の心を揺さぶる説教師として抜群の才を持つ、つまりアジテーションの能力に長けたシュテッカーは、そうした聖職者と信者の良心的な部分に、キリスト教による社会問題の解決を訴えかけた。

かれの意図は、急速に力をましてきたマルクス主義的な社会民主主義から、大衆を引き離そうとする点にもあったのに違いない。

おなじプロテスタントにとって、その訴えは無視できないものであったから、第一回の福音主義社会会議には、保守派、自由派から、「貧者の牧師」として知られたナウマンを指導者とする進歩派（オットーもその一人）まで、多様な顔ぶれの聖職者が集まった。

聴衆のなかには、ヘレーネもマックスもいた。マックスは、プロテスタントの社会的関心が、シュテッカーによって一方的にリードされていくのを警戒していた。

第三回からは、フランクフルトの牧師であるナウマン本人も、会議に加わった。自分を貧しい人びとの代弁者と考えていたナウマンと、マックスの交友は、以後、生涯にわたってつづくものになる。

こうしたキリスト教社会派への接近と、それに先立つ社会政策学会への入会は、マックスと父親の距離が、まえよりさらに開きつつあるのを物語っていた。

久方ぶりに会ったエミーの姿

つぎからつぎへと違った主題の論文の述作に、休みなくペンを走らせつづけながら、マックスは相変わらず、精神的に不安定なエミーから断続的に送られてくる手紙にも、心を尽くして長い返事を書くことをやめていない。

数年にわたって出された手紙のなかから、二人の関係と、マックスの心理を窺わせる部分を、抄出して並べてみよう。

――君に手紙を書こうと、ずっと考えていました。わたしはまたもや法律学という暗黒街に迷いこんでいるので、さしあたりこの短い手紙を出すだけにとどめます。

わたしは、君が直面しているのがきわめて辛い試練であるに違いないことも、君がいかに健気にこらえているかも、よく知っています。

そして、君の助けになれる可能性を、わたしたちがほんの僅かしか持っていないことも……。

わたしにできるのは、心からの同情を寄せることだけです。

しかし、人間の利己主義的な側面も認めなければ、決して真に率直な希望というものもあり得ません。だから、君の親切な寛容によって、わたしたちが今後も仲良くやっていけることを望んでいます。……

――わたしたちが直接便りをしなくなってから、ずいぶん長い時間がたちました。それでも君がわたしを覚えていてくれたことを、本当に喜んでいます。

親愛なるエミーさん、どうか、間もなく君にとって、よりよい時がきますように……。

君は自分にたいして、あまり過大な要求をしてはいけません。君は以前いつもそうでしたね。自分は他の人びとにたいしてなすべきことをしていないと……。でも、君と一緒にいることは、わたしたちみんなにとって、とても快いことでした。……

——聞くところによると、君はかなり長い間をおいたあと、両親の家に帰るのですね。今日はお客があるので長くは書けませんが、治療が君によい結果をもたらすことを、心から望んでいます。……

——わたしから何も便りをせず、そのため当然の罰として君からもお便りをもらわなくなってから、またもや本当に長い時間がたちました。今日は心から、君の誕生日に挨拶を送ります。わたしたちがもっとも待ち焦がれているのは、君が間もなくまったく元通りになるのを見ることです。またいつか昔のように、君たちのところに滞在できるようになりたいものです。いうまでもなく、最後に滞在してから、もう五年になりました。たぶん、この秋にはお訪ねできるともいます。

君もご存じのように、わたしはようやく、ある種の終末に達し、当地で講義ができることになりました。

いまからすれば、まったくぞっとする感じで、司法書記官試補の時代がおもい出されます。当時は、自分の手で立派にパンをかちえているすべての職人を、本当に羨んだものでした。その不快な過渡的状態は克服されましたが、しかし、わたしは結局、本当の学者ではありません。わたしにはどうしても、学問は実務の余暇になすべきもの、とおもわれてならないのです。……

ここまで引いた手紙について、若干の但し書をしておこう。

さしあたりこの短い手紙を出すだけにとどめます、とか、今日はお客があるので長くは書けませんが……などと前置きしながら、マックスはやはり、細かな気遣いに溢れた助言や、相手を喜ばせるための多彩な挿話を、延延と連ねていく。

エミーは、両親の家を離れているあいだ、シュトラスブルクからそれほど遠くないバーデンの、シュトゥットガルトの医療施設で暮らしていた。

秋にはお訪ねできるとおもいます、と書いた約束通り、九二年の九月、マックスはシュトゥットガルトの医療施設「オッティリエンハウス」に向かった。

看護尼《かんごに》の養成所という性格も持っているらしいそこには、エミーのほかに、彼女の母のイーダと妹のアンナもいた。

そのときの模様を、マックスは母ヘレーネに宛てた手紙で、おおよそつぎのように伝えている。

――イーダ伯母は、体の調子がよく、精神的には以前の頑固さと緊張から解放され、落ち着いて諦めの境地にいるように見受けられました。

伯母の内心は、二人のかわいそうな子供についての心配でいっぱいです。その子供たちに頼みの綱を差し出すことができないという、彼女の性格からすればきわめて辛いショックに耐えたあと、伯母はおそらく永久に諦めてしまいました。

その結果、伯母がずっと病人とともに暮らすことを、当然と考えてしまうのではないかと、気にかかります。

エミーとアンナは、すべての神経病患者とおなじように、頼り甲斐のある、確固とした不動の一点をなす人物を必要とします。

それは伯母ではありません。伯母が子供のことを心配すればするほど、彼女たちを不安にさせます。支えになる一人の人物は、むしろ他人であるほうがいいのです。

たとえば、ヴィルダームート嬢です。精神的にとくに卓越した考えを持っているわけではありませんが、温かみのある人柄で、冷静かつ精力的に、職務に励んでいます。

有名な精神科医の兄は、たいへん好ましい印象の持主で、驚くほどヨリー（ヘルマン・バウムガルテンの妹の夫、バーデンの国務大臣）に似ており、もっと立派な風貌で堂堂としています。

アンナは著しく成長しており、天真爛漫で活潑で、病的な傾向は少しも認められません。唯一病的なところがあるとすれば、彼女にとって不可謬《ふかびゅう》の神託的存在であるヴィルダームート嬢に、いつもそばにいてもらわなければならない点です。

ますます快方に向かっているエミーは、外面的には五年前とくらべて、ほとんど変わりがありません。少し痩せましたが、顔色は生き生きしており、動作も活潑です。

それにしても、別世界から来ただれかを出迎えるかのような印象は、痛ましいものでした。読書は十五分以上は進まないようです。

彼女の仕事は授業で、おなじような病気の子供に教えています。わたしの見たところ、体力もひどくは弱っていませんし、意志も欠けてはいません。ただ意志と行動のあいだの、なにか或る中間項だけがおもうようにならない様子なのです。

彼女たちの完全な回復には、まだ数年かかると予想されます。……

読み手のヘレーネにたいして、努めて明るい印象を与えるように書かれてはいるけれど、マックスは久方ぶりに会ったエミーの姿に、相当に深い精神的衝撃をうけたと考えても、さほど間違いではないであろう。

未来の花嫁との舞踏会

前節に引いた手紙に述べられている、マックスがようやく達した「ある種の終末」というのは、指導教授マイツェンに就職論文として提出した『ローマ農業史――その国法的、私法的意味』が合格して、ローマ法、ドイツ法、商法の教授資格を得たことを意味している。

マックスはすでにベルリン大学で、病が篤くなった恩師ゴルトシュミットの代講を引き受け、さらに受講者から聴講料を受け取る私講義と、私ゼミナールもはじめていた。

私講義の受講者は、三人しかいなかった。

むろんそれだけでは、経済的な独立には程遠いので、マックスはある弁護士の代理として、かれの事務所や高等法院の法廷でも働いていた。

そのほか、キリスト教社会派の新聞に、時事問題についての評論を書く。

また、『ローマ農業史』が書物となって刊行されると、さっそくモムゼンの――マックスにいわせると、即物的にはとても否定的で、個人的にはまったく好意的な――論駁が発表されたので、それにたいする反論の用意もしなければならなかった。

そんな風に、確かな収入を与えてくれる実務への願望をいまだ捨てきれず、多岐にわたる仕事も興味も、依然としてひとつにしぼりきれずにいたので、「わたしは結局、本当の学者ではありません」と、エミーへの手紙で述懐したものとおもわれる。

マックスが、秋にシュトゥットガルトの「オッティリエンハウス」へエミーを訪ねて行くことになるこの年の春――。

父親の姪の娘マリアンネ・シュニットガーが、独立した職業を身につけようとして、ベルリンにやって来た。

やがて詳しく語ることになるが、きわめて複雑な家庭環境に育った彼女は、すでに一年半前の冬に、シャルロッテンブルクの家に招かれて、マックスと知り合っていた。

マリアンネは後年の伝記において、初めて会ったときの未来の夫を、アセッソル・マックスと呼んでいる。アセッソルとは第二次国家試験に合格した上級官吏試補の謂《いい》である。

マックスは二人の弟と一緒に、彼女を生まれて初めての舞踏会へ連れて行ってくれた。

そのときの印象がどんな風であったか、これはやはり、マリアンネ自身の口から聞くべきであろう。

伝記によれば、彼女の目に、二人の弟アルフレートとカールは、どこから見ても美男子に映ったが、

「アセッソルはそうではなかった。彼は全然風采に重きを置かなかった。肥っていて、梨形の、決闘の疵痕《きずあと》だらけの頭を短く刈っている。繊細な曲線を描いた唇は大きな無恰好な鼻と奇妙な対照を示し、黒い目は交叉した眉毛の下に屢〻《しばしば》隠れた。

いや、この大男は美男子ではなく若々しくもなかったが、あらゆる挙措動作において力に満ち

た男性であり、その大きな図体にかかわらず身のこなしに目立たない優雅さがあった。彼の歩き方は何と弾力的だったか、その手の表情は何と雄弁だったか！　時々目はきらめきを見せた、やさしそうなきらめき、怒のきらめき、いたずらっぽいきらめきを――そしてまた時々彼独特の他人をかまいつけぬ様子を破って、心を解きほぐすようなヒューモアや親身な理解や騎士的な親切さがあらわれて来るのである」

　マックスばかりにではなく、大都会ベルリンの多彩な文化、シャルロッテンブルクの家の知的な雰囲気にも、強い印象をうけて、複雑でかつ孤独な家庭環境に育った彼女は、そこに、

「とうとう生活というものを見つけた！」

と感じた。

　マリアンネは伝記に、自分の父親が不可解な精神疾患の徴候を示していたことを、隠さずに書いている。

　さよう、彼女もまたエミーとおなじように、神経疾患をもつ家系の出身だったのである。

新進教授の夜明け前

いったい、マックスとエミー・バウムガルテンのあいだには、相思相愛の恋人同士であったといえる時期が、果たして本当に存在したのだろうか。

　これまで目にしたかぎりのマックス・ヴェーバーに関する概説書やそれに付された小伝で、二人のあいだに恋愛関係があった事実を疑った例はない。

　おおむねその関係は、マックスが二度目の将校訓練にシュトラスブルクを訪れた一八八七年にはじまり、マリアンネの出現によって終止符を打たれた、とする。

　代表的な例として、アメリカの社会科学者アーサー・ミッツマン『鉄の檻』（安藤英治訳）の叙述を引こう。これから問題とする点について、かれは概要つぎのようにいう。

　――エミーとの関係が真剣なものになったのは、明らかにマックスが一八八七年の初頭、予備役の将校訓練を受けるべく、シュトラスブルクの街にもどったときであった。

　そのときに二人の間柄は、激しく情熱的なものではなかったにせよ、本当に真剣なものとなった。その年の春、マックスとエミーは、ヴァルトキルヒにある彼女の兄オットーの家で、ひそかに逢っていた。

　そしてその年には、マックスから六通も出された手紙の数が、翌年から急速に減っていく。

私たちは、一八八七年を決定的な年とし、それについて二つの問題を提出しなければならない。すなわち、二人の関係がなぜその年にはじまったのかという問題と、その激しい気持をかくも急速に冷却させたものはなんであったのかという問題とである。……

一八八七年を決定的な年とする論拠として、ミッツマンはつぎの三点を挙げる。

(一) 一八九三年一月もしくは二月のマリアンネ・シュニットガーへの求婚状で、マックスはエミーにたいする愛が、六年前にはじまったといっている。

(二) マリアンネの伝記に大略こう書かれている。

——第二回の将校訓練のさいに若い二人が再会したとき、かれらのあいだに控え目な愛が萌した。ヴェーバーは二十三歳で、ちょうど司法書記官試補になったところであった。

血のつながりの濃い二人の結びつきが、不幸な結果を生むのではないか、と恐れたイーダは、危険を予防する意味で、しばらくのあいだエミーをヴァルトキルヒの兄オットーのところへやった。

しかし、ヴェーバーは彼女のあとを追って、そこへ行き、詩情に溢れた春景色のなかで、ともに楽しい数日間をすごした。

二人のあいだに特別なことはなにもなく、ただ別れにさいして青年が一瞬、目を潤《うる》ませただけであった。……

(三) エミーが後年、二人の関係が真剣になったのは一八八七年であったと述べたことも、マリアンネの伝記に書かれている。

ミッツマンが論拠とした以上の三点に、筆者が感ずる疑問を、ひとつずつ列記してみよう。

まず（一）の論拠となったマリアンネへの求婚状――これはミッツマンも彼女の伝記で読んだものとおもわれるが、マックスとエミーのあいだに本当に恋愛関係があったかどうかを物語る、きわめて重要な証拠と考えられるので、相当長くなるが、その部分を大久保和郎の訳で紹介させてもらいたい。

「ぼくが今から六年前に、君と多くの点で似ているがまた違っているところも多い或る娘の清純な心と――今にして思えば――睦じくなったということは、母の口から君は聞いているね。しかし君は、娘との交際については当時まだ半ば子供でしかなかったぼくが自分の身に引受けた責任の重さのすべては知らない。ぼく自身それはあとになってやっとわかったのであり、これは一生ついてまわるものなのだ。彼女はぼくの気持がどうなっているかをぼく自身よりもはっきりと感じ取っていた（これはあとになってやっとわかったのだが）。――長いあいだぼくは、彼女とのあいだのことはきまりがついているのかどうかわからないでいた。確信を得たいと思ってこの秋ぼくはシュトゥットガルトへ行った。ぼくは彼女に会った。以前どおりの外貌と声音だが――何と、まるで目に見えぬ手がぼくの心の背景に描かれた彼女の像を拭い去るかのようだった。ぼくにむかって歩み寄って来るのは、まるで別の世界から来たもののように、ぼくの内部で生きていたものとは違った姿だったのだ。それはなぜか？　ぼくにはわからない。ぼくらは別れた、――永久に（そうぼくは思った）。

　ところがクリスマスになって、医者たちは彼女の長い悲しみの原因を発見することができず、今なおつづいているひそかな愛情のためだろうと結論したということを聞いた。そしてぼくは、その愛情に（事実愛情があるとすれば）決着をつけるのに力を藉《か》すつもりでいた自分が、彼女の心に希望をかきたてていたなどということがあり得ることだろうかという問に対する決定的な答を、空しく自分の心のなかに探し求めている。——今は、彼女が快方に向いはじめ、また自身そう思っているという知らせが来ている。そして、彼女の神経を強めてくれるものは希望であろうか断念であろうかという疑問が今までに倍して重くぼくの心にのしかかって来る」

　マックスは、ふつう考えられないくらい、相手に気を遣う性格の持主だから、ずいぶん婉曲な書き方になっているが、これは結局、自分としてはそれほどの気持ではなかったのに、向こうのほうで一方的に、こちらも恋愛感情を抱いているものと、初めからおもい込んでしまった……という事実を示唆しているのである。

　そして、ふつうは相手のせいとおもうに違いない事柄でさえ、すべて自分のほうにも大きな責任がある、とするのが、生涯を通じて変わることのない、マックス・ヴェーバーの考え方と生き方の根本的な特徴なのである。

　ミッツマンは、求婚状を一八九三年の一月か二月のものとするが、文中の「この秋」というところから、シュトゥットガルトの医療施設オッティリエンハウスを訪ねた九二年中に書かれたとすれば、「六年前」は一八八七年ではない。

　クリスマスの話のあとに、エミーから来た知らせのことが記されているので、翌年の初めごろの手紙と判断したのかもしれないが、クリスマスの前後にエミーが出した便りが、年内に着いたとすれば、求婚状は暮れに書かれたとも想定できる。

それよりなにより、だれよりも早く一人前の人間になることを自分に課し、責任遁《のが》れをもっとも嫌うはずのマックスが、すでに司法書記官試補になっていた自分を、女性との交際に関しては……という条件づきとはいえ、「当時まだ半ば子供でしかなかったぼく」というのは、おかしくはないか。

事の起こりを、最初の将校訓練でシュトラスブルクにもどった、ベルリン大学の学生時代と考えれば、それもすべて辻褄が合うのである。

(二)の論拠となったマリアンネの伝記には確かに、二人のあいだに控え目な愛が萌したのは、第二回の将校訓練のとき、マックスは二十三歳で司法書記官試補になったところであった、と書かれている。

すべてはここからはじまった。

たいていの概説書や小伝は、マリアンネの叙述を信頼して、これに疑問を示さない。

だが、書簡集を仔細に検討すると、納得しがたい点が、幾つも出てくる。

ヴァルトキルヒの春の思い出

まえに書いたように、マックスが二度目の将校訓練のため、シュトラスブルクの連隊に行ったのは、フランス政府が「復讐《ルヴァンシュ》」を唱えるブーランジェ将軍を陸相に起用したことによって、いますぐにでも戦争がはじまりそうな、一触即発の空気が高まりつつある真っ最中だった。

その様子を母ヘレーネに伝えた三月十六日付の手紙には、伯母イーダがオットーとの話し合いのため、ヴァルトキルヒに出発しようとしていることも書かれている。

このとき、バウムガルテン家はオットーに関して、ある難しい問題を抱えていた。ヴァルトキルヒの牧師の職を辞して、博士試験を受けるため、ハレの大学へ向かうのに、オットーはそれまで身の回りの世話をしてくれていた若い家政婦を帯同しようとした。

彼女の生活は、経済的にも他のさまざまな点においても、牧師としてのオットーに完全に依存するものになっていたので、解雇して置き去りにするのは、無責任だと考えたからのようだ。だが、帯同すれば、牧師と家政婦の醜聞という噂が生まれるかもしれず、オットーの今後にも悪影響をおよぼしかねない、という理由で、親たちはそれに反対だった。

イーダは、オットーが単身でハレに行くよう説得するために、ヴァルトキルヒへ出発しようとしていたのである。

以上のような状況から、マックスとエミーがこの時期に、ヴァルトキルヒの詩情に溢れた春景色のなかで、楽しい数日間をすごした……などということは、とても考えにくい。

マックスが、第一回の将校訓練を受けにシュトラスブルクへ行った一八八五年三月十五日付の、父に宛てた手紙のなかに、

――エミーはヴァルトキルヒにいっていて、相変わらずすっかりよくなってはいませんが、上機嫌です。

という一節がある。

このときに、マックスがエミーを追って、ヴァルトキルヒを訪ねたのだとすれば、事の成行きは、はなはだ鮮明になるようにおもわれる。

それから四箇月後のエミーに宛てた手紙で、マックスは謝罪の言葉とともに、自分の写真を送

っている。

謝罪とは、いくら待っても返事と写真がマックスから届かないのに憤激したエミーが、怒りをヘレーネへの手紙でぶちまけたことにたいする弁解と詫びの言葉である。

察するところエミーは、マックスと自分の恋を、母親が邪魔しようとしていると考えたのではなかろうか。

謝罪の手紙の署名は、「従兄マックスより」となっており、以後の手紙も、おおむね「君の従兄マックス」か、または無署名である。

ミッツマンが、決定的な年とした一八八七年の六通の手紙は、まえに述べた通り、すべてエミーの催促を受けて書かれたものとおもわれ、愛の告白は無論のこと、幾分かでも恋文に近い響きすら、まったく感じられない。

ヴァルトキルヒの春の数日をべつにすれば、ほとんど文通によって成り立っていた二人の関係に、恋愛といえる期間があった事実を証明する材料は、どこにも見当たらないのである。

以上のような根拠にもとづいて、筆者は事の起こりを一八八五年の春とし、これまで恋愛関係とされてきたものは、じつはエミーの一方的なおもい込みによる、という推定に立って、二人の関係の叙述を進めてきた。

ずっと「従兄マックス」としてきた署名が、初めてべつの書き方に変わるのは、九三年の三月に婚約したマックスが、四月二十二日付で出した手紙においてである。

冒頭と結びの部分を、阿閉《あとじ》吉男・佐藤自郎訳で引用させていただきたい。

エミー様！

昨日、わたしの誕生日のための君のご親切な手紙をみて、ここ数年来だれの手紙からも感じたことのないような純粋な喜びを感じました。なぜならそのお手紙は、——わたしの望んでいたことですが——わたしたちがたがいに相変わらず親しいものであったことと、おなじ年頃の妹がいないために、絶えず切なくおもっていましたが、それを君のうちに認めることができるということを示していたからです。自分の前にあらわれた女性たちと娘さんたちを、わたしが絶えず君の人柄と比べてはかってきたことを、君はご存知ですね。そしてわたしが異性を君の眼を通してみなければならないと心の中で感じたことは、粗野な性質をもった自分にとってはこの上ないめぐり合わせでした。わたしはそのことをまた、その人生の幸福がいまではわたしにかかっている女性にたいしても行ないましたし、このことは変わることはありません。

（中略）

残念ながらこの度の南部滞在中にシュトゥットガルトに立ち寄ることができませんでしたが、わたしは断固、夏にはそこでお目にかかれることと、わたしに心の中を打明ける、とても奇特な娘さんと君が知りあいになり、そして——わたしはそれを信じますが——好きになることを望みます。彼女はわたしを通してずっと前から君を知っています。

わたしたちがしばしば便りをしあえるならば、わたしにはとてもうれしいことでしょう——しかし、君の体力からすればまだ養生が肝心ですし、それの許す以上の文通をしてほしいと君に求めるつもりはありません。さようなら！　兄弟のような愛と友情で

君のマックス

相手の気持を徹底的に気遣うマックスの心配りは、ひとまずの別れを告げるこの手紙でも、まことに細やかに尽くされている。

そしてまた、出会ったころから、精神状態が不安定で、憂鬱に閉ざされやすい相手に、決定的な打撃をあたえたくなくて、途中で文通を打ち切ったり、邪慳な表現をしたりせず、できるだけ明るい気分になってもらおうと、懸命に多彩な挿話を連ねて長文の返事を書く誠実さと優しさが、結果的にはエミーの心を八年ものあいだ引っ張りつづけることになったのである。

ミッツマンが(三)の論拠としたのは、マリアンネの伝記に、マックスの没後、エミー・バウムガルテンがこう述べた……と書かれている部分だ。

「マックスが心からの友情、兄弟のような好意以上のものを私に対して感じているのかどうかということは、何年も私にはわからぬままでした。一八八七年、彼がシュトラースブルクで演習に参加したときには、そうです、あのときは私には、彼の全体の振舞から何か別のものがあらわれて来ているようにも思えました。この時期は私にとって何ともいえず輝かしい思い出となっております。この時期は私の青春時代の一番美しい時期でした。すでにその頃からいろいろの疑惑の絶えることがなかったにもかかわらず、私は雲に乗って飛んで行くような気持でした。今思い返してみるにつけても、彼のおかげでとにかく一度あのような世にも素晴しい経験をし、短い間ながら人生の頂をきわめる機会に恵まれたことに対するこの上ない感謝なしにはいられません」

言葉のなかの一八八七年を、一八八五年とすれば、これはそのまま筆者の推測を裏づける。おそらくマックスのほうも、ヴァルトキルヒの春においては、幸福感で心が満たされる瞬間を経験したことがあったのに違いない。

いくつかの概説書や小伝は、マリアンネとの結婚によって、エミーとの長い恋愛関係を裏切った罪悪感が、以後のマックスの人生に少なからざる影響をおよぼした……とみる。

恋愛といえるほどの関係はなかった、と推定する筆者も、罪悪感はあったであろう、とおもう。すこぶる責任を重んずるマックスにとって、エミーに幻想を抱かせた最初の原因が自分にあり、最終的に彼女を深く傷つけたことにたいする自責の念は、一生つきまとって離れなかったに相違ない、とおもわれるからである。

「ぼくと一緒に荒海に出て行こう」

マックスが生涯の伴侶に選んだマリアンネ・シュニットガーは、きわめて複雑な家庭環境のなかで育った女性であった。

以下、だいぶ輻輳《ふくそう》した家族関係の叙述がつづくが、これはやがてわれわれの主人公の代表作『プロテスタンティズムの倫理と資本主義の精神』の内容にも重要な関わりを持ってくるので、是非あらましを頭に入れておいていただきたい。

マリアンネの曾祖父のカール・アウグスト・ヴェーバーは、マックスの祖父でもあって、つまり二人は従兄弟半の関係にあたる。

二人にとって共通の父祖の地であるドイツ西北部のビーレフェルトは、かつて織物産業で栄えた町である。

カール・アウグストは、そこで手織亜麻布の問屋を営んでいたが、機械紡績の普及によって、家運が傾くと、長男のカール・ダーヴィットは、近郊のエェルリングハウゼンという村を拠点として、これまでになかった試みをはじめた。

かれは、付近の農民的な織工を、新しい市場の要求にこたえられるよう、さまざまな注文をつけて、近代的な職人に変え、手織物の付加価値を高めて、集中的に品質を管理した高級なリンネルを、みずから開拓した国の内外の富裕な顧客（そのなかにはスペインやスウェーデンの王宮もふくまれていた）に直接販売する新事業を興して、大成功を収める。

祖先が「下品」と斥けた積極的な商法で、近代的で資本主義的な商人として抜群の能力を発揮し、村人たちに広く就労の機会をあたえて、エェルリングハウゼンの王ともいうべき地位にまで登りつめたのである。（このカール・アウグストの伝統的経営から、カール・ダーヴィットの近代的経営への変化は、『プロテスタンティズムの倫理と資本主義の精神』の第一章第二節に、簡潔に理論化されて書きこまれている）

カール・ダーヴィットの五人の子供の長女アンナは、新しくその土地へやって来た医師エドゥアルト・シュニットガーと結婚したが、二番目の子供の出産のさい、産褥熱で世を去った。

三歳で母を失った一番目の娘マリアンネを、不可解な精神疾患の持主で養育能力を欠いていた父親のエドゥアルトは、自分の出身地の小都市レムゴに住む老母に預けた。

高校の校長の未亡人である老母は、懸命に育てた六人の子供のうち、三人の息子が精神を病むという不幸に見舞われていた。

マリアンネは、精神疾患をもつ二人の伯父とおなじ狭い家のなかで暮らしながら、健康で聡明な教師になっていた二人の伯母に保護されて、苦しみや悲しみとともに、生の喜びにも敏感な、真面目で努力型の少女に育った。

カール・ダーヴィットは、そうした孫娘をハノーファーの学校に入れてくれた。大きな街の学校で、さまざまな知識と教養を身につけて帰り、育ての親である祖母が死んだとき、マリアンネはもう小都市のレムゴに住む気がなくなっていた。

彼女は、エァリングハウゼンの祖父の家に引き取られた。そこでの生活にも満足はできなかった。家事の手伝いよりも、自分を独立させてくれる職業につきたかったのである。

しかし、エァリングハウゼンの王カール・ダーヴィット・ヴェーバーの孫娘が、労働によって金を稼ぐなどということは、あり得べからざることだった。

二十一歳の冬、彼女はカール・ダーヴィットの弟で政治家のマクシミリアン・ヴィルヘルムの家に招かれた。

シャルロッテンブルクの家には、マリアンネが長いあいだ望んでいたもの、探しつづけてきたことのすべてがあった。

生まれて初めての舞踏会へ連れて行ってくれたアセッソル・マックスの面影は、エァリングハウゼンへ帰ってから、繰り返し蘇って、日ましに心を占める度合を強めていった。

一年半後、ついにマリアンネは、美術の職業的な訓練を受ける許可を、祖父から取りつけて、ベルリンに向かった。

九二年の春のことである。

シャルロッテンブルクの家で再会したマックスの様子は、舞踏会のときとは違って、自分自身の裡《うち》に引き籠もろうとするかのように、どこかよそよそしく見えた。

マリアンネには、男性の気持を惹きつける魅力が欠けていたのだろうか。遥か後年の話になるけれど、北部にくらべてカトリックが多い南部のハイデルベルクで、マックスを囲む学者や芸術家達の仲間うちにおいて、彼女はひそかに「プロテスタントのマドンナ」という尊称を奉られていたという。性的魅力ゼロの意味だそうである。

しかし、マックスがよそよそしかったのは、そのせいではあるまい。

以下の叙述には、かなり筆者の想像がまじる。

マックスは、エミーのときとおなじ轍を踏むことを恐れていたのではないだろうか。そうでないときは聡明で愛らしいのに、しばしば憂鬱に閉ざされる従妹を、優しく力づけてやりたいと考え、春のヴァルトキルヒで、あとになってみれば若干の疾《やま》しさも感じないではいられないくらい楽しい数日間をすごしたことから、以後どこまでも延延とつづいて、自分としては手の打ちようのない曖昧な関係がはじまった。

その関係はいまもどう決着をつけていいかわからず、解決の見通しもない。もし強引に終止符を打って、べつの女性と結婚すれば、エミーは再起不能の痛手をこうむるだろう。最悪の場合は相手の自殺まで考えに入れなければならないさまざまな推理と杞憂のはざまで、マックスはいつしか、結婚は自分とは無縁のもの……とまで考えだしていたのかもしれない。

(やがて書かれるマリアンネへの求婚状のなかに、「ぼく自身もう何年も前から錨をおろしている静かな冷い諦念の港」とか「若い娘のゆたかな心がぼくのような無味乾燥な人柄に近づいて来ることがあり得るなどという考えは、ここ数年ぼくの頭を掠めたこともなかった」といった表現がある)

エミーとマリアンネには、意識から外せない共通点があった。

双方とも家系に、神経疾患の症状が見られることである。

師範学校の校長であったエミーの曾祖父は、酒を飲みつづけて、ある日突然、家族のまえから姿を消し、行方不明になってしまった。

その長男のゲオルク・フリードリヒ・ファレンシュタインは、最初の妻となる十五歳の美少女に結婚を申し込んで、先方の家に断られたとき、数箇月にわたって激しい神経疾患に陥った。

マックスの母ヘレーネと伯母イーダは、かれの二度目の結婚の子で、とうぜんわれわれの主人公にも、母方の曾祖父と祖父の血が流れている。

イーダの次男オットーは、祖父の最初の結婚で生まれた息子の娘で周囲の人の目には神経疾患の持主としか見えなかったエミリー・ファレンシュタインと、父の猛反対を押し切って結婚し、ヴァルトキルヒの牧師館に住んだが、妻は生き延びる力のない嬰児を生むと同時に死んでしまい、オットーは一人あとに残された。

マックスとの結びつきを恐れたイーダが、エミーをヴァルトキルヒに遠ざけたのは、そうした不幸な先例があったからである。

マリアンネの父と二人の伯父が、精神を病んでいたことも、近い親類の話だから、とうぜんマックスはよく知っていただろう。

これだけの事情が重なっていれば、マックスが最初から、恋愛や結婚につながる対象として見ることを、意識的に避けようとする、つまりよそよそしい態度でマリアンネに接したとしても、別段不思議ではない。

マリアンネが、父や祖父の家に安住できず、職業について独立したかったのは、家族が抱える精神的な病の問題とも、無関係ではなかったろう。

彼女もまた、ずっと一人で生きて行くことを決意していて、みずから伝記に書いたように、おもいを胸中に秘めたまま、愛する人の身近にいられるだけで、満足だったのかもしれない。

だが、マリアンネは、異性を惹きつける魅力を全く欠いていたわけではなかった。

マックスの親友が、彼女に愛情を感じ、結婚したいという意思を、ヘレーネに伝えた。

息子の友人とマリアンネの双方に好意を持っていたヘレーネは、その話に乗り気になった。

マリアンネが親友の妻になるかもしれない、と知ったとき、マックスは自分でもおもいがけないほど、深く重い悲哀の感情に襲われた。

つねに理性的で明晰でありたいと願うかれは、それがありきたりの嫉妬というものではないかと、何度も疑ってみた。そうではないと感じられた。そしてこう悟った。自分には生涯の伴侶として、マリアンネが必要なのだ……と。

かれは長年にわたるエミーとの曖昧な関係に決着をつけるため、シュトゥットガルトへ旅立った。

その留守のあいだに、友人から正式な申し込みがヘレーネにたいしてなされ、母親は承諾の返事をあたえた。

マリアンネと結婚するためには、エミーに生涯のこる傷を負わせたうえ、親しい友人を裏切り、愛する母の願望にも背かなければならない。

悩みぬき、考えぬいたすえに、マリアンネに宛てて書いた長い求婚状の最後を、マックスはこう結んだ。

——気高い心の伴侶よ、ぼくと一緒に諦念の静かな港から荒海へ出て行こう、精神の苦闘のなかで人間が成長し、本質的ならぬものが人間の身から洗い落されるところへ。しかしよく考えねばならない、海が荒騒いでいるときには船乗の頭と胸は明晰でなければならないのだ。朦朧とした神秘的な精神的気分への空想的な耽溺をぼくたちは自分の心に許してはならない。なぜなら感情が高揚するときには、冷静な意識をもって舵を取れるように君はそれを抑えねばならないのだから。

　ぼくとともに歩んでくれるならば、返事は書かないでくれたまえ。そうしたらぼくは、君に再会したとき、静かに君の手を握り、君の前で目をふせたりすまい。そして君も目を伏せてはいけない。

　では御機嫌よう、人に理解されぬ娘よ、人生は重く君の上にのしかかっている。——今はぼくは君にこれだけ言おう、君がぼくの生活に与えてくれた豊かさを感謝する、そしてぼくの思いはいつも君の上にある、と。そしてもう一度——、ぼくと一緒に来てくれ、ぼくは君が来てくれることを知っている。……

マリアンネはフェミニスト

エミー・バウムガルテンとのあいだに、いちおうの決着がついたあと、マリアンネは自分の最大のライバルが何者であるかを、よく知っていた。

それは「学問」である。

だから、学問についてよく知らなければならない、とおもった彼女は、婚約者にいろいろな本を貸してほしい、と頼んだ。

そのなかに、ベーベルの著書もふくまれていたのには、当時のプロイセンの男性としてはふつう考えられないほど女性の立場に理解があったマックスも、さすがに驚きを隠しきれなかった。

ドイツ社会主義労働者党の創設者で、ビスマルクの軍国主義と帝国主義に一貫して反対し、「社会主義者鎮圧法」施行後の地下活動で投獄されたこともあるベーベルは、のちに有名な古典となる女性論を、十数年前に秘密出版して、世界中に影響をおよぼしていたフェミニズムの先駆者でもあった。

わが国では『婦人論』として知られてきたこの本（原題『女性と社会主義』）は、女性と労働者が被抑圧者として共通の運命の下におかれてきたことを歴史的に解明して、真の女性解放は科学的社会主義によらないかぎり実現しない、と主張するものである。

このころ、マックスがマリアンネに書いた手紙のなかから、かれの戸惑いや動揺を示しているとおもわれる箇所を、アトランダムに書き抜いてみよう。

――やはりベーベルを送らなければならないかね？　送ってほしければすぐ送るが……。

――〈単なる主婦〉のことをそんなに軽蔑して考える必要はないんだよ。

――君とぼくはおたがいに自由で対等だ。

――君も自分の支配領域を持たねばならぬ。ぼくは君の思考の領域に立ち入らないと同様に、その支配領域では君と競り合わない。

――君が避けられぬ不快とは感じない、家庭の主婦としての義務と労働の領域を持ってくれると、本当にいいとおもう。なぜなら、これは何度でも繰り返しいっていいが、ぼくと一緒に暮らすのはたぶん君がおもっているほど楽なことでは決してないであろうからだ。

――君はもっと内部より外部のほうに目を向けなければならない。

――ぼくがどれほどいわゆる〈知的教養〉なるものを尊敬していないかを君は全然知らない。ぼくが尊敬するのはつねに実際的活動だ。学者という職業のもつ〈知的な〉傲慢さほどぼくにとって厭わしいものはない。

――君の重心が純粋に精神的＝哲学的領域だけでなく、ぼくの近づけない実際的な仕事の領域をも足場としているほうが、将来君の立場は一層堅固に、君にとって一層楽なものになるだろう、と、悟性はぼくにいう。

――君はぼくを相手にうまくやって行くことの困難さを過小評価しているとおもう。だから君はぼくの気質的動揺に左右されないように、確固とした活動範囲を持たねばならない、君にとって価値ある活動範囲を。……

マリアンネは、ほぼ不可能とおもっていた結婚が実現する喜びに胸を躍らせつつ、いささか気負って背伸びしていたのかもしれない。

それにしても、二十三歳の彼女が、この一八九三年の夏ごろすでに、近い将来の夫をたじたじとさせるほど、当時のプロイセンの道徳的主流である家父長制倫理からは遥かに遠い、先進的なフェミニズム思想の持主であったのは、マックスの手紙の行間からまざまざと読みとれる。

このことも、われわれの主人公の今後の学問と人生に、重大な関わりを帯びてくるので、記憶にとどめておいていただきたい。

九二年からベルリン大学の教壇に立っていたマックスには、国民経済学の講座を用意したフライブルク大学から招聘の声がかかっていたが、結婚の当時はまだ、実現にまでいたっていない。やがて実現したとき、かれが行なった教授就任講演『国民国家と経済政策』は、ドイツの学界と論壇にたいへんな反響を巻き起こすことになるのだけれど、それはもう少し先のことだ。

マックスとマリアンネの結婚式は、九三年九月十九日、美しい森と丘とよく手入れされた畑に囲まれた、エㇽリングハウゼンの教会で行なわれた。

マリアンネの伝記にも、「初秋」としか記されていない式の日にちを正確に書けるのは、エㇽリングハウゼンまで訪ねて行って、市役所の結婚記録を確認した安藤英治『ウェーバー紀行』の詳しい調べのおかげである。

エㇽリングハウゼンの市史に、顕著な業績が記載されているカール・ダーヴィットが創始したヴェーバー商会は、現存していた。

カール・ダーヴィットは生前、みずからリベラル・デモクラートであると公言して教会へ行かず、その葬儀にも地元の正統派の牧師ではなく、ベルリンから自由主義神学者のオットー・バウムガルテンが招かれて式を進めた事実を伝えて、ヴェーバー家はもともと信仰においても、完全にリベラルな立場だったらしい、と安藤は述べる。

これはきわめて重要な指摘といわなければならない。

マックスとマリアンネの結婚式を司ったのもオットーだった。

式後の祝宴で、地元の正統派の牧師は、自由主義神学に異議を唱え、三位一体の神への敬虔な信仰告白を行なって、教会の信者たちを安心させ、満足させた。

それにたいして、オットーは「神の愛する愉快な大食漢」として、友人の花婿を称賛するスピーチをした。

ところで……。

結婚を決意するまで、おたがい意識から外せなかったはずの、双方の家系に伝わる神経疾患の問題について、二人はどう考えていたのだろう。

おそらくその点を意識しての記述とおもわれるが、ディルク・ケスラー『マックス・ウェーバー　その思想と全体像』(森岡弘通《ひろみち》訳)はこう語る。

——二人の結びつきは、知的道徳的友愛によって支えられていた。結婚生活での性的な充足は、マックス・ウェーバーには拒まれていた。彼がかかる充足を初めて経験したのは、第一次世界大戦の少し前、結婚外の関係においてであった。夫婦には子供がなかった。……

性は人間のプライヴァシーの深奥に属する問題だから、これはずいぶんおもい切った推断といわなければなるまいが、やがて姿を現わすエルゼという名前の女性との婚外関係については、ほぼ事実であったことが明らかになっており、マックス・ヴェーバーを深く尊敬していたカール・ヤスパースがそれを知らされたとき、はなはだしい失望の色を示した話も伝えられている。

しかし、それは二十年近くも後の話だ。

いかにマリアンネが「プロテスタントのマドンナ」であったとはいえ、最初から性の充足を無視した結婚生活が、土台あり得るものだろうか……。

教授就任講演の大反響

エァルリングハウゼンの教会で式を挙げたあとの新婚旅行について、マリアンネはふたつのことを伝記で述べている。

ひとつは、旅先から、

「私たちはほとんど仲が好すぎるほどです」

という便りを出したこと。

もうひとつは、そうした蜜月のあいだにも、本気で癇癪《かんしゃく》を破裂させる場面にたびたび遭遇して、マックスの神経の敏感さを知らされたことである。

旅の途上、つぎの行先を決める意見の食い違いから、軋轢が生じたらしいのだが、たんにそれだけなら、マックスとマリアンネにかぎった話ではないだろう。

いまのわが国でも、海外へ出かけた新婚のカップルが、旅行の途中で喧嘩して、帰国と同時に離婚したという話は、珍しくない。

新婚旅行にかぎらず、どんなに親しい友人同士でも、長期の海外旅行をともにすると、一時はおたがい口をきくのもいやな仲違いの状態に陥ることが、間間あるものだ。

人間は、表面上は大した違いがないように見えても、じつは一人一人、それぞれに異なった文化を内に秘めている。

つまり、他人とは異文化である、といってもよい。だから、不慣れな海外の異文化のなかで、日常より尖った神経が、ごく微妙な差異にも過敏になるにつれ、判断と行動の歯車がなにからなにまで、一緒に行動する相手とも嚙み合わなくなってきて、どうにも我慢できない不快さを掻き立てられるのではないかとおもわれる。

父祖が共通のマックスとマリアンネも、生まれてから今日まで、まるで違った環境と文化のなかで育ってきた。

二人の新婚旅行先は、ロンドンであったのだけれど、かりにこれが国内旅行であったとしても、プロイセンを盟主とする北ドイツ連邦と、南の四邦（ヘッセン、バーデン、ヴュルテンベルク、バイエルン）を統一して生まれたドイツ帝国において、倫理的に厳格なプロテスタントが主流の北部と、比較的のんびりとしたカトリックが多い南部とでは、たがいに外国といってもいいくらい、文化と風土に大きな隔たりがあったろう。

しかし、マックスには、そうした一般論に還元できないところもあったのに違いない。

エミーに書いた数数の手紙からもわかるように、かれは相手の気持を徹底的に気遣う優しさをもつ一方で、自分でも制御しかねる烈しい癇癖《かんぺき》の持主でもあった。

幼いころ海水浴場に連れて行かれ、病弱のわが子を健康にしたいと願う母親の手で、水に浸《つ》けられたマックスは、見かねた周りの海水浴客が、そんなことはやめたほうがいい、というまで、やむことなく猛烈な声で泣きつづけた。

祖母のエミーリエは、家庭内では一見従順だった少年期のかれの心底に、激越な反抗性が潜んでいるのを見抜いていた。

堅信礼を迎えながら、まだ神を信じられずにいたころのかれは、世の中全体を敵視するような白眼がちの視線を、写真機にたいして向けている。

結婚する直前に、マリアンネに宛てて、「君はぼくを相手にうまくやって行くことの困難さを過小評価している」「君はぼくの気質的動揺に左右されないように、確固とした活動範囲を持たねばならない」と書いたのは、冷徹な科学者としての目を自分自身にたいしても鋭く注いでいるマックスの、まことに適切な忠告であり、的確な警告であったのだ。

新婚旅行から帰った二人は、自分たちだけの新居に入った。

父親の考え方と生き方に、共感できなくなった二十三歳のころから、一日も早く実現したいと望んでいた実家からの独立を、マックスは二十九歳で、とうとう果たすことができたのである。

新居の場所がどこであったか、マリアンネの伝記ではわからない。

マックスが独立を具体的に考えはじめたころ、他郷で勉強している妹クラーラに宛てて、シャルロッテンブルクから出した手紙に、「わたしはたぶん市内には引っ越さず、いろいろ不便はあっても、この市外にいるでしょう」と書いたことと、母ヘレーネがしばしば新居の様子を見に来たらしいことから推して、実家からさほど離れていない地域にあったとしてみよう。

とすれば、マックスがこれまで通り、そこからベルリン大学へ通う長い大通りの両側には、広大なティーアガルテンの緑が、延延と連なっている。

新婚旅行から帰って間もなく、一八九三年の十月一日付で、マックスはベルリン大学の助教授（商法担当）に任命された。

後述するように、そのポストはかならずしも本人の志望を完全に満たすものではなかったのだけれど、責任感の強いかれは、週に十九時間もの講義と演習を受け持ったうえ、病床にある恩師ゴルトシュミットにかわって、国家司法試験の審査にあたる役目まで引き受けた。

時間がいくらあっても足りない仕事量なので、大学から帰るとすぐに、書斎に閉じ籠もり、夜更けまで出て来ない。

結婚後半年目には、二箇月間の将校演習に服するため、また東部国境のポーゼンに向かった。帰って来ると休む暇もなく、その間の仕事の遅れを取り戻そうと、ふたたび書斎に籠もりきりになる。

新緑の季節になっても、気分転換は時たまバルコニーに出て、束の間、外気にふれるだけでもう、かれにとっては十分なのであった。

自分とともにすごす時間が、ほんのわずかしかないのに業を煮やした新妻は、あるとき強引に書斎から引っ張り出して、ティーアガルテンを一時間だけ、一緒に散歩することに成功した。

マリアンネはヘレーネに宛てた手紙で、おおよそこんな風に伝える。

——その一時間は、わたしにとって天の贈物でしたが、かれにとってはたいへんな犠牲でした。かれは身動きできぬほどの仕事を抱えて書斎に籠もり、家のなかが恐ろしいほどひっそりしているので、わたしはできるだけ邪魔をしないようにしています。わたしはかれの仕事と性格を完全に理解しているので、もっといい時代が来るのを辛抱強く待つのも苦しくはありません。……

けれど、その時代はなかなかやって来なかった。

結婚した翌年の秋、マックスはフライブルク大学に招かれて、念願の国民経済学の正教授の地位についた。

かれは週に十二時間の講義と、二科目のゼミナールを受け持ち、同僚の学者が休暇を取ると、その分の授業もみずから買って出た。

追い立てられた猟犬、とマックスは自称していた。講義のほかにも、いろいろの学問的な、あるいは政治的な集会に頼まれて講演を行なううち、その評判が高まって、かれは引っ張り凧になった。

マリアンネはつぎのように書く。

——講義を終えてすぐフランクフルトへ行き、夕刻そこで講演し、夜帰宅し、翌早朝デスクに坐ってその日の問題の準備をしながら日の出を見るということもあった。——彼の仕事の力は倍加したように見え、どんなこともやってのけた。普通午前一時まで仕事をし、それからすぐ深い眠りに沈む。妻が注意すると彼は言った。「一時まで仕事できなければ、教授を勤めることもできないよ」……

いまここに引いたなかで、気になる箇所をもういちど繰り返せば、「普通午前一時まで仕事をし、それからすぐ深い眠りに沈む」。結婚して一年目の、三十歳の夫の生活態度としては、これはいささか不自然なのではあるまいか。

しかも並外れた大食漢であり、疲れを知らぬ精力家であることは、読者がすでに十分ご承知の通りである。

眠る間も惜しんで、学究としての活動に精励しながら、一方においてかれは、社交生活でも勇名を馳《は》せていた。

同僚との毎週の夜会や、九柱戯の夕《ケーゲルアーベント》（ボウリングとその後のパーティー）では、桁違いの酒豪ぶりを発揮し、愉快な逸話を披露して、仲間の人気を博したが、かれらの妻たちは、夫の夜の帰宅が、以前よりずっと遅くなった、と愚痴をこぼした。

郊外の料理屋で行なわれた宴会のときは、他のみんなが乾草《ほしくさ》運びの馬車に載せられて運ばれるほど酔い潰《つぶ》れてしまったのに、マックスは一人だけしっかりとした足取りで歩いて帰った。

学生たちとの祝宴では、ビール飲み競争で相手より格段に多い杯数を飲み干して、一同を仰天させた。

そんな夫を、マリアンネはこう形容する。

——一体この人間は、平和の時代にあって槍のかわりにペンを取ったゲルマニアの森の戦士のよみがえりであろうか？　それとも彼は、臣下たちを率いて決闘の場に赴く将帥ででもあったのか？　いずれにしても彼の風貌全体は教授型には当嵌《あてはま》らなかった。……

だが、このゲルマニアの森の戦士は、講義と講演、研究と社交には、能うかぎりの力を傾注しながら、妻と二人きりの生活には、ほんの少しの時間しか割こうとしない。

追い立てられた猟犬、と自称したかれはいったい、何にそれほど追い立てられていたのだろう。


「君はぼくを知らない」


前章で述べたように、性は人間のプライヴァシーの深奥に属する問題だから、他からはとうてい窺い知れるはずがない。

まして、同時代に生きた人が、すべて世を去ってしまった百年も昔の話である。

真実は所詮、謎であるとしても、性の問題は後年、マックスとマリアンネの双方にとって、実生活のみならず、学問上の重大なテーマにもなってくるので、まったく無視して通りすぎるわけにはいかない。

ここでひとまず、青春期から結婚にいたるまでの、マックスの性にたいする態度を、簡略に一瞥しておこう。

娘時代に、師父として尊敬してきたゲルヴィーヌスの求愛をうけて以来、官能的な情欲への嫌悪と罪悪感から逃れられずにいたヘレーネは、長男のマックスが初めて家を離れ、ハイデルベルクで学ぶことになったとき、おなじ大学の神学科にいた姉イーダの息子オットー・バウムガルテンに監視役を頼んだ。

読者は、プロイセンのユンカーの家に生まれたビスマルクが、ベルリンのギムナジウムから、ハイデルベルク大学へ進みたかったのに、そこに行けばビールを大量に飲む悪習に染まるかもしれない、と心配した母親にとめられて、おなじ北部のハノーファーにあるゲッティンゲン大学に入ったのをご存じのはずだ。

南部バーデンの大学都市ハイデルベルクの学生たちが、大酒を飲んでは放歌高吟して、不羈《ふき》奔放な青春を謳歌していることは、北部のプロイセンにも鳴り響いていたのに違いない。ましてヘレーネにとって、ハイデルベルクはそこで育った土地だから、身近に知っていた学生たちの乱痴気騒ぎに、わが子が巻き込まれるのを憂慮したのも、当然であろう。

案の定、マックスは学生団「アレマーニア」に加わって、酒豪と剣豪（？）への道を進みはじめた。

オットーは、父ヘルマンに宛てた手紙で報告する。

――マックスは「アレマーニア」の仲間と一緒になって、どんどん大きな危険を冒していきます。……

大酒に紅灯の巷はつきものである。

しかし、マックスはいくら飲んでも、娼家へ向かう一歩手前で、いつも踏みとどまったらしい。大学生活の三年目、かれはヘレーネにこう書き送った。

――自分のいままでの大学生活においては、いまになって気付いていることですが、なるほどたくさんの、まったく軽率なことをやってきました。しかし悪いいたずらはやったことがありません。それをやらなかったのは――当時もいまもこのように若く、誘惑は往々にしてすぐ身近にありましたが――そんなとき、いつも母上のことを考えたからです。……

それから八年後、マリアンネに結婚を申し込んだ手紙のなかで、マックスはこんな複雑微妙な暗示めいたことをいっている。

――君は多くの点でぼくには謎だったが、今ではぼくは理解している。しかし君はぼくを知らない。知っているはずがない。自然がぼくの内部に植えつけた不可抗的な生の情念を、その成果はさまざまであるにしてもどれほどぼくが努力して抑えようとしているかは君にはわからない。けれども母に訊いてみたまえ。母のぼくに対する愛情は――それがぼくの口を閉ざさせるのだ、ぼくにはそれに報いることができないので――、ぼくが道徳的な点では彼女の心配の種だったということに根差しているのを、ぼくはよく知っている。……

この叙述が、具体的にはどのような事実を指しているのか、いまひとつ判然としないが、想像を逞しくすれば、かれが結婚を間近に控えた二十八歳まで、童貞であった可能性も、まったく考えられないことではない。

母親や恋人に書いた手紙の文句では、当てにならないと、眉に唾をつける人も、きっと少なくないだろう。

すでに当時、そういう疑いを抱いた人がいて、学生時代、仲間に娼家へ一緒に引っ張られて行くといったことを、どうして免れ得たのか、と訊ねたのに、かれは答えた。

わたしはかれらと闘って壁に押しつめ、みんな酔い潰してしまったのだ……と。

マックスの酒の強さを知る者は、この言葉の説得力を認めざるを得ないであろう。

そのころのかれについて、マリアンネは伝記にこう書きつける。

——彼はほかの連中の手本に従わなかった。当然の欲望に身を委ねるよりも、逞しい肉体から来る精神へのデモーニッシュな誘惑に敢てますます身を苛むほうを取ったのである。……

結婚した当座、あまりに根をつめて働きすぎる夫の暮し方について「不健康ではないか」という不安を妻が表明したとき、かれはつぎのような説明を行なった。

——ぼくの健康状態は、これまでの数年になかったくらい良好だ。かつてなんとも不愉快な性質の苦悩が、幾年もつづいていたころ、ぼくはたびたび抑鬱の状態に陥った。

いまそれに襲われずに済んでいるのは、持続的な仕事によって、神経組織や頭脳を休ませずにいるからだ。だから、そのなかに休止の時間をおきたくない。

自分が完全に回復したとおもえるまで、いままで味わったことがないほど幸せな現在の神経の安定を、弛緩に変えてしまうような虞《おそ》れのあることは、すべきでないと信じている。……

「なんとも不愉快な性質の苦悩が、幾年もつづいていたころ」、というのはむろん、収入がないために独立の念願を果たせぬまま、心が離れてしまった父の家に寄食していなければならない屈辱に耐えていた、あの長い歳月を指している。

その間に嘗《な》めさせられた、罪責の妄想をともなう絶望や焦燥や悲哀などの抑鬱感情に、ふたたび襲われることを、マックスは強く恐れていた。

そこにはまた、エミーをしばしば憂鬱のなかに閉じこめた神経疾患の家系に、自分も属していることへの潜在的な恐怖と不安も働いていたとみて、おそらく間違いあるまい。

さらにそれに関連していえば、前章で紹介した、マックスとマリアンネの結びつきは「知的道徳的友愛によって支えられていた。結婚生活での性的な充足は、マックス・ウェーバーには拒まれていた」というディルク・ケスラーの推理は、かれ一人だけのものではない。

ほかにも、双方の家系に伝わる神経疾患への懸念から、マリアンネとの間には子供を生まない熱い友愛関係で終わることを決意したように思われる、とする説がある。

しかし、いまから百年以上もまえの当時、そのような結婚生活は、はたして可能だったのであろうか。

有名なアメリカのマーガレット・サンガーが、機関紙「ウーマン・リベル」(リベルは謀反人、反逆者の意)で、産児制限の必要を説くキャンペーンをはじめたのは、一九一四年——。

マックスとマリアンネの結婚は、それより二十年もまえのことだ。

以下しばらくの記述は、シャーリー・グリーン『避妊の世界史』(金澤養訳)と、荻野美穂『生殖の政治学　フェミニズムとバース・コントロール』の教示による。

長く避妊は罪悪とされてきたキリスト教の世界に、それが広まりはじめたのは、十六、七世紀のフランスからで、主な方法は、膣外射精とスポンジ挿入のふたつであった。

イギリスの自由思想家リチャード・カーライルが、一八二六年に出した著書『女性必読の書《エブリ・ウーマンズ・ブック》』で勧めたのは、スポンジと男性用のグローブ（コンドーム）と膣外射精で、なかでも女性のほうが主体性をとれる方法として、スポンジを重視した。

イギリスの空想的社会主義者ロバート・オーウェンの長男で、アメリカに帰化したロバート・デール・オーウェンは、一八三〇年、避妊が道徳に反しないことを論じて、膣外射精を勧める小冊子『道徳生理学』をニューヨークで出版し、その二年後には、オーウェンの説に賛同したチャールズ・ノールトン博士が、手段としては膣外射精よりも、膣内洗浄法を勧める『哲学の成果』を刊行した。

これらの本の著者が、世の指弾の的となって、投獄をふくむ厳しい受難の運命に遭ったことは、いうまでもあるまい。

しかし、イギリスで『哲学の成果』を発売していた出版者が、一八七六年に猥褻の廉《かど》で警察に摘発されたとき、男女二人の社会運動家が法廷闘争に訴えたのが、ひとつの突破口となって、産児制限はしだいに真剣な論議と実行の対象になりはじめた。

一八八七年、イギリスで医師免許を取り消されたヘンリー・アーサー・オールバットが、その数年前に出版した『妻の手引』という家庭医学書には、医学的理由や貧困によって避妊が必要な場合の手段として、ドイツの医師が考案した新しいゴム・ペッサリーや、子宮頸管にかぶせるキャップと殺精子剤の併用や、洗浄液のなかに酢を入れる等の方法が、紹介されていた。

以上の抄録によって、なにをいいたいのかといえば、結婚前、フェミニズムの先駆者ベーベルの著書を貸してほしい、と頼んで、将来の夫を驚かせたマリアンネには、少なくとも知識としては避妊を考慮に入れる可能性が、あり得なくはなかった、という事実を指摘しておきたいのである。

これは、マックスのほうにもいえることであろう。

もうひとつ、イギリスの性科学者で、性の差異は、むしろ女性の優越を示している、と主張する『男性と女性』や、同性愛は生来の体質にもとづく、と説く『性の心理学の研究』を著すハヴロック・エリスが、子供を作らないという合意のもとで、「新しい女」イーディス・リーと結婚した（水田珠枝《たまえ》『男性vs.女性』）のは、マックスとマリアンネが結びつく二年ほど前であったことも、つけ加えておきたい。

エリスは妻を、永遠の子供、ピーター・パンのように愛したのだという。

子供を作らない結婚という考え方は、当時から存在したのである。

繰り返していうが、夫婦のプライヴァシーの深奥に属する性の問題は、他から窺い知れるはずがない。

真実はおそらく、未来永劫に謎であろう。

大袈裟なたとえと感じられるかもしれないが、しかし筆者は、あのカントの「物自体」とおなじように、理性ではついに窺い知ることのできない究極の謎として、その問題を意識しつつ、波瀾万丈といっても決して過言ではない、マックスとマリアンネのこれからの人生を追って行きたい、とおもうのである。

ユンカーの没落は不可避

さて、本章の主題であるマックスの有名な教授就任講演『国民国家と経済政策』について語るためには、もういちど結婚前の時期にまで、戻らなければならない。

九三年の三月ごろ、ベルリン大学の私講師であったマックスに、マールブルクとエルランゲンの二つの大学から、教授になれる可能性が伝えられた。それはまだ確実な話ではなく、マックス自身が強く望んでいたわけでもなかった。

四月には、プロイセンの枢密顧問官アルトホフとエックの二人から、ベルリン大学の商法担当の助教授にする、という話がもたらされた。(Professor extraordinariusは、そのまま訳せば「員外教授」だけれど、それではわれわれ日本人にはわかりにくいので、日独双方の大学事情に通じている安藤英治の訳語にしたがって、ここでは助教授とする)

アルトホフは、プロイセンの文部行政を総括する専制君主的存在であり、枢密顧問官エックは、法学部の民法の教授であったから、それは文部省とベルリン大学が合意しての話に違いなかった。むろんマックスは光栄に感じたけれど、諸手をあげて喜ぶというほどではなかった。まえにも述べたように、かれの学問的興味は、法律学から国民経済学に移りつつあったからである。

ベルリン大学の話が決定するまえに、フライブルク大学から、国民経済学の正教授に推薦する、との報が伝えられてきた。

すでにバーデンの文部当局とも交渉が行なわれていて、二週間以内には任命されることが、ほぼ確実だというのであった。

だが、それは実現しなかった。どうやら、アルトホフが、ヴェーバーはフライブルクの教授ポストを一時の踏台に利用しようとしているだけだ、という噂を、バーデン側に流したからであったらしい。

結局このときは、ベルリン大学の助教授に就任したのだけれど、その間の経緯から、マックスの心中には、プロイセンの大学行政にたいする不信感が生じたようだ。

翌年、ふたたびフライブルク大学からの招聘をうけたとき、マックスはもうそのチャンスを逃さなかった。

かれを惹きつけたのは、まず、さまざまな分野の境界領域に位置していて、そこからさらに文化史や思想史や、哲学上の諸問題にも道が通じている、国民経済学という若い学問の魅力であった。

それにもうひとつ、長年にわたったビスマルク体制の下で、すっかり保守化し官僚化したベルリンを離れ、いまなお自由主義の雰囲気が濃い南部のバーデンへ行って、ユンカー支配のプロイセントゥム（プロイセン独特の政治、経済、社会、文化の構造全体）を、いちど徹底的に対象化してみたい、という学問的欲求にも衝き動かされていたからではないか、とおもわれる。

フライブルク大学における第二ゼメスター（ドイツの大学は年二学期制）の開始にあたり、慣例にしたがって、マックスが行なった教授就任講演『国民国家と経済政策』は、経済の発展過程の本質は権力闘争であると断定し、プロイセンを支配してきた地主貴族《ユンカー》の没落は不可避と宣告するなど、刻薄なまでに苛烈な論調によって、ドイツ中の学界と論壇に、賛否の両論が渦巻く非常な反響を呼ぶものとなった。

講演はまず、マックスにとって目下の学問的フランチャイズである東部国境地帯の現状分析からはじまる。田中真晴《まさはる》の訳に頼って、当方なりに要約すれば……。

――東部の国境地帯では、瘠せた土地ほど、ポーランド人が多い。それは、ドイツ人が肥えた土地を選ぶからだ、と考える人がいるだろう。見当外れではないが、全く正確とはいえない。

ひとつには、ポーランド人の生活水準にたいする要求が低いため、瘠せた土地にも耐える力が強いからであり、その一方で、豊かに肥えた東部の領主地からも、ドイツ人の農場日雇労働者の流出はつづいている。

なぜドイツ人は立ち去るのか。

故郷にいるかぎり、自分も子孫も、旦那《だんな》（ユンカー）の召使として生きるしかなく、それにはもはや我慢できないからである。

かれらを遥かな地へと駆り立てるものは、よくいわれる大都会の享楽生活への憧れだけでなく、もっと素朴な理想主義で、それを見抜けないのは、自由の魔力を知らぬ人だ。

こうしてとくに甜菜《てんさい》（砂糖の原料）の栽培地域には、これまで家父長として支配してきた領主にかわって、一種の実業家層と、ポーランド人の出稼ぎ労働者が進出してきている。

進行しているのは、容赦のない経済闘争で、そこに平和は存在しない。人間と人間の苛酷な闘いを経ずして、この世の権力と支配を手にすることはできない。

しかし同時に、利他主義にもとづかぬ経済政策というのもあり得ない。われわれの努力は、未来の世代のため、すなわちわれわれの子孫に配慮してなされるべきで、楽観主義的な希望にもとづいて、経済政策上の事業を起こしてはならない。

人類が未知の未来へ入って行く門の上には、安易な平和と幸福の夢を戒めて、つぎの句が掲げられている。――一切の望みを棄てよ、と。（ダンテの『神曲』で、地獄の門に記された言葉）

われわれの世代が、墓場に入ったあとのことまで考えるなら、問われるべきなのは、未来の世代が、どのような暮しをするか、ではなくて、どのような人間であるか、でなければならない。未来の世代の安穏を願うだけでなく、人間としての偉大さや気高さを感じさせる資質を、人びとの心のうちに育て上げたい。

これからの人間の学――すなわち経済学にとって、なによりも大切な問題となるのは、経済的・社会的な生活条件によって育て上げられる人間の質だ、という認識である。

経済学は、分析し解明する科学としては、国際的な性格をもつ。しかし、いったん価値判断を行なうとなると、われわれの人間性の特質と分かちがたく結びついたものとなる。この現象は、われわれが自分たちの民族的特性を脱しきったとおもうとき、じつはもっとも強く現われることが多い。

幻想に陥らぬようにしよう。われわれの理想を、未来の世代に押しつけることは不可能だ。しかし、未来の人びとからわれわれの事業が、これこそ自分たちの祖先の特質だと高い評価をうけられるようになるのは、望んでかなうことである。われわれは、いまの仕事と特性とによって、未来の世代の祖となれるようにしたい。

ドイツ人の国家の経済政策は、ドイツ人の経済学者の価値判断の基準とおなじように、ドイツ的でしかあり得ない。

経済の発展が、国境を越えて、諸国民をつつみはじめたいま、事情は違ってきたのだろうか。経済がそのような段階まで発展したあと、「国民主義的」な価値判断の基準や経済政策は、「国民的利己主義」とおなじように、屑籠に捨てられるべきものなのであろうか。

では昔からつづいてきた、家族が経済的に自立して、一家を養うための闘いは、国民的な経済社会に組みこまれたのち、価値のないものになってしまったかといえば、そんなことはあり得ない。

われわれが子孫に餞《はなむけ》として贈らなければならないのは、平和や幸福ではなく、われわれの国民的な特質を守りぬき、いっそう発展させるための永遠の闘いだ。

自分たちの経済的文化を、できるだけ発展させ得たなら、それでもう仕事は終わったと考え、あとは自由で平和な経済的闘争の淘汰作用にまかせておけば、結局、より高度に発展した型の国民が勝つだろうというような、そんな楽観的な希望に、われわれはゆめゆめ耽ってはならない。……


ここで筆者が、いささか性急な差し出口を挟めば、ドイツがその後に辿った運命を知る者に、このあたりからしだいに高調してくるマックス・ヴェーバーの、経済的ナショナリストとしての主張は、相当に危険で、耳障りなものに響く。

だが、これはあくまでも百年前の言説で、しかも驚いたことに、現在の世界が直面している問題と、まったく無関係ではないということを念頭において、悲惨な大戦を経験したあとの人間としての批判精神を堅持しつつ、さらにつづく議論をお読みいただければ、幸いだとおもう。

そのなかには、いまの世界に吹き荒れている市場原理絶対主義と、アメリカの一極支配構造にたいして、一考を促す要素もふくまれているとおもわれるからだ。

——経済的な発展過程も、結局は権力闘争である。最終的な決定権をもつのは、国民の権力関心《マハトインテレッセ》（インテレッセには、関心のほか、利益および利害関係の意味がある）で、経済政策はそれに仕えなければならない。

経済政策に関する科学は、政治の侍女である。ただし、当面の権力者や支配階級が行なう日日の政治の侍女ではなくて、国民の永続的な権力関心に仕える侍女である。

国民国家とは、よく考えられるように、その本質を神秘的なヴェールで隠せば隠すほど、尊い権威をますものではなくて、まさに国民の現世的な権力組織なのだ。

その究極的な価値基準は、「国策」である。そういえばまた、奇妙な誤解をする人が多いが、最終的な決定権をもつのは、ドイツ国民とそれによって形成されるドイツ国民国家の、経済的および政治的な権力関心でなければならない、という意味である。

このようにわかりきったことを、ことさら指摘するのは、われわれが幻想に陥りがちで、本能や同情や反感の虜になりやすいからだ。

ここで重要になってくるのは、国民の政治的成熟の問題である。

プロイセンという国で、王室はずっと、政治的にはユンカーを頼りにしてやってきた。南ドイツのひとびとは、ユンカーという名称を聞くだけで、なにか不快な感じをうけることを、わたしはよく知っている。ここでわたしが一言でも、ユンカーの肩をもつようなことをいえば、みなさんにはプロイセンの方言でしゃべっているように聞こえるだろう。

ユンカーは自分たちに与えられた力を、歴史にたいして責任を負えるようなやり方では、使用してこなかった。いやしくも市民階級《ブルジョアジー》出身の学者たるものが、かれらに愛着をもたねばならぬわれは、少しもない。

にもかかわらず、過去においてユンカーの政治的本能の力が、国家の権力政治に寄与する強力な基本財産のひとつであったことは、確かである。

だが、ユンカーは今日すでにその任務を終え、生きるか死ぬか、の経済闘争に巻き込まれており、国家のいかなる経済政策をもってしても、かれらをその闘争から救い出して、昔日《せきじつ》の社会的面影を回復させることは、もはや不可能だ。

かつてプロイセンの支配階級の堡塁《ほうるい》であり、官僚層の社会的な継ぎ目であった東部の領主屋敷が崩壊するにつれて、政治的本能の重心の所在は、不可避的に都市へと移行しつつある。

では、ユンカーの政治的職務は、どのような人たちに受け継がれ、また、その人たちは、どのような政治的使命を担っているのであろうか。

わたしは、市民階級の出身で、自分でもその一員であると感じ、市民階級の物の見方と理想のなかで、育まれてきた。

しかもなおかつ、いかなる階級のだれにたいしても、自分自身の属する階級に向かってさえも、嫌がられる発言をすることこそ、われわれの科学の使命である。

はたしてドイツの市民階級が現在、国民の政治的指導階級となるに足りるほど、政治的に成熟しているか、と自問してみると、いまのところわたしは、しかり、と答えることができない。

ドイツという国が創り出されたのは、市民階級の力によるものではなかった。この国が創られたとき、国民の頂に立ったのは、市民という林とは別の林から出てきた、あのシーザーのような人物（ビスマルク）だった。

国民は、自分たちの手で成し遂げたわけでもない政治的統一に、すっかり満足して、成功に酔いしれ、若者たちは非歴史的で非政治的な、一種の奇妙な精霊に取り憑かれている。

われわれは幻想のヴェールを取り去って、自分たちの立つ位置と運命をよく見きわめなければならない。

それは、われわれが生まれながらにして、政治的な亜流に属する、という苛酷な運命である。

ドイツ市民階級の政治的未熟は、経済のせいでも、利権政治のせいでもない。それはひとえに、昔から非政治的であったことによる。

だから、ドイツ市民階級の政治的将来にとって、いちばん深刻なのは、その政治教育の遅れを取り戻すことが、すでに遅きに失しているのではないか、という問題なのだ。……

学問と政治の迫間《はざま》で

フライブルク大学は、十五世紀の中頃にまで溯れる長い歴史を持ち、国内最古のハイデルベルク大学とともに、このころ勃興した西南ドイツ学派（バーデン学派、新カント学派）の拠点となったところだ。

それにしても、フランスとの国境に接するバーデンのいちばん南の端にあって、シュヴァルツヴァルト（黒い森）の山なみを背負う大学町で行なわれた三十一歳の新進国民経済学者の教授就任講演が、どうしてドイツ中の学界と論壇に、激しい賛否両論の渦を巻き起こしたのか、不思議におもう人がいるかもしれない。

講演のあと、賛成を遥かに上回る数の反論に遭遇したマックスは、ただちに草稿に若干手を加えた書物を公刊した。

これが小冊子ながら、その論調のいわば前例のない過激さによって、学界の中枢部のみならず、論壇と政界の左右両翼をともに強く刺激したのである。

長くプロイセンを支配してきたユンカーの没落を必至と断じ、それに代わるべき市民階級の政治的未成熟を鋭く突いたマックスの論鋒は、さらにマルキシズムを信奉する知識人と労働者階級にたいしても向けられる。

前章に引きつづき、講演の最後のくだりを、当方なりに要約するまえに、カール・マルクスとマックスの時代的な関連を、簡単な年譜風に記しておきたい。

マルクス エンゲルスの『共産党宣言』が、最初にロンドンで公刊されたのは、マックスが生まれる十六年前――。

マルクスの『資本論』第一巻が発刊されたのは、脳膜炎の後遺症で大きな頭をした三歳のマックスが異常な怯えやすさを示し、エルフルトの生家の中庭にいる鶏を怖がっていたころであった。

大学二年目のマックスが、一年志願兵役を受けるためシュトラスブルクへ向かうことになる年の春、六十四歳のマルクスはロンドンで没する。

遺された大部の草稿を、僚友エンゲルスが入念に編集し校訂して、『資本論』の第二巻が刊行されたのは、死の二年後で、同年にニーチェの『ツァラトゥストラはかく語りき』の全篇が完成し、四十部印刷された私家版のうち、七部が知人に贈られた。

マルクス主義を奉ずるドイツ社会主義労働者党等の代表が、パリに集って第二インターナショナルを結成した一八八九年、マックスは法学博士の学位を取得し、ドイツとの国境の川に面したオーストリアの小さな町で、アドルフ・ヒトラーが産声をあげる。

翌年、社会主義者鎮圧法の軛《くびき》を脱した社会主義労働者党は、総選挙で一気に躍進したあと、社会民主党と名を変えて、党勢をさらに拡大していた。

『資本論』の第三巻が刊行される九四年の秋に、フライブルク大学に招かれたマックスは、翌年の第二ゼメスターの開始にさいして行なった教授就任講演を、おおよそつぎのようにしめくくった……。

――ドイツの天頂にあって、わが国の声価を地球上のすみずみにまで照り輝かせたあの強烈な太陽（ビスマルク）は、市民階級の徐徐に発達しつつあった政治的な判断力を、焼き滅ぼしてしまったように見える。

そして大ブルジョアジーの一派は、あまりといえばあまりにも露骨に、新しい独裁者の出現を待望している。（筆者註――このときアドルフ・ヒトラーは満六歳、翌年からの小学校生活をかれは才気に富んだ優等生としてすごす）

では、自分たちこそ未来の担い手であると誇らかに名乗り出ている近代的プロレタリアートに、政治的指導階級となれる見込みはあるだろうか。

いま、ドイツの労働者階級に向かって、きみたちは政治的に成熟している、とか、成熟しつつある、という人がいたら、それはいかがわしい人気取りの追従口でしかない。たしかに労働者階級の最上層部は、自分たちの利益を守るための経済的な闘争と組織の能力において、成長はしているけれども、政治的には、労働者階級の指導権を独占しようと企んでいる一派のジャーナリストたちが、そう信じさせようとしている水準より、まだまだ遥かに未熟なのだ。

市民階級からの落伍者であるこれらジャーナリストの仲間うちでは、百年前の思い出（フランス革命）をもてあそぶことが好まれている。

しかし、ドイツ労働者階級の最上層部には、あの革命時のフランス国民公会に漲っていた反抗的な実行力の閃きも、強烈な国民的情熱の息吹も、ほとんど感じられない。

かれらには、政治的指導という使命を帯びた階級につきものの偉大な権力本能が欠けている。われわれは、他の階級にたいしてと同様、労働者階級にも政治的成熟の度合を問う。国民にとってなにより破滅的な打撃は、政治的教養のない素人に指導されることで、わが国の労働者階級はその点でまだ素人の域を脱していない。それゆえにこそ、政治的には、われわれはドイツ・プロレタリアートの反対者となるのである。

いったいイギリスやフランスのプロレタリアートの一部は、どうしてドイツのプロレタリアートと違った性格をもつことができたのだろうか。

イギリスの労働者階級が、組織的な経済闘争によって、いちはやく経済的教育を習得したせいばかりではない。主たる理由は、政治的な契機による。世界的国家という立場上、国家がたえず大規模な権力政策的課題に直面させられ、国民が日ごろから政治的訓練をうけてきたゆえなのだ。いまや、はっきりしているのは、巨大な政治的教育事業が行なわれなければならない、ということ、わが国民の政治的教育こそ、われわれの科学の究極目標でなければならない、ということである。

もし地上の政権が、現世の威信を保つため、教会と手を結ぼうとするならば、それは政治的教育とはまったく逆のものとなるだろう。

もうひとつ——率直にいわせてもらえば——あちこちにうようよいる社会政策家たちの、千篇一律の遠吠えのごとき合唱もまた、政治的教育の反対物である。

政治的な理想を「倫理的」な理想に置き換え、さらに倫理的な理想と楽観的な願望を無邪気にも同一視するひとがいるが、それは気性の柔弱さを示すもので、人間としては敬愛されてよいことかもしれないけれど、政治的には信ずるに足りず、やはり政治的教育の反対物といわなければならない。

われわれが考えなければならないのは、歴史にたいする自分たちの世代の責任である。われわれは果たしてより偉大な時代の先駆者たり得るだろうか。それはまだわからない。

わたしはつぎのことだけをいっておきたい。自分自身と自分の理想に忠実であることこそ、青年の権利なのだ、と。

人間を老いさせるのは、歳月ではない。自然が与えてくれた大いなる情熱をもって物事を感じとることができるかぎり、そのひとは若い。

おなじように――これを講演の結びにしたいのだが――自分自身と自分に与えられた大いなる本能を率直に信じて、それに従う力と勇気を失わないなら、そして国民の指導層が、厳しい空気のなかに毅然として立ち得るならば、その国民はいつまでも若い。

そうした空気のなかで、ドイツの政治の冷静な事業は、真の国民的感情によって清められ、栄えていくのである。……

「歴史学派の門弟」

ドイツがその後に辿った運命と、今日にいたるまでつづく世界の激動の歴史を知って読む者に、マックスが教授就任講演『国民国家と経済政策』の結論として提示したナショナリズムの鼓吹は、やはり危険なものに感じられる。

ここまでの要約において省略したなかには、

——われわれは子孫にたいして歴史的な責任を負っているが、そのさいいちばん肝心なのは、どのような種類の経済組織をかれらに遺してやれるか、ではなくて、地球上でどれだけの権力的支配圏をかちとって、かれらに遺してやれるか、ということだ。

とか、

——（ドイツの）統一戦争のあと、海外への発展がつぎの積極的な政治課題となったとき、伝統的な大ブルジョアジーが、もし経済の初歩を知っていれば、ドイツの国旗があちこちの港にひるがえることが、わが国の遠洋通商にどれほど大きな意味を持つかを、理解できたはずだ。

といった箇所がある。

これらの主張に、とくに注目する後年の批判者が、マックス・ヴェーバーを「帝国主義者」と呼ぶのも、完全に的外れとはいえないであろう。

ただし、この講演がなされた時代には、ヨーロッパの列強が、各国それぞれに構想する世界戦略にもとづき、軍事、政治、経済のあらゆる面で、帝国主義的な角逐を熾烈に行なっていた事実も、はっきり視野に入れておかなければなるまい。

そこで、まず「穀物法」に焦点を合わせて、当時の国際情勢と経済学との関わりあいを、簡潔に把握しておこう。

イギリスが世界の商工業の覇者となって、植民地を世界中に広げていった十九世紀のなかば——。

完全な自由貿易を望むイギリスの商工業者は、それまで議会の多数派であった地主階級が、外国農産物の輸入を規制するために制定した「穀物法」の廃止をもとめ、マンチェスターに集まって、反穀物法同盟を結成した。

産業革命の端緒をなした紡績機械と織物機械、および蒸気機関の発明以来、もともと織物業が盛んな土地で、付近に炭田があったため、綿業の工場地帯として大発展したランカシャー地方の中心をなすマンチェスターの商業会議所は、かねてから穀物法反対の陣頭に立っていた。徹底した自由貿易主義者を呼ぶ「マンチェスター学派」の名は、ここに由来する。

新興の商工業者と、地主階級の激しい攻防のすえに、一八四五年から二年つづきでアイルランドが馬鈴薯の大飢饉に見舞われ、多数の餓死者が出たのが契機となって、穀物法は廃止された。

それによって保護貿易主義は終わりを告げ、すべての関税はしだいに廃止されて、全面的な自由貿易への道が開かれ、イギリスは世界に先駆けて高度資本主義の段階に入った。

これは、地主階級にたいする商工業階級の、封建主義にたいする自由主義の勝利であったが、同時に、先進国と後進国の格差の拡大と、資本主義の矛盾の激化をも意味した。

それまで木綿の輸出国であったインドは、逆に輸入国となり、ランカシャー産の機械織綿布によって、農村地帯の伝統的な綿布の手織業は潰滅的な打撃をうけ、甚だしい窮乏に陥って、イギリスの植民地支配を決定的なものにした。

イギリス国内でも、炭鉱や綿工場の労働者は、奴隷的な状態におかれ、新興工業地帯に流れこんで低賃金に甘んずる移民は、惨めなスラム地帯を形成しつつ、イギリス人労働者の劣悪な労働条件をさらに悪化させるという悪評の的にされて、人種間の摩擦が増大した。

こうした資本主義の矛盾にたいして、もっとも痛烈な批判者となったのは、もちろんカール・マルクスである。

それ以前に、経済的後進国として自国産業の保護の必要に迫られたドイツには、別の観点から、アダム・スミス以来の自由貿易論に反対する経済学者が現われていた。

イギリスで穀物法が廃止される数年前に、『政治経済学の国民的体系』を著したフリードリヒ・リストである。

かれの学説については、経済学にまったくの素人である筆者に、教科書としてまことにわかりやすかった小黒佐和子『経済学の理論と歴史』の叙述を引用させていただきたい。

「リストによれば、スミスの経済学は万民経済学であり、その理論は、分業と自由競争を前提とした富の理論、すなわち交換価値の理論であるから、この万民経済学にかわって国民経済学を、また、交換価値の理論にたいしては生産力理論を対置しなければならないというのである。つまり、一国民の富は、その国民が交換価値を蓄積するから大きくなるのではなくて、国民が生産力を発展させるから大きくなると考え、その生産力は、個人の精神的肉体的諸力、政治社会制度、自然的資源、物質的生産力に依存するとし、さらに、これらの生産力の諸要因を前提に、生産力を具体的に農業力、工業力、商業力として把握して、一国の生産力の発展は、工業力を基礎とした生産諸力の結合をとおして可能であると主張した。さらに、リストによれば、生産力の理論は、国内市場形成の理論でもあった。リストは、一国の富をつくりだすためには、国内市場の開発が外国に富を求めるよりも重大であることを強調し、生産力の発展を国内市場形成の問題として取りあげた。つまり、国内市場形成にもとづく生産力の増大は、工業力を中心とする農業力、および商業力の結合によって促進され、さらにそれは、政治力を媒介にして無限に形成されていくというのであった。以上のことを前提に、ドイツ国民の生産力増進をはかるためには、保護主義的経済政策が必要であることを、リストは強調したのである」

現代のわれわれにとって、あまり馴染みのないものとなった「国民経済学」という言葉は、このリストの学説に由来する。

アダム・スミスにはじまる「古典学派」の経済学者が、自分たちの学説を、世界中すべての国に普遍妥当するものと信じたのにたいし、リストは歴史的、民族的な制約と特色を帯びた経済の国民的性格を重視した。

また、物質的な富だけでなく、学問、芸術、文学など精神的な富も合わせたものを、富の総体として考えた。

リストは、経済を一国の国内に封じこめようとしたわけではなく、国民の経済的育成をなしとげて、将来の世界社会へ入る準備をさせることが、国民経済学の任務であるとした。

その学説を受け継いだロッシャー、ヒルデブラント、クニースらによって、「歴史学派」の経済学が形成される。

さらに、帝国主義的段階に入って激化した資本主義の矛盾が、深刻な社会問題や労働問題となって露呈されるにつれ、それらを社会政策によって解決しようと考えたのが、シュモラー、ヴァーグナー、ブレンターノらの「新歴史学派」である。

かれらを、ドイツ・マンチェスター学派は「講壇社会主義者」と呼んで、激しく攻撃した。

まだ無給の司法書記官試補であったころのマックスが、そのシュモラーらによって創立された社会政策学会に加わって、ドイツ東部の農業労働者に関する調査をはじめたのは、読者がご承知の通りだ。

このような流れにもとづいて、マックスは講演のなかでみずからを「歴史学派の門弟」と位置づけたのであった。

「汝自身を知れ」

公刊された『国民国家と経済政策』の「まえがき」から察するに、聴衆から最初に出たのは、これは教授就任講演というよりも、まるで政治家の演説ではないか、という疑問の声であったようだ。

それにたいして、マックスはいう。

経済のさまざまな現象を判断するにさいして、自分がどのような立場にたつか、その個人的で主観的な立脚点を、まず明らかにすることこそ、まさに教授就任にあたって述べるにふさわしい主題なのである……と。

これまでその点について繰り返し触れてきたように、かれは教授に就任するほんの少し前まで、自分は結局、本当の学者ではない、と考えていた。

むろん、すでに『中世商事会社の歴史――南ヨーロッパの文献による』や『東エルベ・ドイツにおける農業労働者の状態』などの労作によって、斯界の大家や権威を感嘆させるほどの才能と実績を示した新進の「学者」であるのには違いないとしても、かれはまた、刻刻と移り変わるドイツの現状から目を逸らすことができず、それをより望ましい方向に変えるために、なにか実際的な活動に携わらずにはいられない義務を感じている「政治家」であり、さらに仕事がどれほど多忙になっても、東部国境地帯での軍事演習への参加をやめようとしない予備役の「軍人」でもあった。

東部国境での軍事演習と、農業労働者の実態調査によって、かれはこれまで、プロイセンのユンカーが家父長的に支配してきた農場地帯が、一種の実業家層と出稼ぎ労働者の進出によって、いまやしだいにポーランド化しつつあるのを実感した。

一方、フランスとの国境に近いシュトラスブルクでの将校訓練では、対独「復讐《ルヴァンシュ》」を唱えるブーランジェ将軍の陸相就任によって引き起こされた、いますぐにでも戦争が起こりかねない一触即発の緊張した空気も体験していた。

『国民国家と経済政策』の底に一貫して流れているのは、そうした現実の経験から生じたマックスの、ドイツ国民としての強烈な危機意識である。

いまのわれわれには、「国民」という言葉さえ、すでに危険な響きを感じさせる。諄《くど》いかもしれないが、これはヨーロッパの列強が、帝国主義的な角逐を熾烈に展開していた時期の話で、マックスは自国ドイツを、政治的にも経済的にも、はっきり後進国と認識していた、という点に関して、いまいちどだけ重ねて念を押しておきたい。

マックスは自分を、市民階級の一員である、と明言する。

――ユンカーの時代は終わった。

それに代わるべきわれわれ市民階級も、次代を担うと名乗り出た労働者階級も、この内外ともに厳しい情勢のなかで、権力を正確に行使するに足りる政治的な熟練を、まだ身につけていない。

ビスマルクが去ったあと、われわれはすべて、政治的亜流に属する。

いまなによりわが国に必要なのは、先進国に伍して行けるだけの政治的成熟であり、そこにいたるまでの政治的教育である。

ではそのさい、価値の基準は、どこに求めるべきなのであろうか。

それは、ドイツ国民の権力関心《マハトインテレッセ》（「国益」とも解せよう）である。

世界中どこの国にも、同時に普遍妥当する経済理論というのは、いまのところ幻想にすぎず、現実にはまだ存在しない。

経済的な発展過程というのも、結局は権力闘争である。

ドイツ人の国家の経済政策は、ドイツ人の経済学者の価値判断の基準がそうであるように、ドイツ的でしかあり得ない。……

こうしたマックスの主張は、いかにも国粋主義に近いナショナリズムを鼓吹するアジテーションのように感じられ、もっぱら現実に追随して理想を欠いたリアリズムのようにもおもえる。

だが、ベルリン大学の教室で、トライチュケの講義に接したとき以来、学者が講壇から行なうアジテーションは、マックスにとって、もっとも嫌悪すべきものであり、人間の低劣な面にのみ目を向ける「現実主義」の文化や、ひたすら強者に追従しようとする「現実政治」なるものへの偏執も、疎ましく感ぜずにはいられないものであった。

よく検討すれば、いっさいの幻想や感傷を排して、政治と経済の現実を能うかぎり冷徹に見きわめることを求めた内容の随所に、人間の品位や尊厳を重んずる理想主義の香気が強く立ち籠めているのは、行間を深く読む人には疑いようがないであろう。

子孫の世代まで配慮した国民の永続的な権力関心が、経済政策の価値基準でなければならない、と主張する念頭には、つねに先進の帝国主義国が繰り広げる世界戦略のなかで、あくまでも自国を守り抜こうとする防衛の意識が、まず置かれていたはずである。

政治的には、ドイツ・プロレタリアートの反対者となることを表明しながら、深刻化する社会問題と労働問題に、とうぜん無関心でいられなかったのは、「貧者の牧師」ナウマンを指導者とするキリスト教社会派への接近と協力によって明らかだ。

その一方で、地上の政権と教会の権威との癒着にたいする懸念を示したのは、もともと宮廷付牧師の反ユダヤ主義者で、真意がよくわからないまま、アジテーターとして抜群の能力を発揮して、福音主義社会会議の主宰者となったシュテッカー等に象徴される動きへの牽制を意図したものとおもわれる。

経済の発展過程の本質は、権力闘争であると断じつつ、しかし、利他的でない経済政策はあり得ない、と論じたのは、貧困は個人の生き方の問題で、社会政策は無用であるとするドイツ・マンチェスター学派への、間接的な反撃であったのに違いない。

あちこちにうようよいて千篇一律の遠吠えのごとき合唱をしている社会政策家、とか、政治的な理想を倫理的な理想に置き換え、さらに倫理的な理想と楽観的な願望を無邪気に同一視する人たち、というのは、そうした傾向が、マックスの属する社会政策学会内に少なからず存在したことを推測させる。

そんなふうに幻想と現実、主観と客観、個別性と普遍性を、はっきり区別する基準をもたず、その自覚もないまま、なにもかも曖昧に混同して一緒くたにしている学者と知識人、学生にたいして、マックスは両者の峻別を要求した。

多くの人の耳に、最初、政治演説に聞こえた講演は、じつはのちの『社会科学および社会政策の認識の「客観性」』に発展していく学問論、方法論の出発点を示すものだった。

すでに過去のものとなったユンカー、自分たちの政治的未成熟に気づいていない市民階級と労働者階級、それを近代的プロレタリアートと煽《おだ》て上げるジャーナリスティックな知識人、容赦なく進行している苛酷な権力闘争の現実をよそに架空の幻想を語る学者、地上の権力と癒着したプロテスタント教会の一部の聖職者、政治的な理想と楽観的な願望を同一視する能天気な社会政策家、激化する資本主義の矛盾を無視して経済の徹底的な自由放任を唱えるドイツ・マンチェスター学派……。

つまりは、すべてのドイツ人にたいして、マックスは、

——汝自身を知れ。

というあのアポロンの神殿の箴銘《しんめい》を、公開の質問状として突きつけたのである。

それは、みずから「いかなる階級のだれにたいしても、自分自身の属する階級に向かってさえも、嫌がられる発言をすることこそ、われわれの科学の使命である」と語った通り、学界の中枢部をふくめて、論壇と政界の左右両翼に向けた挑戦状でもあった。

講演とそれを活字化した小冊子が、賛成を遥かに上回る数の反論に遭遇したのも、いわば当然であろう。

先進国イギリスへの旅行

フライブルクの背後にひろがるシュヴァルツヴァルト（黒い森）は、遥かな遠い昔から森を愛し、森に蠱惑《こわく》を感じてきたドイツ人の多くが憧れる土地とされている。

マックスもその風光が気に入り、もう大都会には帰りたくないと感ずるくらい、周囲の豊かな自然に愛着を抱きはじめたのだが、日常はただひたすら仕事に没頭し、マリアンネの期待に反して、シュヴァルツヴァルトには速足の徒歩旅行をたった一度ともにしただけであった。

けれど、第二ゼメスターが終わって、休暇に入ると、マリアンネと一緒に、イギリスをおよそ一箇月かけて一周する海外旅行に出た。

ただし一箇所に三日以上はとどまらないという、妻の感覚からすればやはり駆足の旅であったが、そんな遽《あわただ》しい日程のなかでも、行く先先から、呆れるほど詳細な長文の手紙を、母ヘレーネに書き送っている。

イングランド、スコットランド、アイルランド……。どこの風景を見るときも、かれは国民経済学者としての目を忘れなかった。

たんなるリクリエーションの観光旅行ではなく、先進国イギリスの学問的な観察と実地調査を兼ねていたのに違いない。

スコットランドの中心都市エディンバラへ向かう急行列車の車窓から、かつて教会に所属していた村が消滅し、地主が所有する農業地帯に変わっている景色を見て、

——十四、五世紀の教会の建物は、昔のように五、六十軒の農家ではなく、わずか十数軒の労働者の小舎《こや》のなかに建っているので、まるで重い病気にかかって瘠せた人の服のように、信者の数に比して不釣合に大きなものになっています。

と、宗教の影響力がまざまざと衰えているさまを、具体的に観測する。

また、スコットランドのホテルの快適な魅力を分析して、

――わが国の大旅館が、街や村の居酒屋や商人宿から発展して、最後に現在の文化的な外観に至ったのにたいし、ここは最初に地主の狩猟用別荘からはじまっています。つまり、ドイツでは旅館の格がだんだん上がって宿泊客が上品になったのに、ここではかつて公爵や伯爵の持物であったところを訪れる客が、社会の最上層からしだいに下層へとひろがったのです。

と書く。

アイルランドからは、こう伝えた。

――(今日会話した人は)だれもが熱心な自治論者であることを公言しました。当然のことながら地主のなかに一切の禍根を認め、かれらを屈服させることを望んでいるからです。自治論者にとって好ましくないものとなった前回の選挙の結果は、多くの人を海外に駆り立てています。ぼくたちを案内した御者もそうで、合衆国へ行こうとしているかれは、アイルランドはいつか自治を許されるとおもうか？　自分はそうおもわないが、と聞きました。ぼくもそれは疑問におもう、と答えました。……

旅行の観察報告であり、備忘録でもあったのに違いないそうした長い便りを書くあいだ、妻はどうしていたのだろう。

――この旅行がマリアンネにとってどれほどよかったかは信じられぬほどです。モルモットのように十時間も寝るのです。神経的に遽しいあの新婚旅行というものとは全然違います。あらゆる点でこのように寛いだ感じは、わたしたちがいままで一度も知らなかったものです。……

起きているときの妻は、持前の知的好奇心を盛んに発揮した。アイルランドのいたるところに見られる廃墟に、すっかり魅了されたマリアンネは、そこに住んでいた人びとの秘められた歴史を知りたい、と引っきりなしに質問を発するので、

——なんとか彼女の欲求を満たすため、ぼくはたえず新しい歴史的物語を創作するのに、多少そのほうの心得があるのにもかかわらず、だいぶ困却しています。……

性の問題をぬきにすれば、これはいちおう微笑ましい若夫婦の姿と見ていいのではなかろうか。

旅行の途中、偶然、ベルリン大学でドイツ法律史の授業を受けたギールケ教授と一緒になったマックスは、二人でイギリス人の給仕を仰天させるような大食漢ぶりを発揮した。

——三人のウェイターは、ぼくらが何を出しても平らげてしまうので、しまいには途方もない量のローストビーフや鮭などを持って来ました。察するところ、そうでもしなければ、われわれが人間まで取って食いはしないかと心配したのでしょう。ウェイター達はテーブルの周りに立って、残された空の皿を驚愕の目で見つめていました。……

マックスのユーモアは、依然として健在であった。

フライブルク時代のかれについて、こんな挿話が伝えられている。

学生たちを引き連れて飲み屋へ行くたび、勘定を一手に引き受けるマックスは、月末にまた学生との集まりに出かけるとき、財布がすっからかんなのに気がついて当惑した。

マリアンネが同僚の学者の夫人に、借金を申し入れていると、そこへ姿を現わしたマックスは、ポケットから取り出した真新しい五マルク貨を、つぎつぎにテーブルに並べはじめ、どうしたのかという問いに、ゼミナールの金庫から一時拝借して来たのだ、と答えて呵呵大笑した。

われわれはみな、そういうヴェーバーの性格を愛したのだ……と、ハイデルベルク大学の同窓

生でもあった同僚の学者は、回想記にしるした。

むろんこれは、確固たる倫理的バックボーンを保持しているのが、だれの目にも明らかで、しかも放胆でユーモラスな人間味に溢れていたマックス・ヴェーバーにして、初めて可能なことである。

わが国のよい子のみなさんは、どうか決して真似をしないように……。

エルゼの登場

マックスが少年のころ、父親とおなじ国民自由党の代議士で、シャルロッテンブルクの家のサロンに集っていたハインリヒ・リッカートの同名の息子は、このころフライブルク大学で、哲学科の私講師をしていた。

リッカートのほうが一つ年上なだけで、ともに国民自由党の代議士だった父親と同名であることなど、二人の境遇はじつによく似ている。

まだ私講師ではあったけれど、やがて西南ドイツ学派（新カント学派）の代表者となるリッカートは、すでにマックスも高く評価した博士論文『定義論』や、教授資格取得論文『認識の対象』などで、学界に頭角を現わしはじめており、その夫人のゾフィーは彫刻家であった。

妻であり母であって、なおかつ入魂の芸術的創造に打ちこむゾフィーに、マリアンネは新しい女性の典型を見た。

自分も向学心に燃え、一時は美術にかかわる仕事で自立したいと願ったマリアンネにとって、リッカートとゾフィーの関係は、理想的なものに感じられた。

彼女はゾフィーと親交を結んだだけでなく、リッカートの私講義と私ゼミナールに出席して、

「認識論」の勉強をはじめた。

大学の講義室に、男性以外の姿は認められなかった当時、マリアンネは最初の女性受講者で、はなはだ目立つ異例の現象は、とうぜん周囲に波紋をひろげずにはおかなかった。

フライブルクにわが子夫婦を訪ねてきた母ヘレーネが、そこで耳にした二人の評判は、かならずしもよいものばかりではなく、とくにマリアンネにたいする風当たりが強かった。

はるばるベルリンからやって来たヘレーネは、だれにそんな話を聞いたのだろう。邪推とすれば申し訳ないが、フライブルクでギムナジウムの教師となり、すでに子沢山の家庭を作っていたフリッツ・バウムガルテンであろうか。(かれの母イーダは、たびたびフライブルクに来て、わが子とマックス双方の家庭の様子を知っていた)

情報源がだれであったかは別として……。

マックスの家の応接間に飾られたエッチングには、男女それぞれの裸体を描いたもののもまじっていた。

伝統的な醇風美俗を重んずる人には、いささか抵抗を感じさせるそんな画の下のソファーに坐って、おおむね男ばかりの訪問客がかわす雑談や、学問的な議論のなかに、ときどきマリアンネが割って入って、ややもすればかなり耳障りな――つまりフェミニズム的であったり、革新的であったりする――意見を述べる。

このフライブルク時代にかぎらず、マックスの没後も、友人たちの回想に出てくるマリアンネの評判は、あまり芳しくない。

おそらく、家父長制倫理がとくに強かったプロイセンだけにとどまらず、当時のドイツ人男性一般に刷り込まれていた男尊女卑の心理と生理が、無意識のうちに彼女の言動にたいして、抑えがたい違和感を抱かせたのではないか……というのが、筆者の推理である。

マリアンネが鞶甓を買っているのに気づいたヘレーネは、少なくとも裸体画のエッチングは壁から外したほうがいいのではないか、という懸念を口にしたが、マックスは取り合わなかった。

家庭の主婦が、家事をそっちのけに「認識論」の講義に出席するのは、果たして正しいことであろうか、という非難の響きを帯びた疑問の声も、生活と意識のいろいろな面で旧套《きゅうとう》と因習を打破しようとしているマックスとマリアンネの信念を変えることはなかった。

では、結婚前に、二人のあいだで意見が食い違った家事労働の一件は、あれからどうなったのだろう。

すでに結婚した当初から、マリアンネ自身の伝記の表現によれば、「従順に甲斐々々しく働くことを神の定めた生活様式のようにみなし」「献身的な忠実さをもって」ヴェーバー夫妻に仕える一人の娘が、家事を助けていた。

マリアンネのフェミニズムは、東プロイセン出身の彼女ベルタの、途中で結婚してからも生涯かわることなくつづけられた献身的な家事労働によって、ずっと支えられたのである。

ところで……。

マリアンネはある夜、フライブルク大学の哲学科の教授アロイス・リールの家の優雅なサロンで、きわめて個性的な魅力を鮮やかに発散するプロイセンの貴族出のうら若い女性と知り合った。

マックスとマリアンネの人生において、これから重要な役割を演ずるエルゼ・フォン・リヒトホーフェンである。

オイディプスの悲劇

マリアンネより四つ年下で、このとき二十歳のエルゼ・フォン・リヒトホーフェンが、どのような家系の出身であるかは、D・H・ロレンスに関する伝記的研究によって知ることができる。なぜかといえば彼女の妹フリーダが、のちにロレンスの夫人となるからだ。ロベルト・ルーカス『チャタレー夫人の原像　D・H・ロレンスとその妻フリーダ』(奥村透訳)に描き出されたリヒトホーフェン男爵家の歴史は、マックスの目下の研究主題である地主貴族《ユンカー》の没落過程の、典型的な一例ともいえる。

十九世紀の初頭、リヒトホーフェン家は、シュレジエンに二万エーカーの領地を所有して、甜《てん》菜《さい》を栽培し、砂糖工場を経営して、豊かに暮していた。

さよう、王太子時代は平和主義者とおもわれていたフリードリヒ大王が、即位と同時にオーストリアと領有権を争う戦争をはじめて、プロイセンの領土にした、あのシュレジエン(現在は主にポーランド領)である。

領有から少しして、ベルリンの化学者マルクグラーフが、それまで家畜の飼料であった甜菜の根から、当時全世界の需要を充たしていた熱帯産の砂糖黍にはおよばないにしても、かなりの糖分が採れることを発見した。

かれの弟子で、その研究を完成したアッハルトに、プロイセン国王はシュレジエンに広大な土地をあたえ、一八〇三年に世界最初の甜菜糖工場を建設させた。

一帯のユンカーも続続と甜菜の栽培と砂糖製造に乗り出し、ナポレオンが自国の甜菜糖産業を保護するため、一時「大陸封鎖」の政策をとったせいもあって、シュレジエンは好景気に沸いた。だが、封鎖政策は失敗に終わり、自由貿易の進展につれ、イギリスの植民地から大量に運ばれてくる安価な砂糖に圧倒されて、規模を拡げていた甜菜糖産業は甚大な打撃をこうむり、リヒトホーフェン家は、その損害を取り戻そうと手を出した投機にも失敗して、領地と財産をあらかた失ってしまった。

シュレジエンはその後、品種の改良と生産方式の合理化に努め、甜菜糖産業地帯として重要な地位を取り戻すのだけれど、リヒトホーフェン家がその一翼を担うことは、もう二度となかった。

先祖からの土地を受け継ぐ将来を閉ざされたフリードリヒ・フォン・リヒトホーフェンが、年少にして軍人を志し、工兵隊の士官候補生になったのは、国王ヴィルヘルム一世が、議会の反対を押し切って軍備を拡張するため、ビスマルクを宰相に起用した一八六二年である。

ときには同僚と決闘も辞さぬ典型的なプロイセン将校に育ち、鉄血宰相ビスマルクがつぎつぎにはじめるいくさに従軍したフリードリヒは、普仏戦争の前線で傷を負って、敵軍に捕えられた。間もなくアルザス＝ロレーヌ地方における仏軍最強の要塞ストラスブールと、第二の要塞メスが相次いで陥落し、フランスは降伏したので、捕虜の期間は短かったのだけれど、負傷で右手が不自由になったかれの軍歴は、そこで終わった。

中尉の階級と鉄十字勲章を得て退役したかれは、ドイツ領となったロートリンゲン（ロレーヌ）地方を統治する民政官の一員となって、メッツ（メス）に住み、やがてフランス系の弁護士の娘と結婚する。

二人のあいだに生まれた三人の娘のうち、長女のエルゼは、並外れた聡明さと勉強熱心によって、二人の妹の生涯変わらぬ尊敬の的となった。

五つ下のフリーダも、成績はよかったけれど、寄宿女学校の先生から親に苦情が伝えられたりもする奔放な性格で、また「貴族の娘」であることに強い誇りを持っていた。

そうには違いないにしても、現実には「貧乏な男爵の娘」であったのだが……。

さらに三つ下の妹ヨハンナは、そろって容貌に恵まれた姉妹のなかでもとりわけ美しく、メッツ郊外の家を訪ねてくる客の多くは、最初の挨拶につづいて、彼女のかわいらしさに感嘆する言葉を口にせずにはいられないほどであった。

没落貴族で退役軍人の父フリードリヒは、すこぶる格式と威厳を重んじ、プロイセンの官僚の大部分がそうであるように、新生ドイツ帝国の目覚ましい隆盛と、自分の個人的勝利を同一視して、低い階級の者や被支配者に、優越を示す態度で接した。

そうした環境のなかで、二人の妹にからかわれるほど、いつも机にかじりつき、勉学に没頭していたエルゼは、しだいに社会的な不平等や矛盾に気づいて、真剣におもい悩む娘に育った。

貧しいながらも、自分たちに恵まれている人生のささやかな楽しみさえ、一家の洗濯婦サイデル夫人の家庭にはあたえられていない事実に、どうしても耐えられない。

彼女は二人の妹に命じ、何箇月にもわたって小遣いの一部を醵出《きょしゅつ》させ、むろん自分の分も合わせて、クリスマス・プレゼントを買い、サイデル夫人の八人の子供達それぞれに贈った。

エルゼが学んだ寄宿女学校は、フライブルクからさほど遠くない高原の牧歌的な風景のなかにあった。

母親の幼友達である経営者で、高い知性の持主であった未婚のブラス姉妹は、通常の花嫁学校の教育課程の域を遥かに越えるさまざまな教養を、この抜群に成績が優秀な生徒に授けた。

おそらくエルゼは、そこからもっと上の学校へ進んで、勉学をつづけたかったのに違いないが、ドイツの大学の門は、まだ公式には女性に開かれていなかった。

アンゲリカ・ワーグナーの論文『ドイツにおける女性教育の過去と現在』(大貫敦子訳)によれば、この十九世紀のなかばに、ドイツにおける女性運動がはじまって以来、最初に掲げられた目標のひとつは、できるだけ多くの女性に、より高度な教育の機会をかち取ろうとすることだった。

中世のころから、初等学校で読み書きや計算などの基本的な教育はうけられたが、大学に通じる古典語教育を主とした伝統的ギムナジウムの入口は、女子には閉ざされていた。

十八世紀の末から十九世紀にかけて、しだいに「良家の子女の女学校」が各地に作られはじめた。この物語とほぼおなじ一八九五年の時点で、初等以上の教育をうけた女子は、男子の十六万人にたいして、四万人である。

ドイツの大学の門戸が、女性に開かれたのは、一九〇八年——。

そして一九三三年には、女子の大学入学資格取得者が、全体の二八パーセントに上った。ドイツ女性の内に秘められていた向学心が、どれほど強かったかが窺われる。

エルゼは、大学の門戸が公式に開かれるずっとまえに、ハイデルベルク大学の最初の女子学生の一人になるのだが、その当時のことを、妹フリーダは回想記『私ではなくて　風が……』(二宮《たか》尊《み》道《ち》訳）に、こう書いている。

「私は十六歳の時に姉とハイデルベルクの講堂にはいってゆく沢山の男の学生たちの間を歩いていて本当に殉教者にでもなったような気がしたことを覚えています」

そんな時代の空気のなかで、エルゼが昂然とハイデルベルク大学の教室に向かって行ったのには、マリアンネとの結びつきが、ひとつの重要な契機になっていたのに違いなかった。

女性運動家の卵

三年前に高原の寄宿女学校を卒業したあと、フライブルクの街で教職についていたエルゼは、前章に記したように、大学の哲学科教授アロイス・リールの家のサロンで、マリアンネと出会った。

一生の友となり、かつ複雑きわまりないライバルともなったエルゼと、最初に顔を合わせたときの模様について、マリアンネの伝記は、なにも語らない。

だが、生涯にわたる長いドラマの出発点となった場所については、つぎのようにいう。

「哲学者A・リールの家では、一人の優れた女性の稀に見る優雅さとヴィーン的伝統によって高度の芸術にまで練り上げられている、きわめて知的な社交性というものを彼ら（ヴェーバー夫妻）ははじめて知った」

マリアンネとエルゼを引き合わせたのは、ここに書かれた優雅な女性（リール教授の養女）であったようだ。

エルゼが、工場監督官になりたい、という願望を、いつごろから抱いていたのか、正確にはわからない。

女性の工場労働者たちが、現在おかれている劣悪な条件の改善に尽くしたい、と考えたのが動機で、じっさいに彼女はその後、ハイデルベルク大学を経てベルリン大学へ行き、社会政策の重要性を説く新歴史学派の代表者シュモラーに学んで、経済学の学位を取得し、バーデンの工場監督官となって、念願を実現するのだが、少女時代すでに社会的な不平等と矛盾に真剣に悩んでいたところからすれば、その願望は早くから胸中に兆していたものと見ていいだろう。

一方、マリアンネも、以前からフェミニズムの先駆者ベーベルの著書『女性と社会主義』(邦題『婦人論』)に惹かれ、女性運動に献身したい、という夢に燃えている。

そんな二人のあいだで、言葉がかわされだした瞬間から、じきに話が弾み、やがて意気投合したであろうことは、想像に難くない。

内心の夢においては共通していたけれども、二人の外見——とくに男性にあたえる印象は、かなり対照的であった。

安藤英治『ウェーバー紀行』には、二人をともに知るある学者が、セックスアピールがゼロという意味で「プロテスタントのマドンナ」という尊称を奉られたマリアンネにはない女性的な魅力を、エルゼは一〇〇パーセントそなえていた……と語ったという話が伝えられている。

マリアンネは、そうしたエルゼを、新進国民経済学者の夫に紹介した。

つまりマックスは、フライブルクに来て、妻のほかにもう一人、まだ二十歳で輝くばかりの才知と向上心に溢れた女性運動家の卵を知ったわけである。

のちにバーデンの工場監督官に、エルゼを部下に加えるよう働きかけて、最初の女性官吏の誕生に力をかしたのは、マックスであった。

マリアンネの伝記の記述を、そのまま信ずるとすれば、マックスはしだいに妻以上に熱心な女権論者になり、やがて女性問題をめぐる公開討論において、女性運動に男性よりも遥かに激しく敵対する旧弊な婦人たちに、手厳しい警告を発して、運動の推進者や支持者の女性に、胸のすくおもいを味わわせたりもした。

こうしたマックスの、プロイセンの男性らしからぬ女性運動への理解と接近には、マリアンネとエルゼに先立って、母へレーネの影響もあったのかもしれない。

前述した女性教育の問題に関連していえば、かつてこんなことがあった。

国民自由党の代議士リッカート（哲学者の父）の夫人から、女性の教師に大学入学を許可するよう求める請願書が、へレーネのもとへ送られてきた。

ハイデルベルクの娘時代、当時の女子は学ぶ機会がなかった古典の教養を、ゲルヴィーヌスからあたえられていたへレーネの向学心の熾火《おきび》は、結婚してのちもずっと消えていなかった。

自分が古典語の文法と正書法や、歴史について正確な知識をもっていないのを、いまも残念におもっていたへレーネは、女子にも大学入学資格を取得する権利があたえられるべきだ、と考え、夫にいえばとうぜん猛反対されるに違いない請願書に署名して、リッカート夫人に送り返した。

これは大学の門戸が、じっさいに女性に開かれるより二十年もまえ、マックスがまだ無給の司法書記官試補で、しだいに精神的な乖離《かいり》が大きくなっていく父親のさまざまな圧力に、じっと耐えていたころの話である。

マリアンネとエルゼが知り合ったサロンの主アロイス・リールが、キール大学に望まれて去ったとき、後任の哲学科教授に、反対者もいたハインリヒ・リッカートを、マックスは強く推薦し、それは実現された。

マックスには、ハイデルベルク大学の哲学部から、国民経済学の教授に招聘したい、という申し出があった。

いまいるフライブルク大学でもそうであったが、このころまで国民経済学科は、哲学部に属していた。

マックスのフライブルク最後の学期（九六年冬学期）に、国民経済学科は法学部に移され、いわば社会科学としての独立を果たした。

そもそも古典学派の始祖となるアダム・スミスが学んだスコットランドのグラスゴー大学でも、経済学は道徳哲学の一部で、最初は『道徳情操論』で学者としての地位を確立したかれが意図していたのは、倫理学、法学、経済学を、総合的に統一する体系であったといわれる。

マックスが教授になったのは、経済学から倫理学的、文化科学的な要素がしだいに払拭されて、純粋な社会科学、専門科学に移行していく境目の時期にあたっていた。（さまざまな分野の境界領域になにより興味をもつかれにとって、おそらくそれは意に染まない変化であったはずだ）

フライブルクの学問的環境に、べつだん不満はなく、とくに交遊関係には別れがたい魅力があったのだが、ハイデルベルクが用意したのは、間もなく七十五歳の高齢で引退する歴史学派の最高権威クニースの後任、という椅子であった。

みずから「歴史学派の門弟」と称するマックスが、光栄に感じなかったはずはない。

加えてそこは、幼少時から馴染《なじ》んだ母方の故郷の地で、臍《ほぞ》をかむ後悔の記憶もないではないけれど、それゆえにいっそう眩しいような懐かしさを感じさせる青春時代の母校でもある。

結局、かれはフライブルクの二年半に感謝して別れを告げ、物心ついたころから、ネッカールの広い川面の煌《きら》めきが目に焼きついて離れない「アルト・ハイデルベルク」にもどった。

三木清も歩いた「哲学者の道」

マックスの母方の祖父ゲオルク・フリードリヒ・ファレンシュタインが、エミーリエ夫人の持参金を得て、ネッカール河畔の山の斜面に建設した三階建ての大きな邸宅は、修復されて真新しい姿に変わってはいるが、いまもおなじ場所にあって、「マックス・ヴェーバー・ハウス」と名づけられている。

現在の機能は、外国人にドイツ語とドイツ文化を教えるハイデルベルク大学の「国際学生センター」で、その背後というか、斜面のかなり上方を通っているのが、有名な「哲学者の道」——。ハイデルベルクで学んだ波多野精一や朝永《ともなが》三十郎、阿部次郎、天野貞祐《ていゆう》、九鬼周造、三木清……等、錚錚たる顔ぶれのわが国の哲学者も、さまざまな感慨に耽りつつ、その道を散歩したことであろう。

三木清が留学したのは、マックスの没後二年目の一九二二年だが、リッカートの自宅で行なわれるゼミナールには、ヴェーバー夫人のマリアンネも出席しており、そこで用いられたテキストは、出版されたばかりのマックス・ヴェーバー『科学論文集』であったという。(収録論文は『ロッシャーとクニース』『社会科学および社会政策の認識の「客観性」』『文化科学の論理の領域における批判的研究』『シュタムラーの唯物史観の克服』『職業としての学問』など)

そんな興味深い事実を述べたあと、
「ハイデルベルクにいた一年あまりのあいだ、私がもっともよく勉強したのは、マックス・ヴェーバーとエーミル・ラスクとであった」
と、三木清は『読書遍歴』に書いている。（後の名前は、本篇の最初の章に記したように、第一次大戦開戦の翌年、大学教授から下士官となって戦場に消え、マックスに深甚な衝撃と悲しみをあたえた、あのユダヤ人の哲学者だ）

筆者は先年、三木清を作中人物のモデルにした小説『映画監督』（新潮社刊）を書いたことがあったので、ハイデルベルクを訪ねた折には、ここはかれも、そのまえにはマックス・ヴェーバーも歩いたのだな……とおもいながら、「哲学者の道」を通って、あたり一帯を散策した。

眼下を流れるネッカール河の向こうに、古城と大学の建物群をふくむ街並を望むことができる山の斜面は、豊かな緑につつまれて宏壮な邸宅が散在する高級住宅地で、なかにはいまなお高い旗竿の先に団旗を翻す学生団《ブルシエンシャフト》の建物もまじっている。

急な坂道を下って行って、ネッカール河にかかる壮大な石造りの長いカール・テオドール橋を渡り、こんどは対岸から、山の斜面を眺めると、点在する大邸宅のなかでも、「マックス・ヴェーバー・ハウス」は、ひときわ目立って立派な建物だ。

それは、マックスの母方の祖先であるスーシェー家の財力が、どれほど豊かなものであったかを、如実に物語っているようにもおもえる。

しかし、マックスがフライブルクから移って来たとき住んだのは、そこではない。

学生時代と同様、そこには義理の叔父の神学科教授アドルフ・ハウスラート一家が住んでいたので、マックスが居を構えたのは、市街の一角であった。

どの辺であるかは、やはり安藤英治『ウェーバー紀行』の周到な調べによって知ることができる。

当時の市の住民登録に記録された住所は、レオポルト街五三番b。現在は、フリードリヒ・エーベルト街と名前が変わっている大通りで、大学の建物群に程近いところだ。

その息子夫婦の新居を、母ヘレーネが訪ねたいと願ったことから、よく知られた悲劇の幕が開く。

最愛の息子がベルリンを離れて以来、年に一度はドイツ西南端の大学町フライブルクまで長い旅をして、シャルロッテンブルクの家では決して味わえない静かな安息の数週間をすごすことが、母親には最大の楽しみになっていた。

とうぜんそれは、父親にとってはまったく気に入らないことだった。その間、絶対の家父長が一人だけ、のけ者にされ、ほったらかしにされてしまうのである。

とくにこの年は、ほかの何にもまして最優先されなければならない自分自身の仕事と日程の都合がある、という理由で、妻のハイデルベルク行きを、簡単には許さなかった。

プロイセンの家父長にとって、自己の従属物である妻が、みずからの意思で行動を決めることなど、断じてあってはならず、その点に関しては、ヘレーネの考え方もさほど変わりがなかった。

母親から、おそらく行間に涙が滲む文面で、楽しみにしていた訪問ができなくなった事実を告げられた息子と、父親のあいだに、手紙で強い調子のやりとりがかわされた。

結局、父親は母親と一緒に、ハイデルベルクの新居へやって来た。

息子にたいして直接、妻の行動を決定する権利は、すべて家父長の自分にあるのだ、と、断固として宣告してやらねば……と気負い立っていたのかもしれない。

そのあとに起こった事態について、マリアンネの伝記は、つぎのように記す。

「このとき、長いことくすぶっていた不幸が爆発したのである。息子は鬱積していた憤懣をもはや抑えることができなかった。熔岩は砕けた。途方もないことが起った。息子が父親を裁いたのである。女たちのいる前で審判がおこなわれた。何人《なんぴと》の声も彼を引止めなかった。彼は何一つ良心に疚《やま》しいことはなかった。あらゆる家庭内の難問題の今までのような穏便な処理にけりをつけるこの爆発に身を任せながら彼は気持がよくなった。問題は母の自由ということであり、彼女のほうが弱者だった。何人にも彼女に精神的圧制を加える権利はなかった」

読者はすでに、マックスが一見従順な少年時代から、じつは激越な反抗性を内に秘めており、いまも猛烈な癇癖の持主で、いったん攻撃性を発揮した場合、その論鋒がいかに痛烈きわまりないものになるかを、よくご存じのはずだ。

父親はこの段階まで、それを本当には知らない。

少年期には自分を偶像として崇拝する表情を示し、数年前にシャルロッテンブルクの家を離れるまで、少なくとも表面上は忍耐強く服従の態度をとりつづけてきた息子から、予想もしなかった突然の猛攻撃をうけて、ただ茫然とするしかなかったのではないか。

かりに若干の反撃を試みたとしても、年とともに俗物化していた父親は、論戦において桁外れの恐るべき破壊力をもつ息子に、まるで歯が立たなかったろう。

審判の具体的内容は、伝記には書かれていない。

マックスはこのとき父親にたいして、いったいどのような裁きを下したのだろうか。

対決から七週間後に

後述するような痛ましい結末を迎える事件から二十一年後、当時のことを語った母親の手記に、マックスは自分自身の手紙を添えて、弟妹に送った。

ヘレーネの手記は、夫との仲が疎遠になった最初の契機を、結婚して間もない時期にもとめ、以下の事柄を理由として挙げていた。

二歳の長男マックスが脳膜炎に襲われたときの恐怖と不安、長女アンナが生後間もなく世を去ったさいの悲哀、二女ヘレーネが四歳でジフテリアに奪われたことへの痛恨……。

つぎからつぎへと不幸に見舞われる妻の心痛に、夫はさしたる共感を示さなかった。

そのたびに開いていく夫婦間の距離は、妻がキリスト教の慈善運動と社会運動に熱意をもちはじめたのを、夫が喜ばなかったことによって、いっそう大きなものになっていった……。

ヘレーネはきっと、夫の急死に長いあいだ自責の念を密かに抱きつづけていて、自分なりの弁明を、子供たちに伝えておきたい、と考えたのだろう。

マックスは、その手記を同封した末弟アルトゥール宛の手紙に、要約すればつぎのように記した。（文中に出てくるクラーラは、マックスの十一歳下の妹、アルトゥールには二つ上の姉である）

この手記は本来、クラーラとわたしのために書かれたものだ。だが、いまとなってはどの子供も読んだほうがよいとおもう。

事柄はもうみんな昔のことで、だれもがより客観的に見られるようになっているからだ。われわれのパパは、ママをとても愛していた。一方、ママは自分自身の関心事（宗教的、また社会的な）について、パパの内心の同意を得たかったのだけれど、それは実現せず、ついには疎遠になってしまった。

事態は自分が感じていたより、遥かに深刻であったことに、パパは最後に気づいた。パパはママを理解していなかったし、自分自身の長所をも理解していなかった。もしママに自由をあたえていれば、パパはもっと幸福になれたろう。しかし、パパは生来、まるで違った生き方に慣れてしまっていたのだった。

当時は若かったきみの理解に役立つよう、いくつかの点について注釈を加えておこう。有名な歴史家ゲルヴィーヌスを、ママは熱烈に尊敬していたのだが、あるとき突然の欲望に駆られたかれに、犯されそうになるという恐ろしい経験をした。以後の彼女の精神と感性にとって、それは決定的な影響をおよぼすものとなった。

カールの家庭教師になった神学者フォイクトを、ママは自分の子供のように愛していた。オットー・バウムガルテンとともに、宗教的な浄化をもたらしてくれる年若の知己だったのだが、パパにとっては二人とも虫が好かず、宗教は欺瞞で、神学者は偽善者なのであった。

このときに生じた意見の対立は、わたしの心をもパパから完全に離れさせた。

決定的なのは、財産の問題であった。

それは十分の九まで、ママの側からのもの（祖母および伯父スーシェーの遺産）で、当時の観念では非常に大きな額だった。

ママはその財産の利子の、ほんの一部分だけでも、社会的に貧しい人びとのために役立てたい、と願った。

それはパパにはまったく理解できない考えだった。親切心に富んではいたけれど、社会問題を関心の外におく自由主義の時代に育ち、かつどんなに少額であっても財産の一部を妻の自由にさせるというのは、疑いをいれない重要な伝統に反する行為であった。

こうして、表面に現われない二人の葛藤は、強まるばかりだったが、パパの死後も、ママはそれを口にすることができなかった。

相手の口がもはや閉ざされてしまった以上、不公平になる恐れがある、と考えたからだ。けれど、急に子供たちにもわかってもらいたくなって、この手記を書いた。

彼女はあといつまで生きられるかわからない。どうかこの手紙と一緒に、ママの手記をカールに送ってほしい。そしてカールから、わたしのところへ送り返すようにしてもらいたい。

心からの挨拶を、マックスより

この手紙が書かれた翌年、ヘレーネは七十五歳で世を去った。

話をまえにもどせば、ハイデルベルクで行なわれた対決の場において、息子は徹底して母親の側に立ち、長年にわたる父親の専制的な支配をきびしく、かつ詳細に弾劾したものとおもわれる。

マリアンネの伝記の叙述によれば、父親は自分の態度が間違っていたことを――この瞬間にはなおさらのこと――理解しようとも認めようともしなかったし、またできなかった。

かれは自分の立場に固執し、それゆえ息子のほうもまた頑として立場を変えなかった。

二人は和解せずに別れた……。

父親はハイデルベルクの新居から出て行き、母親はあとに残った。

ヘレーネは、この対決が、結局は不可避なものであったと考えようと努め、時間が経てば、夫もわかってくれるだろう、という点に望みをかけた。

数週間後、シャルロッテンブルクの家に帰ってみると、夫の怒りは依然つづいていて、妻に心を開こうとはしなかった。

妻のほうも長年の通例に反して、夫の怒りを気弱に恐れて服従する態度はとらなかった。

夫はある友人と旅行に出かけ、柩に収められて帰って来た。

旅先のリガ（バルト海に面した国際貿易港で、当時はロシア第三位の大都市）で、胃から出血して倒れたのである。

かれは六十一歳で、見かけは強健であったが、大分まえから胃におそらくは潰瘍とおもわれる変調の兆しがあった。それがここへきて一挙に破裂したのであろう。

ハイデルベルクの新居での対決から、七週間目のことであった。

晴れた八月中旬のある日――、シャルロッテンブルクの家の庭に安置された霊柩台のまわりに、家族全員が集まった。

家父長の死の悲劇性を、程度の差はあれ、だれもがありありと意識していた。

だが、マックスに自責の念に駆られている気配はなかった。

マリアンネの目には、かれもまた、あの対決は避けられないものであった……と信じこもうとしているように見えた。

「これがあのオイディプス」

すでに何人もの学者がその点について論じているが、これまで述べた父親と母親と息子の関係から、フロイトの「エディプス・コンプレックス」という言葉や、そのもとになったギリシャ悲劇『オイディプス王』の物語をおもい出す人は、読者のなかにも少なくないに違いない。けれど、同時代のこの時点で、不幸な結末に至ったマックス父子の対立を知ったとして、おなじ連想をする人は、フロイトのほかにはまず一人もいなかったはずだ。

この年、四十一歳のウィーンの医師フロイトは、「精神分析」という言葉をつかいはじめて間もないころで、まだ『夢判断』も『精神分析学入門』も出していない。

かれが自己分析によって、「エディプス・コンプレックス」の着想を得たのは、どうやらちょうどこのおなじ年であったようだ。

マックスの父親が、リガで死亡したのは、一八九七年八月十日。それから少し経った十月十五日付で、フロイトはつぎのような手紙を、親友のベルリンの医師フリースに出している。アンソニー・ストーの『フロイト』から、鈴木晶《しょう》の訳文で引用させてもらえば——。

「私の自己分析は、じつのところ、今やっていることのなかでもっとも重要なことであり、目標が達成されたら、私にとってもっとも大きな価値をもつことになるはずです。〔……〕これはけっして容易ではありません。自分にたいして百パーセント正直になることはなかなか大変です。普遍的な価値をもつある一つの考えが頭に浮かびました。私自身の場合にも、母親に恋し、父親に嫉妬する（という現象）を発見しました。これは、ヒステリーになった子どもの場合ほど早い時期ではなくとも、誰もがかならず幼児期に経験する普遍的な出来事だと思います（英雄や宗教の教祖のようなパラノイアに見られる親子関係の創作〔家族小説《ファミリー・ロマンス》〕と同様です）。もし本当にそうならば、運命の予想にたいして理性が挙げるあらゆる反論にもかかわらず、私たちは『オイディプス王』のもつ強烈な力も理解できます。そして、後の『運命のドラマ』があれほど無残に挫折する理由も理解できます」

フロイトは、自己分析からこう推測した。

幼い男の子は、「男根」期に達する四歳か五歳ごろ、母親にたいして性的な関心を抱き、彼女を独占したいと願い、それゆえ父親に憎しみの衝動をもつ。その憎悪は、父親に復讐されるのではないかという不安を引き起こし、処罰は去勢という形をとるだろうという恐怖を感ずる。そこで、少年は母親との性的結合を諦め、自分を潜在的に攻撃的な父親と同一視して、母親以外の女性に性的満足を得ようとする方向に関心を向けるのである……と。

このフロイトの考えが、そのままマックスの場合にもあてはまるといえるかどうかはわからない。

二歳のとき脳膜炎にかかったことから、極度の心配性になった母親の献身的な愛情を、幼少時のマックスはかなり煩わしく感じていた様子で、むしろ父親のほうに親近感と憧憬の念を示した。六歳から七歳にかけて、強い興奮と感銘をあたえられた普仏戦争の勃発と勝利、そしてドイツ帝国の誕生は、プロイセンからひいてはドイツ全体の家父長となったビスマルクと、父親の姿が、ほぼ同一に重なり合って見える英雄像を生み出した。

それが幻滅に変わったのは、父親に失望するより先に、ビスマルクの強権政治に疑問を感じたのがきっかけになっている。

父親との距離が開くにつれて、マックスの研究活動は、プロイセン独特の政治、経済、社会、文化の根底に横たわる家父長制構造を、学問的に対象化して批判する度合を強めた。

それとともに、伝統的に軽んじられてきた女性の立場にたいする理解が生まれた。

以上のような変化を、父への反撥と母への接近、という点に要約して、エディプス・コンプレックスの現われと見ることも、不可能ではないだろう。

それにも増して、筆者が驚くのは、ソポクレスが描いた『オイディプス王』と、マックスとの直接的な共通点の多さだ。

ドラマがはじまるまえ、だれにも解けぬスフィンクスの危険な謎を、秀れた智力をもって解き、テバイの王位と后をあたえられたオイディプスが、最後には合唱隊《コロス》によってこう歌われる。（訳は福田恆存《つねあり》）

「おお、テバイの人々よ、見るがよい、これがあのオイディプス、名高きスフィンクスの謎を解き、この国を禍いから救い、人々を巧みに支配して来た最も偉大な男、一人として、その幸運を羨まぬ者がいたろうか？　よく見るがよい、それが今、嵐の吹きすさぶ苦難の荒海に呑みこまれようとしているではないか！」

いかにもその通り、若くして危険な謎に挑み、学界の最高権威の後を継いでハイデルベルク大学教授になったマックスは、いまや苦難の荒海に呑みこまれようとしていた。

父の柩の側に立ったとき、自責の念を見せなかったかれの精神は、これからしだいに変調の兆しを現わしはじめる。

そうとは知らずに、実の父を殺し、生母と通じたオイディプスは、自分の出生の秘密を探ろうとして、

——何が起ころうと構うものか。おのれの素性がいかに賤しかろうと、それを見届けずにはおかぬ。おれは自分の素性を、底の底まで探ってみせるぞ。

という意味の言葉を述べるが、やがて展開されるマックスの壮大な学問的業績は、まさにそのような覚悟で、自己の素性（ルーツ）を、世界の涯まで探ろうとしたものに違いないのである。

深まる地獄の季節

最初の兆候は、父が死んだ夏の終わりごろに現われた。

葬儀から少しして、マックスとマリアンネは、スペインへの旅に出た。

この旅行は、急遽おもいつかれたというより、まえから予定されていたものが、期間を短縮して行なわれたと見るほうが自然だろう。

マリアンネの伝記は、行先について、ピレネー山脈とか北スペインというだけで、具体的な地名は記していないが、いまの言葉でいえば、ワーカホリックでもあったとおもわれるマックスにとって、たんなる観光旅行というのは、あり得ない。

読者もご承知の通り、博士論文を中心としたかれの最初の大著『中世商事会社の歴史――南ヨーロッパの文献による』は、イタリア語とスペイン語を習得し、両国の古い法規集を何百冊も読破して書かれたものだった。

フランスとスペインの国境をなすピレネー山脈から遠くない海港都市で、十三世紀にヨーロッパで最初の海事法が作られたバルセロナを訪ねなかったとは、まず考えられない。

マックスは当初、三千メートル級の高山が連なるピレネー山脈の俗塵を超越した山容に接して、下界の切実で深刻な人間の悲劇から、いっとき心を解き放たれたかに見えた。

そして交通機関の不合理な煩雑さに、しばしば持前の癇癪を破裂させながらも、意外性と未知の魅力に満ち溢れた異文化の世界を、好奇心にまかせて毎日つぎからつぎへと見て回った。

一箇所にじっとしていられないのは、イギリス旅行のときと同様であったが、今回はその度合が、まえよりいっそう甚だしくなっていた。

それでなくても文化摩擦の多い異国を、あたかも追われる者の足取りで遽しく歩き回った神経の疲労のせいか、あるいは別の原因によるのか、旅が終わりに近づいたころ、かれは高熱を発して、なにものかに脅かされているような様子を示しはじめた。

期限に迫られて帰る途上、ずっと不調だった精神と肉体を休ませる時間の余裕は、帰国後にもなかった。

バーデンの首都カールスルーエで開かれた福音主義社会会議の講習会に、講師の役目を引き受けていたかれは、連日ハイデルベルクから汽車に乗って出かけ、深夜におよぶ帰宅が、講演のあと討論が行なわれたときは、午前三時にもなった。

ハイデルベルク大学における二度目の学期——一八九七年冬学期がはじまると、マックスは、前の夏学期の理論的国民経済学概論につづく実践的国民経済学、および農業政策の講義と、国民経済学の演習を、準備に長い時間をかけて熱心に行ない、職業上の義務をすべて果たしたうえで、マンハイム、フランクフルト、シュトラスブルクからの講演の依頼にも応じた。

演習で、自分にとって未知の領域に進もうとする学生がいると、当人以上にその分野の勉強に、夢中になって没頭した。

そんなこんなで、睡眠も満足にとれない日日がつづいた学期末、頭が猛烈に火照って、精神の極度の緊張と、肉体の極端な疲労を、同時に意識せずにはいられない状態に襲われ、自分でも危険を感じて、医師の診察をうけた。

見かけは相変らず頑健なマックスの心身の異常にたいして、医師は、過労と感情の興奮によるもの、としごく常識的な診断を下し、旅行して休養をとるように勧めた。

マックスとマリアンネは、スイスへ行き、レマン湖畔の保養地で、数週間をすごした。一八九八年の早春、レマン湖畔は例年より気温が低く、大地はいつまで経っても霜枯れのままで、草が萌えだす山麓の野に寝そべって夫婦二人だけの語らいに耽ることを夢みていたマリアンネは、それができないのを残念におもった。

マックスは、肉体を疲労させることによって、神経の緊張を解くつもりなのか、灰色に枯れた山野を懸命に歩き回っていた。

ハイデルベルクに帰って、仕事をはじめた当初は、どうやら回復に向かいつつあるように感じられた。精神と肉体の不快は、かなり軽減されていたし、自分自身を「神経質な変り者」と称するようなユーモアも取り戻せたからである。

根をつめる知的労働が、二週間、三週間とつづくにつれ、こんどはさらに恐ろしい苦痛がやってきた。

それまでどんなに多忙な時期でも、数時間で頭脳と肉体の疲労を回復させてくれる生命力の源泉であった睡眠が、ほとんどとれなくなってしまったのだ。

五月の聖霊降臨節の祭日、かれはいつもなら待ちわびる友人（としか伝記には書かれていないが、おそらく最高の親友オットー・バウムガルテンだったのではないだろうか）の来訪から逃れるため、マインとネッカールの流れに挟まれた山地のオーデンヴァルトへ、一人で徒歩旅行に出かけた。これは、なによりも責任を重んじ、危機に直面することを避けて逃げだしたりするのをもっとも嫌うマックスには、はなはだ似つかわしくない行為で、このとき落ちこんでいた抑鬱状態の深さを窺わせる。

家にいるときは、椅子に坐りこんだまま、困憊して立ち上がれず、悲哀に打ち拉《ひし》がれた表情の双眸《そうぼう》から、滂沱《ぼうだ》と涙が流れ出た。

医師の診断は、依然として楽観的で、感情の興奮を鎮めようとしてか、冷水浴を命じた。それはマックスには逆効果で、かえって感情を昂らせ、いっそう強度の不眠の状態に陥ってしまった。

医師は、暑中休暇にサナトリウムに入院するよう勧めた。

生来、芯においては反抗的な資質の持主なのに、マックスは一見従順な子供のように勧告を素直に受け入れ、スイスおよびオーストリアとの国境にあって、アルプス・ライン河が流れこむドイツ最大の湖ボーデンの湖畔にあるサナトリウムに入院した。

多くの患者で雑然とした雰囲気のそこで、つぎつぎに課せられるさまざまな身体運動の療法に、ひとつひとつ忠実に従ったが、一箇月以上経過しても、不眠症はいっこうに好転する兆しを見せなかった。

「**人間的な生活を味わいたい**」

マックスは心中ひそかに、しばらくのあいだ職務から解放されることを望んでいた。だが、大学に長期の休暇を願い出ることは、かれの気質と信念からして不可能だった。

秋に大学へもどったとき、少なくとも肉体的には若干の休養がとれたせいか、表情に活気は乏しいにしても、全体に衰えた気配はなく、事情をよく知らない人の目には、さほど深刻な悩みを抱えている病人とは見えなかった。当人が気を張っていたせいもあったのだろう。

しかし数週間後、マックスはこれまで自分にとって、自由な創造の過程と感じられていた講義が、苦痛に変わっているのを知った。

以下は、のちにふたたび触れることになるマーティン・グリーンの論述（谷奥峰高訳）からの孫引きだが、M・ラインシュタインによってまことに鮮やかに活写されたマックス・ヴェーバーの講義とは、つぎのようなものであった。

「ウェーバーの講義は準備されたテキストの読みあげでは全くなかった。彼が教室にもってくるもののすべては、見たところ彼がアウトラインのほんのわずかの基本的な項目を書きとめたにすぎないと思われる小さな数枚の紙片であった。だから、学生たちは学問的で芸術的な創造のうっとりさせるような過程をよく眺めていたものだった。言葉や思想が爆発的な力で生みだされた。ウェーバーは早く実に急いで話した。この奔流についてゆくことは容易ではなかった。だが、すべてのものは、きわめて厳密に練りあげられた体系的な秩序において提示され、きわめて精確な逐語的な定式であらわされた。そこには、教育的配慮からする場合は別として、『あのう』とか『ええと』とかはさしはさまれず、繰り返しもなかった。すべては適切な言葉でしかも至当な場所で述べられた。提示されるものは冷静で客観的ではあったが、学者のこの疎遠さの背後に、私たち学生が感ずることができたものは、あの非凡な男のなかで燃えている情熱の炎とそれを統御する鉄の意志とであった」

これは晩年のミュンヘン大学における講義の模様であるけれど、講壇に立った初期の段階からこうであったと見て間違いあるまい。

つまり、マックスの講義は、あらかじめ調べ抜き考え抜かれた主題を、語りながらさらに自在に展開して行く即興演奏の要素を、多分にふくむものであった。

精神の働きが沈滞している状態で、従前通りの講義を行なうのは、ずいぶん難しいことであったろう。

夏学期の理論的国民経済学概論の教室には、八十三人いた学生が、冬学期の実践的国民経済学では三十六人に、演習に加わる学生は十七人から八人に減った。夏学期より冬学期のほうが、受講者が少なくなるのは、前年もそうであったのだけれど、この急激な減少は、敏感な学生が教師の精神状態の変わりように気づいたのを示す現われであったのではないだろうか。

かつては楽しみでもあった講義が、いまや苦痛となった変化から抜け出すことは、当分できそうにない……と、マックスは自分でも感じとった。それとともに、職務にたいする考え方も、まえとはだいぶ変わってきた。

そのころ、女性運動の集会に参加するため、ハイデルベルクを離れたマリアンネに、マックスは手紙で、おおよそつぎのように伝えた。

——ぼくの病的な素質は、これまで長年のあいだ、何から自分を守ろうとしていたのかはわからないが、それがまるで護符であるかのように、学問的な仕事に痙攣的にしがみつくという点にあらわれていた。なぜであったのかは、いまもってわからない。

わかっているのはただ、今後は病気であれ健康であれ、ぼくはもう二度とあんな風にはならないだろう、ということだ。

仕事の重荷に打ち拉がれていないと、生きている気がしない、という欲求はなくなってしまった。

これからはなによりもまず、ぼくの「赤ちゃん」(マリアンネにたいする愛称)とともに人間的な生活を十分に味わい、そういう自分を、可能なかぎり幸福な気持で見ていたい。

そんな風にしたからといって、困難な精神の作業が、以前のようにできなくなるとはおもわない。

いずれにしても、いまの容態から回復するためには、根本的に長い時間と休息が必要だろう。

……

この手紙を読んだマリアンネは、きっと少なからぬ満足感を覚えたに相違ない。

結婚した当初、彼女は時折、マックスは本当に自分を必要としているのだろうか、という疑問を抑えることができなかった。

いまの夫は、明らかにマリアンネを必要としていた。

まったくマリアンネほど、抑鬱状態に陥った夫を看護するのに、ぴったりの妻はいなかった。

自分でも伝記に、

「妻自身も神経疾患の遺伝があったし、精神を病むものをいたわることには夙《はや》くから慣れていた」

と、書いている。

じっさいにもし、人間関係になんの不安もない健康な家庭に育った妻が、それまでゲルマニアの勇猛な戦士のようであった夫が突然、ある事件をきっかけにすっかり意気銷沈《しょうちん》してしまい、夜も眠れず、椅子にへたりこんで悲しみの涙に暮れている姿を見せられたら、茫然自失して、どうしていいかわからなくなったかもしれない。

父と二人の伯父が、いずれも精神疾患をもつ環境で育ったマリアンネにとって、いま遭遇しているのは、それほど動転するような事態ではなかった。

むしろ、にわかに力を失ったマックスとの共同生活に、しみじみとした親密感さえ覚えた。

しかし……と自分たちが経験した束の間の幸福について述べたあとで、マリアンネはこう記す。

「このとき彼は地獄の苦しみをようやく味わいかけたところにすぎなかったのだ」

国際間の権力闘争の場

学者としてのマックス・ヴェーバーは、生涯にわたって多産であったが、講義が苦痛に変わった九八年は、「国家学辞典」第二版に「古代農業事情」を書き改めただけにとどまり、以後、一九〇二年の秋ごろに再開されるまで、本格的な執筆活動は、長い休止の期間に入る。

それまで全速力で進んできた機関車の動きが、「オイディプスの悲劇」によって急にがくんと速度が落ちて、ほとんど停止してしまう以前、すなわち新進の意欲に溢れた国民経済学教授のころの思索と研究が、いかに活力に満ちたものであったか、ここでもういちど時を溯って辿り直しておきたい。

マックス・ヴェーバーの最高の理解者であったとおもわれる哲学者カール・ヤスパースは、既大な全著述のなかから、まず読むべきものとして、最晩年に行なわれた二つの講演『職業としての政治』と『職業としての学問』を挙げる。

つぎに薦めるのは、フライブルク大学教授就任講演『国民国家と経済政策』と、第一次大戦中に書かれた政治論文および書簡である。

学問的労作では、『プロテスタンティズムの倫理と資本主義の精神』を第一に挙げ、ついで『古代文化の没落の社会的根拠』と『取引所』を選びだす。

そして、これらを一通り読み終わった人であれば、あらゆるものを包括する大著『経済と社会』を理解するのも容易であろう、とする。

ここに挙げられたうち、『古代文化の没落の社会的根拠』はフライブルク大学の公開講座で語られた講演であり、『取引所』は、ベルリン大学で商法を担当していた助教授のころからフライブルク時代にかけて、キリスト教社会派の牧師ナウマンがはじめた「ゲッティンゲン労働者文庫」の依頼に応じ、経済の専門家でない読者にむけて、わかりやすく書かれたものだ。

『国民国家と経済政策』については、すでに紹介したので、すこぶる活潑で旺盛な著述と講演の活動をつづけてきたわれわれの主人公が、突然の蹉跌によってそれらの休止にいたるまで、全体としてどのようなことを考えていたのかを知るために、まず『取引所』の内容を、中村貞二・柴田固弘訳によって見てみよう。

みずから、専門知識から縁遠い人びとへの啓蒙を目的としたスケッチ、と称する『取引所』は、大略こんな風に書き出される。

——取引所にたいして、ずいぶん薄っぺらな批判が、広く行なわれている。世の中が社会主義的なものに変わらないかぎり、決してなくせない制度というものがあって、取引所もそのひとつであり、これは元来、真面目に働く民衆を犠牲にする詐欺師たちの組織なのであるから、廃棄されることが望ましく、じっさいに廃棄できるのだ、というのである。このように実情を知らず、現実的でない考えほど、われわれが目ざす労働運動にとって有害なものはない。

取引所は、近代的経済様式に不可欠なもので、その理由は商取引一般が近代化するにいたった根拠と同様である。

最古の家父長的家族共同体は、商業を必要としなかった。必要な物を必要なだけ作ったからである。生活必需品でない奢侈品の需要が呼び起こされるにつれて、交易がはじまった。商業に携わる旅商人は、よそ者として恐怖の目で見られ、法律の保護からも疎外されていたが、時とともに定期的な市場が成立した。種族の枠をこえる「国際性」というものが、その揺籃《ゆりかご》のなかで揺さぶられていた。

都市の成立によって、事情はさらに変わった。よそ者の旅商人は地元の定住商人にとって代わられ、それにともなって職業としての輸入業と輸出業が生まれ、流通の規模の拡大にしたがって、やがて財貨の大量取引に奉仕する取引所が誕生した。……

それからさらに著者は、しだいに複雑化する商品取引所と証券取引所、株式会社の仕組みとその原理を、丹念に解き明かしていく。

この時代に書かれたものとしては、多分に暗示的で予言的にもおもえるつぎの箇所は、訳文をそのまま引かせていただきたい。

「社会主義の組織ならばひとりの人間は一本の糸にそれぞれ結びつけられよう。中央指導部は糸をのこらず掌中に集めるであろう。そうしておいて中央指導部は、それなりの見識においていちばん有効と思える方向に人びとを導びくであろう。こんにちの組織ではだれもが無数の糸で無数の他人に結びついている。あそこに俺は坐りたい、あそこが俺の席である、とそのようにみえる場所に行こうとして、だれもが無数の糸のあむ網を引っ張る。かりに巨人がいてたくさんの糸を掌中にたぐりこんでいようとも、やはり他人に引っ張られてかれにふさわしい場所に連れて行かれることになる」

それにつぎの一節も、百年後のいまなおその値打を少しも減じていない先見性をもった指摘といえよう。

「取引所はこんにちでは国民経済の調整者・組織者になり始めており、今後いっそうそうなっていく。現在の社会秩序が将来もだいたいおなじふうに存続するかぎり、そうならざるをえない」

だからといって著者は、取引所の現状を、全面的に肯定しているのではない。

「取引を公正なものとするために、社会のあらゆる機構の支柱である『名誉感情』が、ここにも確立されなければならない」と強く主張する。

しかしながら、「もっぱら道徳的な非難を浴びせることによって、取引所の根本的な意義と必要性まで否定されてはならない、またそこは道徳的なクラブでも福祉施設でもなく、世界的な経済闘争すなわち国際間の熾烈な権力闘争の場でもある現実から、決して目を逸らしてはならない」と鋭く警告する。

九六年の秋、福音主義社会会議の講習会のため、フライブルクからベルリンへやって来たマックスの「取引所」に関する講演を聴いた母ヘレーネは、その感想をシュトラスブルクの姉イーダに、手紙でこう伝えた。

——取引所ほど縁遠く難しい題目はありません。マックスの力量にはびっくりしました。まるっきりわからなかったことを、はっきりわからせてくれたのです。

マックスは肝心要のところを教えてくれ、問題の難しさをはっきりさせました。それは取引が大仕掛けにひろがって行く先にあることです。

世界市場が一国の経済にどれほど重大な影響をおよぼすかということ、取引所についての根も葉もない偏見はすべて捨てなければならないこと、もちろん素人が相場で身を誤るようなことはなくさなければいけないこと、こうしたことがみんな本当にはっきりしました。

わたしはマックスの生き生きとして若若しい話しぶりが、聴衆にどう受け取られているかと、周囲を見回しました。

でも、講習会の広告が出るのが遅すぎましたし、聴講料もとても高かったので、聴衆はほんのわずかしかいませんでした。……

古代ローマ文化の没落

つぎにこんどは、フライブルク大学公開講座『古代文化の没落の社会的根拠』の内容を、堀米庸三の訳（『古代文化没落論』）によって見てみよう。

三十二歳の新進教授は、五年前ベルリン大学に提出した就職論文『ローマ農業史』以来の詳細で緻密な研究の成果を、概略以下のように説く。

——ローマ帝国は外側から滅ぼされたのではない。また古代ローマ文化の衰退は、帝国崩壊の結果はじめて起こったのではない。では、古代世界における文化の黄昏は、いったい何に起因するのだろうか。

皇帝の専制政治とか、上流階級の奢侈とか、道徳の頽廃とか——それらは確かに事実であったが——これまで語られてきた諸説は、いずれも的を射ていない。

古代文化は本質的に、まず都市文化であった。経済は都市の手工業製品と、周辺の農業地帯の産物との、市場における交換のうえに成り立っていた。

ヨーロッパの古代文化は、それが沿岸都市の歴史であるように、沿岸文化だった。沿岸の都市間の精妙な流通のかたわらに、内陸地帯の農民の自然経済があった。

市場における交換から生まれた都市の自由な分業と、自家経済に基礎をおく農村の不自由な分業、都市の自由な労働と農村の不自由な労働が、あいだを隔てて並存していた。

中世においては、自由な労働と財貨の流通が、しだいに勝利を得て行くのだが、古代ではそれと反対の方向に進んだ。

なぜなら、古代の文化はまた、奴隷文化だったからである。古代の戦争は同時に奴隷狩りでもあって、勝利は不自由な労働を大量に集積して行く。

近代では、自由な企業家が自由な賃労働を使って市場で競争し、それがさまざまな発明を生んだのだが、古代ではそういう発展がまったく阻害されていた。

奴隷労働による経営が、自家需要を充足するだけでなく、市場向けの生産をふやし、奴隷所有者のみが、富を増大させて行った。

近代の国民経済は、広範な大衆の需要に応ずるため、地方間の財貨交換から、国際的な財貨交換へ、という方向に進んだが、古代の家内奴隷経営においては、取引の量が増すほどに、不自由な労働の集結が進行した。

したがって上部構造は、交換経済的であるけれど、下部構造は無交換で、最低限の需要しか満たすことができない。

結局は、取引の規模が拡大して、奴隷の数が増大すればするほど、経済成長の母体は衰弱の一途を辿って行く。……

マックスはさらに論証を積み重ねて、交換経済的であった上部構造が、ついには封建制へと進む自然経済的な下部構造にのみこまれてしまい、それが古代文化の没落を招いたのだ、と結論づける。

その論証ぶりは、まことに精緻をきわめ、簡単には要約できないのだが、ここまで紹介した粗筋に接しただけでも、これはまるで唯物史観ではないか、と感ずる読者が少なくないのではないか。

近代資本主義の中心的な部分をなす取引所の正当性を語る一方で、マックスはこのように、史的唯物論者と見紛うばかりの論旨も展開していた。

さらに穿った見方をすれば、この公開講演は、古代を舞台にして、じつは近代の資本家も労働者を奴隷の状態におくならば、最終的には自分の首をしめることになるだろう、と、そのころさまざまな矛盾を露呈しつつあった資本主義の現状にたいする、辛辣な批判の意図を裏に秘めていたのではないか、と考えられなくもない。

ここで、話は一転するのだが……。

マックスが、病の最初の兆候に見舞われながら、まだ職務上の義務をおおむね果たすことができていた九七年冬学期の教室には、ハイデルベルク大学最初の女子学生の一人となったエルゼ・フォン・リヒトホーフェンもまじっていた。

彼女の受講の実現には、マックスとマリアンネの力が、少なからず働いていたとおもわれる。想像を逞しくすれば、この学期のマックスは「特別熱心に弟子たちの勉強のために献身した。誰か専門のことに熱中している者にぶつかると、自分自身の著述を後まわしにするほどそちらのほうへ心を奪われた」とマリアンネが伝記に記したその相手は、女性の労働問題に格別の関心を抱いていたエルゼであったのではないだろうか。

筆者がそう推測する根拠は、そのつぎの九八年夏学期に、マックスの「労働問題および労働運動」という講義が新たにはじめられることになるからである。

安藤英治の『ウェーバー紀行』は、それから長い年月が流れたあと、九十五歳のエルゼ――その老齢にもかかわらず些《いささ》かも崩れたところのない美貌に度胆をぬかれたという――に直接会って聞いた当時の話を、つぎのように伝えている。

若き日の彼女が、国民経済学を学びはじめたころ、マックスは自宅で、

――きみが真っ先に読むべき本は、アダム・スミスとリカルドー、それにマルクスの『資本論』だ。

といい、書庫から取ってきたそれらの部厚い本を貸してくれた。

本を抱え、幸せでいっぱいになった気持で出て行こうとする姿を見て、マリアンネはいった。

――あのひとは自分がどんな本を読もうとしているのかも知らないで！……

嫉妬という感情を経験したことのある人なら、だれでもこのときのマリアンネの心理が、手に取るようにわかるだろう。

安藤がかねて考えていた通り、マルクスからヴェーバーは多くを学んだに違いないということは、このエルゼの話によって、はっきり裏づけられたわけだ。

また、みずから「歴史学派の門弟」と称しながら、その学派の創始者であるロッシャーやクニースの名前を挙げなかったことも、記憶にとどめておきたい。

マックスは明らかに、マルクスの重要な価値を認めていたはずだが、かれの精神の振り子は、決して一方の側にだけとどまることはない。

唯物史観を連想させる論法で、上部構造は下部構造にのみこまれ、古代文化は長い眠りについた……と述べたあと、公開講演『古代文化の没落の社会的根拠』の最後を、マックスはこう結ぶ。

――自由な分業と流通を基礎として都市が中世によみがえり、ついで国民経済への移行が市民の自由を準備し、封建時代の内的外的権力のくびきを打破するにいたってはじめて、かの年老いた巨人はふたたび新しい力をえてたちあがり、近代市民文化の光に古代の精神的遺産を高々とかかげるのであります。……

ここでもかれは、古代文化の没落過程を論じながら、自分が奴隷制はもとより、いまも社会のそこかしこに残存する封建性に強く反対して、自由と多様性を重んずる近代的な市民階級の立場にたつことを、はっきりと表明してみせたのである。

瀕死の獅子の像

講義が苦しみに変わった年のクリスマスのあたりから、マックスの内部の病は、肉体的な症状となって、外に現われてきた。

クリスマスツリーの飾りつけをしようとしても、背中が痛んで、腕がおもうように動かない。冬学期の学期末まで、かれは苦痛に耐えるだけで精一杯だった。

マリアンネは母ヘレーネに書いた。

――マックスは折にふれて激怒したり、辛抱をなくしたりしますけれど、だいたいは与えられた運命として、それに耐えています。

わたしたちにはユーモアもありますし、二人で一緒にいるときは、ほとんどいつも朗らかです。けれども、ほかの人はあまりいろいろのことを訊いたり、親切な助言を与えたりしてはいけないのです。

わたしはしかし本当に嬉しいのです。かれがわたしを必要としていることは、いつもしみじみと感じられる幸福の源泉です。……

この便りが、細部まで事実その通りであるかは別として、鬱病の患者を励ましてはならない、という今日ようやく一般的な常識に近づきつつある考えを、マリアンネはすでに弁《わきま》えていたことがわかる。

マックスはこれまで、道楽というものをいっさい知らなかった。

手を動かす仕事をさせたくて、妻は木彫を勧めてみたが、夫は口を曲げて笑いの表情を示しただけで取り合わなかった。

強靭な精神の命ずるまま、並外れて精力的に、かつ精密機械のような活動をつづけてきた夫が、いっさいの動きを停めて、いつまでも椅子に坐りこみ、ただ茫然としている姿を見るのは辛かった。

せめて台所仕事でもさせてやればいいのだけれど……と妻はおもった。

だが、いくら女性運動に理解があっても、十九世紀のなかばに生まれ育ったプロイセンの男が、台所に立つはずはなかった。

母親のヘレーネから、息子が子供のころ作ったという蠟人形と、蠟細工の材料が送られてきた。マックスもそれにはいくらか興味を覚えた様子で手を動かしはじめた。マリアンネは見て「その芸術的才能にびっくりしました。いったいかれにはできないことがあるのでしょうか」と書くのだが、これも事実その通りであったかどうかは別として、マックスは完成した処女作――瀕死の獅子の像を、母親の誕生日の祝いに「文鎮にでも使ってもらえれば……」と記した手紙とともに送ると、それっきり天才彫刻家への道から退いてしまった。

妻は、これなら夢中になること請合いと友達に聞いた積石玩具を、かれのまえに置いた。夫はただ妻を喜ばせるためだけにそれをはじめたが、手が震え、背中が痛むので、ほんの短い間しかつづかなかった。

あとはただ、窓際に据えた椅子に坐りこみ、芽吹きはじめた戸外の樹木に虚《うつ》ろな目を向けているだけで、

――いったい何を考えているの？

という問いには、

――なるべく何も考えない、それができるときにはね。

と答えた。

精神と肉体の働きが鈍くなっているのに、あるいはかえってそのせいか神経だけ尖っていて、夜中のかれはどんなに微かな物音にも過敏に反応し、飼い猫の鳴き声にも我慢ができないので、マリアンネと家政婦のベルタは、可愛がっていた猫のミーツェをよそへやってしまった。

冬学期のあとの休暇が終わりに近づいても、病状が好転するどころか、人前で話すのも困難になったマックスは、とうとう九九年夏学期の講義を免除してもらい、ゼミナールのみつづけるという決意をした。

大学当局に賜暇《しか》を申請したかれは、そのことを母親に伝える手紙に、こう書いた。

――わたしが望むのは、こんど賜暇を取ったのが精神的なアパシー（無感動で無気力な状態）からではない、ということをわかってもらいたいのです。

話すことができないのは、純粋に生理的なもので、神経がいうことをきかず、そういうときは講義ノートに目をやっても、自分で書いた文章の意味がよく読み取れないのですから。……

この手紙の一節は、母親がだいぶまえから、気力を失った息子を、不甲斐ない、と感じていたらしいのを示している。

ハイデルベルクへ見舞いに来たヘレーネの目に、体軀の逞しさを失っていないマックスは、さほど重い病気に悩まされているようには見えなかった。

とうぜん母親は元気づけるために、とても病人とはおもえない、とか、顔色も悪くない、などと励ましの言葉を口にして、自慢の息子の精神を奮い立たせようとした。

長年のあいだ夫の圧制に耐え、つねに自分を抑制し、信仰に生きてきたヘレーネにとって、強い精神の力によって打ち克てないものは、この世になにひとつないのであった。

そうした言葉や態度が、まえよりもいっそう鋭敏さを増していたマックスの廉恥心には、はなはだ重荷に感じられて、不快なものに響くのである。

シャルロッテンブルクにもどって行ってからも、さまざまな助言や提案をしてくる母親と家族たちに、マリアンネは手紙で怒りを爆発させた。

――あなた方が、マックスの病気は自分に打ち克つことによって治る、とお考えになっているらしいのが、わたしには気になってなりません。

講義をやめたことで、マックスが同僚と学生たちにたいし、どれほど肩身の狭いおもいをしているか、職業上の義務を果たせないことをどんなに恥じているか、その耐え難いほどの苦痛が、もう何週間もつづいているのです。

マックスが外の世界にたいして、無関心で無感覚になっているなどと、決して想像してはいけません。

また、家のなかの雰囲気が、暗く沈んでいるなどと想像なさっては困ります。いいえ、わたしたちは何があっても快活です。……

講義を休みながら、ゼミナールと学生のチューター役の義務だけはなんとかつとめた九九年の夏学期の終了後、マックスとマリアンネは、ヴェネツィアへ旅行した。

異国の魅力的な文化と美しい風景は、こんども一時は効果を挙げたかにおもわれた。

一学期休講したあとの冬学期、マックスがせめて一科目だけでも行なおうとした農業政策の講義には、三十六人の学生が集まった。

その教室で講壇に立つと、間もなくこれまでよりもさらに劇甚な心身の崩壊が起こって、講義を続行することが不可能になってしまった。かなりの長期にわたって、回復は期待できそうにない。

一八九九年のクリスマスの日、かれはハイデルベルク大学に辞表を提出した。

「修道院」に見た資本主義の原型

マックス夫妻が、ハイデルベルクを離れる日がやってきた。

行先は、南ドイツの屋根と呼ばれるシュヴァーベンの山奥のひっそりとした町である。ハイデルベルクから、シュヴァルツヴァルトに源を発するネッカール河を、遥か上流へ遡行すれば、やがて天文学者ケプラーや詩人ヘルダーリン、哲学者のヘーゲル、シェリング等が学んだ大学町テュービンゲンに達する。

その近くでネッカール河に流れこむエルムズ川を、さらにシュヴァーベン山地の奥にむかって溯って行くと、狭まった谷の合間に、美しい温泉保養地の町バート・ウーラッハが現われる。

マックスが、いま味わっていた病の症状は、つぎのようなものだった。

苦痛なしに読むことも書くことも、しゃべることも、どこかへ行くことも、眠ることもできない。

見舞われたのが、今日おおむねそう推定されている通り、鬱病であったとすれば、罪責の妄想をともなう絶望、不安、焦燥、悲哀、苦悶、無力感、厭世観、自己卑下……等が、その主な症候で、体調がすぐれず、精神活動が抑制され、思考が渋滞し、不眠に悩まされて、ときに自殺の衝動に駆られる場合がある。

わずかにのこる気力と体力を奮い起こしたわれわれの主人公は、バート・ウーラッハの小さな神経病院へ行き、最初は一人で数週間入院して、療養に適した環境であるのを確かめたあと、夫婦でハイデルベルクの家を引き払い、その町に移り住むことにした。

出発直前の一日、マックスを敬愛する二十名ほどのゼミナリストを代表して、燕尾服と白いチョッキに身を固めたレオ・ヴェーゲナー（のちのドイツ組合銀行頭取）と、エルゼ・フォン・リヒトホーフェンがやって来て、記念品を贈呈し、別れの挨拶を述べた。

記念品は、褐色の革表紙で表装された、ミュンヘンの女性の画家によるセピアの水彩画であった。

険しい岩の上に立った一人の男が、火のついた木の枝を、眼下の平野を覆う茨のなかに投じようとしている。そして、男が立つ岩のあたりに、マックスを慕う教え子たちの署名が並んでいた。

伝記にはむろんそうは書かれていないけれど、この贈り物のアイデアには、エルゼの発想が強く働いていたのではないか、という気がする。

表紙の裏には、おおよそつぎのような言葉が記されていた。

——尊敬する恩師へ！　旅路に幸多からんことを！　われわれ——ここに署名した者のみならず、あなたから生涯にわたる感化をうけた者のすべて——は、学問の誇りと進歩を達成せんがため、そして師に感謝する門弟一同の心からなる喜びとならんがため、あなたが間もなく元気でお帰りになることを希望します。……

マックスがハイデルベルク大学で、心身の調子を懸命に保って講義と演習を行なえたのは、多く見つもってせいぜい三ゼメスターにすぎない。

それでも、かなりの教え子は、生涯にわたる感化をうけた、と考えていたのである。読みあげるレオ・ヴェーゲナーの声は悲しみにふるえ、いまにも泣きだしそうだった。この献辞は、教え子たちが、一一《いちいち》の語句について意見を出しあい、みんなで練り上げて作ったのだ、と、エルゼが言葉をそえた。

教師にとって、これ以上ない別辞に送られて、一九〇〇年の夏、マックス夫婦は、シュヴァーベンの山中へ向かった。

神経病院に入院した、といっても、そこは患者の自由をきびしく束縛する環境ではなかったようだ。

マリアンネは書いている。マックスは時折、森のなかで長い散歩を試みたが、活潑な運動によって心身が昂奮すると、きまって苦痛をともなう抑鬱のぶり返しがくるので、あとは庭の長椅子で横になっていることが多かった。

――今では彼の生活は最も小さな範囲に限定されており、どんな問題性も近づけてはならず、愛するものの訪問すらも緊張となった。時として自然が心を紛らす喜びを与えてくれた。特に、車中で移り変って行く風景を苦労もなく眺めていられるときには。……

この叙述の最後の部分からすると、ときには車で遠出もしたようで、じっさいにマリアンネの誕生日には、一緒に別の町のノイフェンまで行ったことが、幾分か楽しかった日の思い出として述べられている。

五箇月近くにわたったと推定されるバート・ウーラッハ滞在中の出来事は、伝記にあまり詳しく書かれていない。マリアンネは、つねに一緒にいたわけではなかったのだろう。

そこへ行くまでの部分に、彼女はこの苦難の時期、自分の処女論文への熱意によって姿勢を高く持してきた、彼女なしに過ごすことが非常に困難であった最悪の時期にさえも、それが彼女を喜ばすと感じたときには、女性運動の集会に出席するように彼は説きたてた……と述べられているから。

それに「愛するものの訪問すらも緊張となった」と書かれている通り、いちばん身近な人でさえも、いま自分が直面している苦しみの解決には、なんの助けにもならない、とおもってしまうのが、鬱病患者の大きな特徴のひとつであるから。

そもそもマックスは、いかなる理由で、シュヴァーベンの谷間の町を、隠棲と療養の地として選んだのだろう。

それを確実に知る手がかりはないが、漠然とでも想像してみるために、付近の風土的な特徴を、簡単にスケッチしておこう。

バート・ウーラッハから、延延と曲がりくねって進むシュヴァーベン山地街道を、方角としてはネッカール河のほうへずっと下って行くと、盆地から三百メートルほども抜きん出た高い丘の上に、何本もの尖塔を並べて聳え立つホーエンツォレルン城が見えてくる。

さよう、ここはプロイセン王国を打ち立てたホーエンツォレルン家の発祥の地で、その家名は居城のある丘の名前（高きツォレルン）に由来する。

南独シュヴァーベンの貴族であった先祖は、ニュルンベルク城伯を経て、北部のブランデンブルク辺境伯＝選帝侯に任ぜられ、さらにプロイセン公を兼ねて、プロイセン王国を樹立するにいたったのだった。

長く廃城となっていたが、このころの建物は、三十数年まえ、フリードリヒ＝ヴィルヘルム四世により、十九世紀ロマン主義の建築様式で壮麗に再建されたものである。

ホーエンツォレルン城から、こんどは街道を南へ向かい、ロッヘン峠を越え、いったん下ってからまた上って、高度約千メートルの樹木のないグローサー・ホイベルク台地を通って行った先に、ベネディクト修道会のボイローン修道院がある。

ここは、宗教改革後おとろえていたドイツの修道生活に活気を取り戻させ、グレゴリオ聖歌を盛んにするのに大いに貢献し、ビザンティン文化の影響をうけた十九世紀宗教芸術の一派であるボイローン様式の礼拝堂を建てるなど、長年にわたる真摯な活動で知られたところだ。

数多くの修道士たちは、きわめて長期の集中と忍耐を要求される学術の研究に没頭し、農業に従事して日日の糧を自給自足し、広大な葡萄畑からの収穫によって芳醇な美酒を醸造していた。

修道院といえば、不眠症の治療のため、最初に行ったボーデン湖の、南方の高台には、やはりベネディクト修道会の有名なザンクト・ガレン修道院があった。

隣接するシュヴァーベン地方の各所に、広大な所領をもって繁栄し、十世紀から十一世紀にかけては、多くの学者、芸術家を集めて、ヨーロッパでも随一のキリスト教文化の中心地と称えられていた。

その後、宗教改革の影響によって衰退し、十九世紀のはじめに修道院は解散され、マックスが湖畔のサナトリウムに行ったころは、教会と図書館をのこすだけになっていたのだが……。

そこに保存された古記録は、中世修道院の経済的な経営様式を知るうえで、すこぶる貴重な資料とされている。

もういちど、バート・ウーラッハにもどり、マリアンネの誕生日に訪ねたノイフェンから、さらに麓へ向かって行けば、その先にあってネッカール河に面しているニュルティンゲンは、詩人ヘルダーリンが少年時代をすごした町だ。

ずっとハイデルベルクのほうに下った、おなじ河沿いの町ラウフェンに生まれたかれは、幼くして父を失い、再婚した母にしたがって、四歳半のときにそこへやって来た。すぐ近くの村にあった僧院付属学校に入り、やがて進んだテューービンゲン大学の神学寮（シュティフト）では、ヘーゲルやシェリングとともに学ぶ。つまり、幼年期から少年期、青春期を通じて、たえずネッカールの流れを見ながらすごしたわけで、手塚富雄によればそのことがかれを、「世界に冠絶すると言いうる河流の哲学的詩人」にしたのである。

数数の傑作を書いたのち、精神を病んだ詩人は、テューービンゲンの大学付属病院で長期の治療をうけたが、ついに効果がなく、回復不能と診断され、当地の指物師親方でかれの理解者であったツィンマーの庇護をうけて、三十七歳のときから七十三歳で没するまでの三十六年間を、住宅と工場を兼ねたその家の一角で送った。

そこは、旧城塞の名残をとどめる塔の二階の一室で、不遇のまま一八四三年に世を去った詩人が、その世紀の終わるころに再発見、再評価されて後、「ヘルダーリンの塔」として知られることになる。

マックスはフライブルク時代に、リッカートに教えられてすでにヘルダーリンの存在を知っていたはずで、おなじシュヴァーベンで神経病院に入院していた間には、人生の後半を死ぬまで長く孤独の病詩人としてすごした先人におもいを馳せたときが、あるいはあったかもしれない。

ヴェスヴィオの噴煙

その年の秋、マックスの年若い従弟が、強度の神経疾患で、おなじ病院に入院してきた。シュトラスブルク大学の地質学教授エルンスト・ベネッケと叔母エミーリエの息子オットーである。

叔母は、元気だったころのあの逞しく頼り甲斐のある甥のそばにおけば、いくらかでも安心できる気がしたのかもしれないけれど、マックスにとってそれはあまり喜ばしい役目ではなかった。母方の家系に何代にもわたってつづく、つまり自分自身にも伝わっている宿命的な神経疾患の恐怖を、たえず意識させられるうえ、いつ死を選ぶかもわからない若者から目を離せない重圧が加わってきたからである。

ドイツのなかでは、気候が温和で、健康によいといわれているシュヴァーベンであっても、森や渓谷が霧につつまれる十一月ともなると、あたりに憂愁の気配が濃く漂いだす。故郷の山河を心から愛していたヘルダーリンでさえ、アルプスの向こうから吹いてくるイタリアの風の柔らかさを感じて、あの山なみを急ぎ越えて行きたい、と歌うときがある。おなじような憧憬に駆られたのであろうか、マックス夫妻は冬を、もっと南方の光と風のなかですごしたい、と願った。

地中海の西部、ジェノバ湾の南に浮かぶコルシカ島を目的地に定め、ひとり置き去りにするに忍びなかったオットーをも誘うと、孤独な病の牢獄にとらわれていたかれは、それ以外見せたことのない暗鬱な表情に、はじめて微かな喜色を浮かべた。

コルシカ島西岸の美しい入江にのぞむ主都で、温泉の出る避寒地としても知られたアジャクシオのホテルには、人影が少なかった。

前年から行なわれていたブール戦争（イギリス人が南アフリカのブール人の国を攻めて植民地にした侵略戦争）の影響で、英国人観光客の足が、ばったりと途絶えていたからだ。

南国の青く澄んだ空の下、オリーヴとユーカリの灰緑色と芳香につつまれる山を背負った海辺は、保養に絶好の環境と感じられた。

じっさいにマックスは、午前中は山のオリーヴの下に身を横たえ、午後は散歩したり、湾岸に沿う道をドライブしたりしたあと、睡眠剤なしで夜をすごそうとする試みをはじめた。長い眠りは得られなかったけれど、それでも最悪の時期より、ほんの少しはましになっていた。

頭脳はまだ難しい活字はうけつけなかったが、フランクフルト新聞とフィガロ紙程度は読めるようになった。

しかし、マックスとマリアンネは、完全に心を休めるわけにはいかなかった。

オットーの姿が見えなくなるたび、ひょっとして自殺したのではないか……という心配を抑えることができない。鬱病の患者は、常人の何倍も、何十倍も取越し苦労をする。思考を楽観と悲観の秤にかければ、つねに一方的に悲観のほうに傾く。

観光客の減少と雨季の到来により、ホテルは一時閉じられ、三人は家具つきの貸間に移った。

ホテルを離れたことで、マックスは新聞を読むことと玉撞きができなくなり、長雨で散歩も不可能になって、家のなかに閉じこめられたオットーとの共同生活は、息がつまりそうなおもいを日増しに強めた。

マックスとマリアンネは、自分たちの心理的な重圧感を、そうした面ではすこぶる敏感な相手に悟らせてはいけないと、たえず細かく気を遣って暮らした。気づかれると、それがまた自殺を誘う原因になりかねない。

それやこれやで、神経が疲れてとうぜんのはずなのに、マックスはこのころから少しずつ回復の気配を見せはじめた。

わずかながら気力と体力が蘇ってきたのを自覚したかれは、念願のローマ行きを実現に移すことにした。古代ローマの農業史と社会経済史を、重要な研究課題のひとつとするかれにとって、いまもその地にのこされた数数の史跡や遺物を、自分の目と足で確かめようとする実地調査は、長年にわたっての懸案であった。

ローマには、オットーも同行した。

早春のローマの街を車で回りはじめると、これまで書物や文献資料だけで得ていた知識が、つぎつぎに現実のかたちをとって姿を現わす魅力に、マックスは心を揺さぶられずにはいられなかった。

まだ病気の症状が消えていないかれには、そうした興味と思考の赴くままに、遺跡を踏査して回ることが、なによりの治療法にもなるようにおもわれた。

オットーの病にたいしても、ローマがおなじ効果を発揮することを期待したのだけれど、若者の目はなにを見ても輝くことはなく、依然として無感動、無気力のままであった。

学問を再開する端緒をつかみかけたマックスに、いつもオットーを見守って、事細かに神経を遣う余裕は、もはやなくなっていた。

夫妻は、相手の心を傷つけないよう、長い時間をかけ、能うかぎりの気配りをしながら、別離を納得させて、かれを親元に帰した。

数年後、オットーは、やはりというか、ついにというか、みずからの命を絶った。

マックスは自責の念に駆られずにはいられなかったろう。被害妄想という言葉があるけれど、鬱病質の人間には、それとは反対の加害妄想ともいうべき性向があって、身辺に起こった悪いことは、すべて自分のせいだ、という強迫観念にとらわれがちだ。

シュヴァーベンの神経病院に、ひとり残すに忍びなくてコルシカ島へ誘ったことも、それからローマまで連れて行ったあげく、やむを得ず途中で別れを告げて、親元へ帰したことも、オットーを自殺に導いた誘因とおもわれて、強い責任を感ずるのは、あり得ないことではない。

そもそもマックスを、ここまで重篤な鬱病に陥れた最大の原因が、予想もしなかった父親の急死にたいする罪責の感情であったに違いないことは、あらためていうまでもないであろう。

これより大分あとにではあるが、かれは若い友人に宛てた書簡のなかで、

——私は悪事の最たるものを自ら犯しています。

と告白し、伝記にその手紙を紹介した部分において、マリアンネは、

——彼は、自分が嘗《かつ》て一人の繊細な娘を心ならずも苦しめたことがあるのを忘れていなかった。自分自身の父親に対する敵意の爆発も、今では彼は償うことのできない罪と感じていた。

と述べている。

父親のことは、いわば当然として、相手が一方的に恋人とおもい込んでしまったエミー・バウ

ムガルテンとの関係においても、そうした幻想を抱かせた最初の原因は自分にあり、結果的に彼女を深く傷つけてしまった……という罪悪感が、あれからずっとつきまとって離れずにいたのだ。また鬱病になると、ふつうならごく些細なはずのことが、容易ならざる大罪におもわれてくるときがある。

わが国の公務員やサラリーマンであれば、遠い昔に、公用や社用の便箋を私用に使った程度のことが、取返しのつかない重大な罪としておもい出され、自分を生まれついての犯罪者、地上最大の悪人のように感じたりする。

マックスの場合も、たとえばフライブルク大学の教授時代、学生たちとの飲み会のため、ゼミナールの金庫の金を一時拝借したことが、そんな風な記憶として蘇ってきたときも、あるいはあったかもしれない。

話をもとに戻すと、自分に託されたオットーを見捨てたという罪の意識は、かれを親元に帰した直後から、すでにはじまっていたようだ。

いったん病状が好転しかけたのに、ふたたび鬱状態に陥ったマックスは、長い時間と心労を要したオットーとの別離にまつわる重苦しい記憶を振り払おうとして、マリアンネとともにローマを離れ、南イタリアの名所旧跡を訪ねる旅に出た。

ナポリ、ソレント、ポンペイ、カプリ、パエストゥム……。

マックスは、ホテルのテラスの椅子に腰かけ、古代のポンペイを埋没させた恐るべき力をいまも内に秘めて活きつづけているヴェスヴィオの噴煙を眺めて、長い時間をすごした。

そのうちにまた少しずつ元気を取り戻し、ポンペイに行ったときには、四十年ほどまえから本格的な発掘が行なわれていた古代都市の遺跡を、二時間半もぶっつづけに歩き回った。

紀元前七世紀ごろギリシャの植民地として建設されて、ポセイドニアと名づけられ、ローマの植民地となってパエストゥムと名前が変わった海辺の都市の廃墟と、数十本の円柱に囲まれたネプチューンの神殿にも夢中になった。

一面に緑が萌えるカンパーニャ平野を横切って、サレルノへ向かう車中からは、古代ローマの耕地区分がそのままのこされているのを確認した。

そのあと、しばらくナポリの、海を一望のもとに眺められる高台の家で暮らした……。

ここでじつは、これまで書かなかったことについて語らなければならない。

マックスの辞表を、バーデンの文部当局は受理せず、かわりに長期の賜暇をあたえ、俸給は引きつづき支給されていた。

すでにフライブルク大学の二年半において、ドイツ中に名を知られたマックス・ヴェーバーの、学者として疑いようのない抜群の資質と能力と将来性が、バーデンより失われるのを惜しんだからだろう。

抑鬱の状態に陥った原因が、予期せぬ父の急死にあったことも、薄薄は知られていて、時が経ってその衝撃が弱まれば、回復は可能だ、という見通しもあったのかもしれない。

いずれにしても、たいへんな好遇であり、恩典であることには、間違いあるまい。

読者のなかには、いかに当人は罪の意識と不眠の苦痛と懊悩に責め苛まれているとしても、大学教授の俸給をもらって、シュヴァーベンからコルシカ島、さらにローマはともかくとして、ナポリ、ソレント、カプリ……と、保養地や観光地を転転として歩けるというのは、ずいぶんいいご身分だ、とおもわれる方もいるのではないだろうか。

しかし、おもい出していただきたい。

かつて無給の司法書記官試補時代のマックスを、不快な抑鬱の状態に陥れたのは、心が離れた父の家に寄食している屈辱感であったことを。

九九年の夏学期に、最初の賜暇が認められたとき、講義をやめたことで、かれが同僚と学生たちに、どれだけ肩身の狭いおもいをし、職業上の義務を果たせないことをどんなに恥じて苦しんだかを。

人並はずれて責任感と義務感の強い人間が、俸給をうけながらのうのうと休養をとっていることに、平気でいられたはずがない。

そして、働かずして徒食していることにたいする罪悪感と自責の念が、かれをして、あの比類ない深さをもった「職業労働」というものの透徹した分析へと導いて行ったようにおもわれるのである。

蘇った生彩と迫力

病状はなお、一進一退を繰り返した。

南イタリアから、夏のローマに帰った二人は、こんどは高地の空気も吸ってみようと、典型的なアルプスの光景を眺められるスイスのグリンデルヴァルトへ避暑に行った。

こうした相次ぐ転地は、マリアンネの主導によって行なわれた確率のほうが高いとみてよいのではなかろうか。伝記によれば、グリンデルヴァルトへ行って、

「はじめのうちは影響は悪かった。南方で取鎮められた悪霊たちが鎖をゆすぶりはじめた。不眠、昂奮、不安、人を苦しますあらゆる悪魔が飛出して来た。ようやく固まったか固まらぬかの地盤がふたたび揺ぎ出した。病人はこの再発のために非常に悒《ふさ》いでしまった。妻が二三週間不在にしたのちに帰って来てみると、彼は一年前と同じような状態にかえっていた」

この叙述も、筆者がこれまで行なってきた推定を、裏づけているような気がする。

秋になって、またローマへ戻った二人は、郊外の静かな隠れ家のような下宿に住んだ。

そこへ訪ねて来た母ヘレーネは、シュトゥットガルトの医療施設で暮らすエミーとアンナのバウムガルテン姉妹に宛てて書いた長い手紙で、二人の生活ぶりを大略こんなふうに伝えている……。

――ヘレーネが到着した翌日、マックスは妻と一緒に、母を案内して、車で郊外の名所見物に出かけた。（かれは疲労のあとのぶり返しを恐れて、できるだけ徒歩を避け、外出にはもっぱら車を利用していた）

母は息子が、もう何年もここに住んでいる人のように、イタリア語に堪能で、地理にも精通しているのに驚いた。

そのつぎの日も、車で市内の名所旧跡を回り、それぞれの場所の故事来歴を、熱心に事細かく説明した。

けれど、ひさびさの再会に、やはり張り切りすぎていたのだろう。ぶり返しがきて、それから数日間はベッドにつき、安静にしていなければならなかった。

疲労すると、長く話をつづけることも、昼食に入った店で五分間待つことにも、堪えられない。

ベッドに横たわった夫の体を、妻はいつまでも両手でさすりつづける。「わたしのこの両手がありさえすれば……」とマリアンネは義母にいった、「もうあとの体はなくてもいいのよ」と。(これは考えようによっては、ずいぶん意味深長な表現である)

妻がひたすら撫でさすることによって、夫の昂奮は、しだいに鎮められ、消耗状態から徐徐に回復していく。

ホテル暮らしでは、外食ばかりだったのに、この安い下宿に住んでから、食事が全部自分の家でできることも、精神を安定させる効果を挙げているようだった。

マックスは難しい本も読みはじめ、また時代の思想的潮流にも関心を蘇らせていた。

以下、少しく煩瑣におもわれるかもしれない記述がつづく。だが、マックスの回復の程度が、母親の目にはどのように映っていたかがよくわかる挿話なので、その点を念頭において、お読みいただきたいとおもう。

折しも、ドイツの進歩的なオピニオン・リーダーの一人が、女性運動の穏健派を批判して、およそ女性の解放をもとめる者はすべて、政治に関してもっと積極的な活動と発言をすべきだ、という論文を雑誌に発表した。

女性運動は政治運動だけに局限されるべきではない、と考えていたマリアンネが憤慨して、反論を書きたい、というと、マックスは、

――そうだ、きみはそれをなすべきだ。

といい、ヘレーネも大いに賛成した。

マリアンネは別の雑誌の編集者に、期限をはっきり約束して、原稿を送ることにした。

その話を聞いたマックスは、期限は決めるべきでなかった、と昂奮した口調でいった。出来上がったマリアンネの草稿を見て、自分も意見を述べたいのだが、それがちょうど鬱の期間に入っていて、読んだりしゃべったりできない状態のときだと困る、というのである。当時の世間の常識からすれば、反論された相手は、マックスも同意見と考えるに違いないから、草稿に目を通したいといったのも、あながち過剰な干渉とはいえないであろう。

しかし、約束はすでになされていた。

マリアンネは、二日ほどで書き上げた原稿を、マックスの部屋の机上におき、その日の午後はヘレーネとともに外出した。

帰ってみると、マックスは、最後のまとめの部分をこうすれば、もっとよくなる、といい、原稿を見ながら、簡潔で明瞭な調子で、口述をはじめたが、十分もすると、

——あとはきみがやってくれ。わたしはこれ以上できない。

と、突然中断して、それからまた何日か寝こんでしまった。

マックスほど剛毅果断で、責任と義務を重んずる人間でも、鬱病になれば、こうまで考えの振り子が不規則に揺れて、脈絡のない言動を示すのである。

エミー（とアンナ）に宛てた手紙で、ヘレーネはかつての自慢の息子の混乱ぶりを、克明に伝えて、こう結論づけた。

——まったくかれは気の毒な男です。わたしはそばにずっといて、まだ何年かは回復も、仕事ができる可能性も、期待できないとおもいました。二人はローマを去って、ハイデルベルクへ帰ったほうがいいでしょう。二人に同情を寄せてくれる人が多いあそこでなら、かれもやがて力を

出せる可能性があるでしょうから。……

この母親のローマ滞在中には、もうひとつ興味深い挿話がある。もう五十七歳なのに、見るものの聞くものに少女のような好奇心を発揮するヘレーネが、遺跡のかけらを拾って、手提げ袋に忍ばせようとするのを、マリアンネは懸命に抑えなければならなかった。

マックスが法律や規則を犯すのを好まなかったからである。鬱病になるのは、几帳面な人間が多い、という説を如実に証明するような話だ。

母親の滞在中、かれが読みだした本格的な書物は、まず芸術史に関するものだった。

自分の専門分野に属する本は、まだ読めなかった。

間もなく、かれの読書範囲は、大きくひろがりはじめた。

エミーへの手紙に、回復にはまだ何年もかかるでしょう、と書いたヘレーネの思考の秤《はかり》もまた、悲観のほうに傾きすぎていたのかもしれない。

まるで砂漠の長い旅を経て、オアシスの泉に辿り着いた旅人が、それまでの渇きを癒そうとするかのような勢いで、マックスはさまざまな本に手を伸ばした。

アリストファネス、ルソー、ヴォルテール、モンテスキュー、テーヌ、そしてジンメルの『貨幣の哲学』……。

とくに、前年に出た『貨幣の哲学』に関心をもったのは、専門分野の周辺にも心が開かれてきたのを示している。

読書範囲が広がるにつれ、人に会う気力と意欲も生じて、かれはローマのドイツ史研究所に、学生時代からの友人であるシェルハス教授を訪ね、そこで知り合った若い歴史家のハラー博士と、専門的な論議をかわすようになった。

ある日、かれは三時半にドイツ史研究所へ出かけて行き、七時半に帰ってきた。ハラー博士と三時間も議論をしてきたのである。

ハラー博士が下宿に訪ねて来たときには、はなはだ難解な話が、二時間以上にわたってつづけられた。

迸《ほとばし》り出るマックスの言葉の調子が、マリアンネには、病気になる以前とおなじ生彩と迫力を取り戻したようにおもわれた。

このころかれが、もっとも興味を抱いていたのは、修道院の歴史、制度、財政の問題で、それらに関する書物や史料を、つぎつぎに読んでいった。

未開の新しい領域に踏みこんだ探求と思索は、のちに代表作の『プロテスタンティズムの倫理と資本主義の精神』に結実する。

祈りと労働の日日を送った中世の修道院の生活と、近代の資本主義経済社会……。

一見なんの関係もなく、むしろ正反対におもえる両者の関連を、その著述のなかでかれは、おおよそつぎのように説いた。

――キリスト教修道士としての最高の生活形態は、すでに中世において、いくつかの現象においては早くも古代から、合理的な性格をおびていた。

東洋の禁欲僧生活に対比して、西洋の修道士生活のもつ世界史的意義は、この点にある。

西洋的禁欲は、聖ベネディクトゥスの規律において、すでに無目的な現世逃避と脱俗的な苦行から、原理的に脱け出し、クリューニー派でいっそう明白となったその傾向は、シトー派でさらに顕著に、イエズス会においてまったく決定的となった。（筆者註――聖ベネディクトゥスは、西欧修道院の祖とされるベネディクト会の創始者で、クリューニー派とシトー派は、ともに同会の分流）

その規律は、人間を非合理的な衝動の力と、現世および自然への依存から引き離して、神の計画的意志に服させ、かれの行為を不断の自己審査と、倫理的意義の熟慮のもとにおくことを目的とする。

そうした合理的な態度の組織的な方法として、修道院内の生活は、すでに完成された形態に近づいていた。

それは、修道士たちを、神の国のための労働者として訓育するとともに、かれら自身にとっては、自己の魂の救いを確実なものとするための方法であった。

宗教改革は、この合理的で組織的で倫理的な生活態度を、修道院から引き出して、世俗の職業生活のなかに持ちこんだ。

禁欲の精神は、修道士の小部屋から、職業生活の多様な場に広げられて、世俗の道徳をも支配しはじめた。

すなわち、世俗外的な修道士的禁欲と、世俗内的な職業禁欲のあいだには、明らかに内的な連続関係がある。

われわれはふつう、時間がないとこぼすのを、近代の職業人の特徴だと考えたり、時計の区切りに合わせて仕事をすることで、資本主義の発達程度を探ったりしがちだ。

だが、教会の鐘によって区切られた時間にしたがって生活した最初の人間が、修道士であったことを忘れてはならない。

宗教改革は、よく考えられているように、人間生活にたいする教会の支配を排除したのではない。

　各地の宗教改革者たちが、熱心に非難したのは、人びとの生活にたいする宗教と教会の支配が多すぎるということではなくて、むしろ少なすぎるということだった。

　それまでの宗教の支配が、当時の実際生活においてはきわめて楽な、ほとんど表面的な形式にすぎないものであったのに反して、新たにもたらされたのは、家庭生活と公的生活の内面までふくめた全体にわたって、恐ろしく厳しく、かつ厄介な規律を要求するものだった。

　十五世紀の末葉、当時もっとも豊かで、経済的に発達していた地方の人びとは、カトリック教会の支配に服することに、少しも困難を感じていなかった。

　それにたいして、十六世紀にジュネーブとスコットランド、十六世紀末から十七世紀にかけてはネーデルランドの大部分、十七世紀にはニューイングランドと、一時はイギリス本国をも制したカルヴィニズムの支配は、今日のわれわれからすれば、およそ個人にたいする教会の統制の形態のなかで、もっとも耐え難い種類のものであった。

　詩人ミルトンは、カルヴァンの「予定説」――神はみずからの栄光を顕さんがため、人間のうちのある人びとを永遠の生命に予定し、他の人びとを永遠の死滅に予定し給《たも》うた、すなわち、個個の人間の救いと滅びは、神の意志によって予め定められている、とする説を批判して、「たとい地獄に堕されようと、私はこのような神をどうしても尊敬することはできない」といった。(神は全知全能であるから、天国に召される者と地獄に落ちる者の別を、初めから知っていないはずはない、というのが「予定説」の根拠とされている)

では、そのころ勃興しつつあった市民的中産階級が、そうしたカルヴィニズムひいてはピューリタニズムの、いまだかつて他に類がないほどの専制的支配を、みずから進んで受け入れたのは、いったいなぜだったのか。……

これが、『プロテスタンティズムの倫理と資本主義の精神』において、マックス・ヴェーバーが解き明かそうとした、最大の謎なのである。

研ぎ澄まされる「方法論」の刃

戦前、わが国の文科系の旧制高校生で、リッケルト（リッカート）の名を知らぬ者は、ごく少数であったろう。現在は逆に知る学生のほうが、ごくごく少数に限られるに違いない。

二十世紀の初頭には、新カント学派のなかの西南学派（バーデン学派）を代表する哲学者として、一世を風靡したハインリヒ・リッカートも、いまではすっかり忘れられた存在となってしまった。

だが、すでに足かけ五年にわたって、神経疾患の獄中に呻吟してきたマックスが、ようやくそこから抜け出し、学者として新たなスタートを切って、初期を遥かに凌駕する巨大な学問的業績を築き上げるに到る契機のひとつとなったのが、リッカートの所論であったことは――それは長年の定説でもあるが――やはり間違いないとみてよいであろう。

読書範囲が、ギリシャの古典から、同時代の先端を行くジンメルにまで広がり、修道院の研究に没頭して迎えた一九〇二年の早春、マックスはひとりローマを離れて、しばらく滞在したフィレンツェから、マリアンネに宛てた手紙に、こう記している。

――リッカートを読み終えた。これは非常にいい。私はこのなかに、論理的に精錬された形式ではなくともとにかく自分なりに考えて来たことを相当たくさん見出す。用語については私には疑義があるが。……

マックスが読んだのは、リッカートがフライブルク大学の正教授になる年に前半部分が発表され、六年後のこの年に完結した『自然科学的概念構成の限界』の後半部の、たぶん校正刷であったのではないかとおもわれる。

論述の前半部分に関しては、反対意見も少なくなかったリッカートの教授就任にさいし、マックスが強力な推薦者となった話は、まえに述べた。

少年時代にはじまる二人の交友関係について語ることは、われわれの主人公の内部における哲学と社会科学、そして現実政治との係りあいの解明にも通じると考えられるので、マックスの没後に書かれたリッカートの回想（佐伯守訳『歴史哲学序説』所収）によって、その道筋を辿ってみよう。

父親がともに国民自由党の代議士で、母親同士も深い友情で結ばれていた二人が、初めて知り合ったのは、同年代のギムナジウム生徒だったころだが、このときは住まいが遠く離れていたせいもあって、親しく交わるというところまではいかなかった。

最初に会った当時、少年マックスは収集に熱中していたコインの数数を、一歳上のリッカートに見せて、それぞれにまつわる歴史的な知識を矢継ぎ早に説いた。

読者は、十二歳のマックスが、家庭教師的な存在であったとおもわれるブレンディッケ博士から、マキアヴェッリの『君主論』と王太子時代のフリードリヒ大王が書いた『アンティ・マキアヴェッリ』を借りて読み、一緒に博物館を見学したあとに訪ねた博士の家で、石貨や古銭を見せてもらったことがあったのを、ご記憶であろうか。

コインの収集は、そのころからはじまったのに違いない。

古銭を手に、滔滔と歴史を語る相手が、その分野における圧倒的な優越を示そうとしているようにおもえて、リッカートは脅威を感じた。

それからもたまに会うたび、桁外れの学識に驚かされ、いつかは学問の領域で、とりわけ歴史の分野で、どえらい仕事をやってのけるだろう、という印象をあたえられた。

といっても、リッカートが知識や教養の面で、並の生徒だったわけではない。

それどころか、戦前刊行の岩波文庫『文化科学と自然科学』に付された略伝（豊川昇）によれば、スコットランド出身の豪商であった母方の祖父が、聡明な孫の英才教育に力を注いだので、かれは少年時代すでにシェークスピアの全作品に精通し、作中の台詞を自在に引用することができた。

女性にも大学の門戸が開かれるよう運動するくらい、学芸に熱意を抱いていた母親からは、生涯にわたるゲーテ——とくに『ファウスト』への傾倒を植えつけられた。

古典だけでなく、現代文学の話題作、問題作も片っ端から読破し、父親が編集していた「ダンツィヒ新聞」に掲載する書評や劇評の原稿を、ギムナジウムの机の下で書き綴った。

マックスが学校の机の下で、全四十巻のゲーテ全集を読了したのと、似たようなことをやっていたのである。

ベルリン大学へは、文芸史の研究を志して入ったのだが、当時最高の名声を博していたヴィルヘルム・シェーラーの講義に、やがて強烈な幻滅を味わわなければならなかった。

実証主義にもとづく文献学的方法で、作品の本文批判と作者の伝記の科学的研究を重んじ、社会学的に時代の背景も明らかにしようとするかれの学風は、「シェーラー学派」の名で呼ばれるほど多くの支持者と追随者を集めて、圧倒的な勢威を誇っていた。

だが、芸術的創造の秘密を、その背後の歴史から説明し、作品の全体を各種成分の合成として解することは、断じて真の芸術の理解ではない、と信ずるリッカートは、当代随一とされる文学史家の『ファウスト』解釈に甚だしく失望し、進路を文芸史から哲学に転じて、スイスのチューリヒ大学に向かった。

シェーラーの実証主義に反撥したかれは、哲学においては経験論を克服する必要がある、と考え、「経験批判論」の創始者として名高いアヴェナリウス教授の教えを受けに行ったのだけれど、経験から個人的要素や神話的要素を排除した純粋経験によって世界を説明しようとするその最新の認識論を学んでも、疑問はなお解決されなかった。

そうしたある日、一人の私講師が経験批判論の立場から、しきりにカントへの攻撃を繰り返しているのに、逆に興味を掻き立てられて手にした『純粋理性批判』が、リッカートにそれこそコペルニクス的転回をもたらした。

いっさいの実証主義、経験論、唯物論に飽き足らないかれは、シェーラーとアヴェナリウスに求めて得られなかったものを、経験にさきだつ人間の先天的な認識の在り方を論ずるカントの批判哲学に見出したのである。

そこでシュトラスブルク大学へ行き、新カント学派の第一人者であるヴィンデルバントに学んで、処女作の博士論文『定義論』で学位を獲得し、三年後には教授資格取得論文『認識の対象』を書いて、フライブルク大学に私講師の席を得る。

ここでふたたび、前述のリッカート自身の回想にもどれば……。

フライブルク大学へ国民経済学の教授としてやって来たマックスおよびマリアンネと、リッカート夫妻のあいだに、家族ぐるみの交際がはじまった。

マリアンネは、リッカートの「認識論」の講義に出席し、哲学者のほうは、国民経済学者マックスの歴史分析と政治論に耳を傾けた。

学問研究の対象を、主として自己の政治的関心によって選んでいたそのころのマックスの政治論は、該博で包括的な歴史知識に裏づけられていて、ありふれた時局的な発言の水準を、遥かに越えていた。

マックスにつきまとった、かれは学者なのか、政治家なのか、という問いに、リッカートは答える。その両方であったのだ、と。

少年時代から、マックスはたくさんの哲学書を読んでいたが、かれの学者としての関心は、つねに具体的な事実《ザッヘ》にもとづく専門の領域に向けられていて、普遍的で抽象的な世界観を、強靭な思索によって築こうとする哲学の方向にはなかった。

しかし、必然と偶然がからまりあった成行きが、マックスとリッカートの結びつきを強めることになる。

ハイデルベルクで起こった不測の悲劇をきっかけにして、重度の神経疾患に襲われたマックスが中断させられたのは、学問的な活動だけではなかった。

みずからに課せられた責務のひとつと考えていた政治活動も、以後はほぼ不可能になった。雄弁を失ったかれに、もはや政治家としての将来はあり得ない。

自己のなかの政治家を断念したことは、かれを過去の学問的方法の再吟味へと向かわせた。どのような学問的判断にも、じつは政治的な価値がからみついている、それをはっきり自覚しなければならない、というのが、これまでのかれの持論であった。では、そのような価値から自由な学問というのは、決してあり得ないものなのであろうか。

また、これまでのかれは、マルクスに多くのものを負うていた。けれど、修道院の研究を通じて、宗教が経済におよぼした広汎な影響を、具体的にまざまざと見て取れるようになるにつれ、唯物史観の一面性が、まえよりいっそうはっきりしてきた。

これらのことは、歴史的な洞察をできるだけ個性的に記述しようとする方法から、社会と文化の諸現象の、普遍的な連関を明らかにしようとする試みへと、かれを導いて行った。

病の前と後で、マックス・ヴェーバーは画然と変わった。

それは一回的な事件の個別性を重視する歴史家から、複雑な事象の理論化を目ざす社会学者への変化であった。

そうした変貌のなかから、新しい創造の時期の始まりを告げる、かれのもっとも重要な方法論的論文が登場してくるのである……。

受理された三度目の辞表

滞在中のフィレンツェへ訪ねて行ったマリアンネに、講義の開始はまだ難しいと考えていたマックスは、こんどこそハイデルベルク大学教授を辞める、という決意を口にした。

妻は賛成ではなかったけれど、さらに賜暇の延長を願い出て、夫がまたもや疾しさに耐える辛い日日を送ることを望むわけにはいかなかった。

口述された辞表を筆記しながら、涙をこぼした妻に、夫は腹を立てた。辞表はフィレンツェから、バーデンの文部当局に送られた。

マックスは一九〇二年四月二十一日——つまり三十八歳の誕生日に、マリアンネの表現によれば「翼を折られた鷲のような姿」で、ハイデルベルクに帰った。

同僚や友人は、温かく迎えてくれたのだけれど、教授を辞めたあとの生活を考えれば、暗澹として肩身の狭いおもいを禁じ得なかったのに違いない。

辞表はこんども受理されなかった。

ハイデルベルク大学とバーデンの文部当局が、それほどまでにマックスの能力を高く評価していたからであろうし、久しぶりに会った人びとに、ずいぶんよくなっていて、本格的な回復も遠くない、という印象をあたえたせいもあったのかもしれない。

マックスは、自宅でのゼミナールだけは行ない、学位試験の選考にも加わることを条件に、感謝の意を表明して、再度の猶予を受け入れた。

法学者イェリネク、神学者トレルチなど、錚錚たる教授が自宅へ訪ねてきた。尊敬する先輩、信頼する友人として、相互に長く影響と刺激をあたえ合った人たちだが、このころのマックスはまだ、しばし活潑な議論をつづけると、あとでそのぶり返しにずっと苦しまなければならなかった。

ハイデルベルク大学の哲学部が、大学の記念祭を機に刊行する論文集に、寄稿をもとめてきた。回復途上のマックスにとって、最大の鬼門は締切りのある仕事だった。期限が迫るにつれて強まる義務感の重圧によって、かえってスランプに陥ってしまうからなのであるけれど、現在の境遇からして、引き受けないわけにはいかなかった。

リッカートの新著に刺激をうけていたかれは、フライブルク大学の教授就任講演で、みずからその門弟であると述べた「歴史学派」の創始者ロッシャーとクニースについて、方法論的な論文を書くことにした。

秋に入り、社会民主主義の立場にたつ社会政策学者ハインリヒ・ブラウンが主宰する雑誌「社会立法・統計学論叢《アルヒーフ》」に頼まれて、マックスは一本のまとまった書評を書き上げた。短い口述の文章を別にすれば、およそ四年ぶりの執筆再開であった。

それでいくらか自信を得たのか、かれは大判の雑記用紙に、ロッシャーとクニースに関する心覚えを、いろいろと書き記しはじめた。

この仕事は、難航をきわめた。おそらく生涯において、これほど難産の苦痛を味わったことはなかったのではあるまいか。

学界の権威をも感嘆させた初期の労作は、並外れた量の史料と資料の渉猟によって得られた厖大な事実《ザッヘ》の集積を、驚くべき精力と集中力で完全に咀嚼し消化して、前例のない新たな視野を切り開いて見せるものだった。

観念的で抽象的な思索を要する、いわば哲学的な方法論の探求は、まったく不慣れな作業である。

無類の持続力の持主であったはずなのに、まだ病気が本復していないせいもあって、これは一日に少しの時間、しかもせいぜい四日ぐらいしかつづけることができず、また取りかかるためには、ほぼおなじ日数の無為の時をすごして、力を蓄えなければならない。

本来きわめて義務感と責任感の強い人間が、このときは哲学部教授会との約束を、ついに果たすことができなかった。

俸給を受けているのに、それに応える仕事ができず、将来もできそうにない面目なさが、かれを抑鬱状態に陥れた。

ハイデルベルクの重苦しい冬に耐えきれなくなって、マックスはまた明るい陽光のイタリアに逃れた。

もはや取るべき道は明らかだった。

——大学教授の役を演ずることは、やめなければならない。

マックスは三度目の辞表を提出した。

若干の社交辞令的な慰留はあったけれど、こんどは受理されて、かれは学部教授会への発言権も、学位審査権もない名誉教授という肩書をあたえられた。

マリアンネは書く。「ウェーバーは男盛りの年で彼の王国から追出されたのである。外的な意味での彼の前途はもはやなかった——ひどい落ち目だったのだ」と。

だが……。

春先に、教職への復帰をほぼ完全に諦めて、自責の念が軽減されたせいか、ずっと渋滞していた筆が、少しずつ動きだし、夏にはとうとう随分てこずらされた論文の第一部『ロッシャーの歴史的方法』が書き上げられ、その年——一九〇三年の「シュモラー年報」に発表された。

はなはだ複雑で難解な論旨を、簡単に要約して紹介することは、とうてい無理なのだが、まったく触れずに通りすぎるわけにもいかないので、松井秀親《ひでちか》の邦訳（『ロッシャーとクニース』）によって骨子とおもわれる箇所を、筆者なりに抜き書きしてみよう。

――ロッシャーの論述はすべて、歴史を自然科学と共通な、経験の基盤のうえにおこうとしている。

しかもかれにとって、生起する現象の窮極にして最高の法則は、まさに「神の思召《おぼしめし》」で、自然法則は神の御業《みわざ》なのである。

以上を総括して、純論理的に考察すれば、ロッシャーの「歴史的方法」というものは、全体として矛盾にみちた構成物であることがわかる。

ロッシャーはヘーゲルに対立するのではなくて、むしろ退化しており、ヘーゲル哲学の輝かしい形而上学的構成は、かなり素朴で単純な宗教的信仰に取って代わられている。

かれが、ヘーゲルからの離脱という自分の道を、最後までつき進めて行くことが不可能であったとすれば、その責任は本質的に、「概念《ベグリフ》」と「概念で把握されるもの《ベグリフエネス》」とのあいだの関係如何《いかん》、という論理的な問題の方法的意義を、ヘーゲルほどには認識しなかった、という事情にあるのである。……

マックスは、自分もその流れにつらなっていた「歴史学派」の祖ロッシャーの理論の核心に、ともに原始的な「科学」と「信仰」の混合を認め、しかも当人がそのことに無意識である点を、鋭く衝いた。

科学と信仰の混合――。取りも直さずそれは、遠い古代から今日にいたるまで、さまざまに姿を変えてつづく「呪術」にほかならない。

すなわちここに示されたのは、マックスにとって後半生の主要なテーマとなる「呪術からの解放」の出発点なのであった。

新たな活動の舞台

話は少しくまえに溯る……。

マックスにとって、講義が最初に苦痛となった一八九八年、エルゼ・フォン・リヒトホーフェンは、ハイデルベルク大学を離れ、ベルリン大学で「新歴史学派」を代表するシュモラーや、独創的な社会学者ジンメルなどに学び、やがて経済学の学位を取得した。

エルゼは、女性として初めてバーデンの工場監督官に任命され、念願の道を歩みはじめていたのだが、なぜか一九〇二年——マックスが「翼を折られた鷲のような姿」でハイデルベルクに帰り、ロッシャーとクニースに関する論文を書きあぐねて、悪戦苦闘をつづけた年だ——に、突然、ずっと年上のエトガール・ヤッフェと結婚して、幼いころから聡明な姉を尊敬していた妹フリーダや、彼女の将来に大きな期待をかけていた女性たちを、ひどく失望させた。

ハンブルクの大商人の家に生まれ、マンチェスターの支店をまかされて、長くイギリスに滞在し、父親の死後に帰国して、経済学の学者になろうと、ハイデルベルク大学で研究を行なっていたヤッフェは、四十に手が届こうとする背の低い地味な男だった。

二年後に、イギリスの銀行制度について、一定の評価をうける論文を書き、大学教授資格を取得して、私講師になるのだけれど、このときはまだ、とりわけ傑出した存在であるとは、人の目に映っていない。

『チャタレー夫人の原像』の著者ロベルト・ルーカスは、親切で内気な性格で、ユダヤ人の抑制とハンブルク人の着実性が入りまじっていた……と、その特徴を記している。

エルゼのファンともおもわれる女性たちの失望には、このユダヤ人である点もふくまれていたのだろうか。

没落貴族であったエルゼの父は、かつて娘たちにこういった。「だれと結婚しても構わない。相手がユダヤ人かイギリス人か、賭博師でないかぎり」

ところが結ばれたのは、エルゼがユダヤ人、フリーダはイギリス人、そしていちばん愛らしかったヨハンナの相手は、賭博師だった。

評伝の大作『薄明のロレンス』の著者井上義夫は、なかの一章「フォン・リヒトホーフェン家の娘たち」において、マーティン・グリーンの論究をもとに、おおよそつぎのように述べる。

――エルゼの結婚が、フォン・リヒトホーフェン家の事実上の家長たる彼女の、家族に対する経済上の配慮からなされたことは疑えない。彼女は既に二十歳の年に、賭博で多額の借金をつくった父親の依頼により、家屋売却の危機をのりきるために父親の上司の将軍と交渉して給与前払による金銭貸与を取付けたことがある。或いはヤッフェは、結婚後この父親のみならずエルゼの妹ヨハンナとその夫にも多額の融資を行なったという。マーティン・グリーンは、第二の理由として、ヤッフェとの結婚が彼女にハイデルベルクにおける知的サロンの形成を保証したという事実を掲げる。ヤッフェが彼女のために建てた四階建ての家屋《ヴィラ》は、ネッカール河に臨むこの美しい町の各所から遠望され、のちにここに若き俊才と世界的名声をもつ学者が集まることになったというのである。……

ヤッフェは、よほどの資力の持主で、しかも美貌と理知と性的魅力をすべてかねそなえたエルゼに、すっかり心を奪われていたのに違いない。

一九〇三年の春ごろ——マックスが三度目の辞表提出を決意したあたりだ——から、ヤッフェが、ハインリヒ・ブラウンの「社会立法・統計学論叢《アルヒーフ》」を買収し、ヴェルナー・ゾンバルトとマックス・ヴェーバーを共同編輯《へんしゅう》者に迎えて、誌名も内容も一新した雑誌を出そう、という計画が具体化しはじめた。

ブレスラウ大学の員外教授で、ハインリヒ・ブラウンの雑誌の常連寄稿者でもあった経済学者ゾンバルトは、このころ「マルクス主義を完全に理解する唯一の大学教授」として知られ、マックスはフライブルク大学を去るときも、ハイデルベルク大学に最初に辞表を出したときも、かれを後任に推薦して、結局ともに実現はしなかったけれど、招聘に心を砕いたことがある。

マックスは乗り気になった。

教授を辞めても、定期的に論文を発表する舞台が確保されるのだから、これは願ってもないことであった。

ヤッフェにしても、博士にはなっていたけれど、まだ教授資格も得ていないのに、すでに時代の脚光を浴びている二人の高名な教授と名を並べて、社会科学の学術専門誌の共同編輯者になれるのだから、相当の資本を投じても、これは決して損な話ではない。

はなはだ気宇壮大でしかも用意周到なこの新雑誌の企画の背後に、筆者は、エルゼの姿を透かし見る。

強引にすぎて、読者の顰蹙を買うかもしれない推測を、敢えて試みれば、だれもが意外に感じたエトガール・ヤッフェを、エルゼが結婚の相手に選んだ理由のひとつは、大学での講義ができなくなったマックスに、新たな活躍の場を提供したい、という秘められた願望にもあったのではないか……という気がするのである。

一九〇四年の三月、誌名を「社会科学・社会政策論叢《アルヒーフ》」（以下「アルヒーフ」と略記する）と改めて刊行された雑誌の第一号には、新しい編輯方針を示す「緒言」が掲げられた。

付録としてそれも収めた岩波文庫の新版『社会科学と社会政策にかかわる認識の「客観性」』（富永祐治・立野保男訳、折原浩補訳）から、要点とおもわれる箇所を引いてみよう。

十五年の歴史をもつ従前の雑誌から変化する点として、「緒言」はこう述べる。（傍点は原文のまま）

「今日、われわれの雑誌は、資本主義発展の一般的な文化意義の歴史的また理論的な認識を、学問上の問題と見なし、この問題の究明に役立てられなければならないであろう。そしてまさに、われわれの雑誌自体が、文化現象の経済的被制約性という特定の観点から出発し、また、出発しなければならないから、われわれは、一般国家学、法哲学、社会倫理といった隣接諸学科、ならびに、社会心理学的研究、および普通には社会学という名称のもとに括られている諸研究と、緊密な接触を保っていかざるをえない」

「一五年まえにはなお最良の人々の心をとらえていた、社会的事実にたいする渇望のあとに、哲学的関心一般の蘇生とともに、社会理論への渇望が目覚めてきた。この渇望を力のかぎり満たすことが、この『アルヒーフ』の将来の主要課題となるであろう。われわれは、哲学的な観点のもとに社会的諸問題を論ずることと、われわれの専門領域で狭義には『理論』と呼ばれている研究形式、すなわち明晰な概念の構成とを、これまでよりいっそう心して重視していかなければならないであろう」

「それゆえ、われわれは、認識批判および方法論にかんする学問的研究の進展を、たえず注意深く見守っていくであろう。そしてわれわれは、ここに『アルヒーフ』新シリーズの刊行を開始するにあたり、編纂者のひとりが執筆し、こうした問題を詳細に取り扱う論文を掲載することによって、われわれとしても、こうした原理的論究に持続的に関与していくつもりであることを表明しておきたい」

署名は「編纂者一同」となっているけれども、これはマリアンネの伝記にそう記されている通り、マックスが書いたものに間違いあるまい。

これまで繰り返し述べてきたように、マックスの学問的関心は、つねにさまざまな分野の境界領域にある未開の地を目ざす。

かつて法律学から、国民経済学に移った興味の的は、いまや社会学に変わりつつあった。そして哲学的な方法論の探究は、目下最大の関心事である。

今後、質量ともに格段の飛躍を示すかれの代表作は、おおむねこの「アルヒーフ」に発表されていく。

予期せぬ悲劇と、それにつづく重篤の神経疾患によって、学問的活動の長期にわたる中断を余儀なくされ、大学の国民経済学教授の職を失ったかわりに、マックスは自分自身の興味の赴くまま、自在に主題を選択して、ひたすら未知の分野の研究と思索と執筆に専念できる、まさに絶好の活躍舞台を得たのである。

「一元論」を排す

新雑誌の「緒言」において、われわれの認識批判および方法論への関心を如実に示す原理的論究、といわばみずから高らかに宣言して、おなじ第一号に発表されたのが、あの画期的な論文『社会科学と社会政策にかかわる認識の「客観性」』であった。

書かれてからおよそ百年後のいまなお、少しも価値が失われていないばかりか、今後ますますその先見性が輝きをまして、永遠の古典となっていくに相違ない論述は、一行一行が抜き差しならない重要性をもっていて、簡単に要約して紹介することなど、むろん不可能だ。

そこで「ロッシャー論文」の場合と同様に、前記の岩波文庫の訳によって、肝要とおもわれる箇所を筆者なりに抄出してみたい。

論文は、簡潔なⅠ節と、詳細なⅡ節とに分かれていて、前者は共同編纂者の承認をうけた部分であり、後者については形式、内容ともに、著者のみが責任を負う、と原注に記されている。冒頭のⅠ節にはあとで触れるとして、ここでは先に、マックス個人の説であるⅡ節から見ていくことにしよう。

——われわれの雑誌は、マルクスおよびロッシャー以降の社会経済科学と同様、「経済的」現象のみでなく、「経済を制約する」現象および「経済に制約される」現象をも取り扱う。そうした対象の範囲が、そのときどきのわれわれの関心の方向に応じて流動的であるとはいえ、あらゆる文化事象の総体にまで押し広げられるのは当然である。

われわれの科学が、経済的要因を、文化現象のひとつの特殊な要素としてとらえ、その文化的な意義を、多種多様な他の文化との連関において追求するとき、われわれはひとつの特定の観点のもとに、歴史の解釈をえようとつとめ、十全な歴史的文化認識のために、ひとつの部分像・ひとつの予備労作を提供しているのである。

文化生活から、その社会経済的側面を抽出することは、明白に、われわれの主題を著しく限定することになる。人はいうかも知れない、「唯物論的」観点なるものは「一面的」である、と。確かにそうである。まさにそうした一面性こそ、目指すところなのである。

一面的ではなくて、「一般的」であると、みずから主張するものは、たいていのばあい無規定ではあるが、きわめて特殊な色彩の意義を帯びているものだ。

われわれの考えるところでは、文化現象の総体が「物質的」利害の布置連関の所産ないしは関数として演繹できるとする、時代遅れの信仰からは自由に、社会現象と文化事象を、それらがどのように「経済によって制約され」、また「経済を制約する」のか、という特定の観点から分析することは、実り豊かな創造性をそなえた科学上の原理であったし、慎重に適用して、独断に囚われさえしなければ、今後いつまでも、そうした原理でありつづけるであろう。

「世界観」としての、あるいは、歴史的実在を因果的に説明する公分母としての、いわゆる「唯物史観」は、断固拒否すべきである。しかし、経済的な歴史解釈の育成は、われわれの雑誌のもっとも本質的な目的のひとつである。この点については、もっと詳しい説明を必要とする。

たとえば『共産党宣言』に表明された、古いが独創的な、原初の意味における「唯物史観」は、今日なお、素人やディレッタントの頭を虜にしている。かれらの間に、いまなお浸透している独特の現象として、ある歴史的現象の説明にあたり、経済的原因が、なんらかの形で、どこかで作用している、と立証されないかぎり（あるいは、立証されたように見えないかぎり）、かれらの因果帰属を求める欲求はみたされない。

ところが、この説明さえつけば、こんどは、使い古された仮説やきわめて平板な言い回しで満足してしまう。というのも、そうなれば、経済的「動力」こそ、「本来の」唯一「真なる」「究極において決定的な」要因である、という、かれらの独断的な欲望がみたされるからである。

こうした現象は、なにも「唯物史観」にかぎってのことではない。ほとんどすべての科学が、文献学から生物学にいたるまで、たんに専門的知識のみでなく「世界観」の生産者でもあるという要求を、ときに掲げてきた。

人類学にも、同一の傾向が現れており、あらゆる歴史的出来事は「究極において」、先天的な「人種的資質」が相互に対抗的に作用し合った結果である、という信仰が、広汎に普及している。文化事象の原因をもっぱら「人種」に求める類の因果的遡行は、たんにわれわれの無知を証すものでしかない。

（まえには触れなかったけれども、フライブルク大学の教授就任講演『国民国家と経済政策』の前半には、明らかにポーランド人にたいする差別的な偏見が窺われた。しかし、いまやマックスは自己の誤りに気づき、それを克服しようとしているわけである）

これらの一元論的傾向は、たとえば「環境」やそれ以前には「時代状況」を引合いに出してこと足れりとした状態と同様に、方法的に訓練された研究によって克服されることが望ましい。

だが、こうした「一元論」と「一面性」は、まったく別のものである。特定の「一面的」な観点をぬきにした、端的に「客観的」な科学的分析といったものは、およそありえない。社会現象は、そうした一面的観点にしたがって初めて、研究対象として選び出され、分析され、組織立って叙述される。

われわれを取り囲み、またわれわれがそのなかに編入されている生活の現実は、無限の多様性をもっている。それゆえ、有限な人間精神による無限の実在への思考と認識はすべて、そうした実在の有限な部分のみが、そのつど科学的把握の対象となり、それのみを「知るに値する」という意味で「本質的」なものと見よう、という暗黙の前提の上に立っているのである。

では、いかなる原理によって、この部分が選び出されるのであろうか？……

このようにして、一時代の多くの人びとがいちように支配されがちな、単純な一元論的思考を排し、無限の多様性にみちた現実を的確に把握できる社会理論をもとめて、著者の方法論的分析は、詳細に展開されていくのだが、その論理的な緻密さは、じっさいに本を一行一行読んで確かめていただくしかない。

筆者はここから、さきほど通りすぎてきたⅠ節に立ち戻ってみたいとおもう。

このころはまだ、マルクス主義の同調者の印象が強かったゾンバルトの承認もうけた考えとして、著者は記す。

——経験科学は、なんぴとにも、なにをなすべきかを教えることはできず、ただかれがなにをなしうるか、また、なにを意欲しているか、を教えられるにすぎない。

当人にとって最高かつ究極と考えられる価値判断を主張しようとする企ては、その価値への信仰を前提とするばあいにのみ、意味をもつ。その価値の妥当性にたいする評価も、信仰の問題であって、経験科学の対象ではけっしてない。

われわれをもっとも強く揺り動かす最高の理想は、どの時代にも、もっぱら他の理想との闘争をとおして実現されるほかはなく、そのさい、他の理想が他人にとって神聖なのは、われわれの理想がわれわれにとって神聖なのとまったく同等である。

これは相対主義や折衷主義を意味しているのではない。対立する意見を調停して妥協に達することは、科学上の「客観性」とは、いささかも関係がない。「中間派」は、左右の極端な党派的理想に比して、髪の毛一筋ほども、科学的真理に近づいてはいない。……

つまり著者は、いっさい価値判断をもつな、といっているのではない。

自己が最高かつ究極と信ずる価値基準にしたがって、生活上の数数の抵抗と闘い、生き抜いていくことから、「人格」の尊厳が生まれる。ただし、それは個人の内奥に属する事柄であり、かれの意欲と良心の問題であって、経験科学の問題ではない。

こうして「科学」と「信仰」の分別をもとめる著者は、「価値からの自由」を強調しつつ、Ⅱ節の後半において、この画期的論文の精髄をなす「理念型」の問題へと進んで行く。

一見混沌の観を呈する無数の実在のなかから、あらかじめこうと決めこむ価値判断を注意深く取りのぞき、ひたすら論理上の完全性を目ざして、それ自体矛盾のない宇宙（コスモス）を作り上げ、現実には目に見えない普遍的な連関を明らかにしようとする「理念型」（Idealtypus）の厳密きわまりない概念構成については、それこそ原文を逐一丹念に読んでいただくしかないのだけれど、ここではひとまず、百年後の今日にも、まさしくそのまま当てはまるとおもわれる論文の結びの言葉を引いておこう。

「いつかは色彩が変わる。無反省に利用された観点の意義が不確かとなり、道が薄暮のなかに見失われる。大いなる文化問題が、さらに明るみに引き出されてくる。そのとき、科学もまた、その立場と概念装置とを換えて、思想の高みから事象の流れを見渡そうと身構える。科学は、ただそれのみが研究に意味と方向とを示せる星座をめざして、歩みを進める」

二十一世紀の進路を示す傑作

二十世紀の初頭に書かれ、地球の全人類がそれからおよそ百年後の世紀末から二十一世紀にかけて、ひとしく遭遇することになる最重要の課題を、じつに透徹した洞察力で的確に見通していた傑作『プロテスタンティズムの倫理と資本主義の精神』の成立過程を、これからおいおい見て行くためには、そのまえに、マックスが尊敬し信頼していた法学者イェリネクの存在を、視野に入れておかなければならない。

われわれがいま手にする改訂版では削除されているけれども、一九〇五年に発表された原論文の第二章の注釈のなかに、

——「良心の自由」の発生史と政治的意味にとって基礎的重要性をもつのは、周知のようにイェリネクの「人権宣言」である。私個人もまた、ピュウリタニズムと新しく取り組むようになったのはまさにこの書物のお蔭なのである。

という一節があったことは、安藤英治によってつとに指摘され、強調されていたことである。とすれば、われわれもその画期的といわれたイェリネクの『人権宣言論』について知っておく必要があるだろう。

ゲオルク・イェリネクの学問的業績は、マックス・ヴェーバーと同様に、人文科学と社会科学

の多くの分野にまたがって生み出された、まことに鬱蒼たるものであった。

それを概観するために、主著『一般国家学』（芦部《あしべ》信喜《のぶよし》・小林孝輔・和田英夫ほか訳）の「訳者あとがき」に記された詳細な年譜によって、かれの経歴から辿ってみたい。

イェリネクは、マックスに先んずること十三年前、ユダヤ教会の教師でユダヤ律法学者としても著名なラビの長男として、ライプチヒに生まれた。つまりユダヤ人である。

六歳のときに一家で移り住んだウィーンで、ギムナジウムを卒業し、ウィーン、ハイデルベルク、ライプチヒの各大学で法律学と哲学を学んで、まず哲学の博士号を取り、ついで法学博士の学位も得た。

その間、国民経済学とヘーゲル、カントの研究に専念していたが、間もなくウィーンのオーストリア＝ハンガリー帝国総督府の書記官試補の職に就く。

ユダヤ人が大学教授になるのはすこぶる困難な時代であったから、いったんは学究専門の生活を諦めようとしたのかもしれない。

けれど、どうしても諦めきれずに官を辞し、教授資格請求論文を書いて、ウィーン大学の法学部に提出したが、これは反ユダヤ主義者によって阻まれた。

翌年、あらためて別の論文で、私講師の席を得ることができ、さらにだれもが実力を認めざるを得ない著述を公刊して、教授資格を一般国法学と国際法にもひろげ、ついに一八八三年――マックスがシュトラスブルクで一年志願兵役に服した年だ――に、ウィーン大学の員外教授に選ばれる。

六年後、長男パウルが五歳で夭折したのがきっかけとなったのか、イェリネクは深刻なノイローゼに陥り、医師の勧告で外国旅行に出かけ、また判然としない理由で、せっかくのウィーン大学教授も辞職しなければならなくなった。（このあたり、どことなく後年のマックスの運命に似ているような気がする）

すでに力量が広く知られていたので、ほどなくスイスのバーゼル大学の国法学正教授に招かれ、その一年後には、ハイデルベルク大学から一般国法学、国際法、政治学の正教授として招聘をうけた。三十九歳のイェリネクの喜びは、いかばかりであったろう。

パウル・ホーニヒスハイムは『マックス・ウェーバーの思い出』（大林信治訳）の冒頭に、こう書いている。

「ハイデルベルク大学は、その頃ドイツでももっとも自由な、しかももっとも国際的な大学であった。人種、国籍、政治、あるいは宗教を理由に他のところでは排斥されたような人々が、このネッカー河畔の都市では受け容れられたのである。だから、オーストリア、ハンガリー、バルカン諸国、そして順序は最後になったが、重要なのはロシアであるが、これらの国々の少数派の代表者たちはみなここに集まっていた」

「教授団についても、事情は、厳密に同じではないとしても、大体似たようなものであった。とくに注目すべきことは、学部の境界が交錯しており、教授団のメンバーが一つ以上の学部で教えることができたということである。例えば、ゲオルク・イェリネクのように、正式には法学部の公法の正教授であったが、彼のもとで法哲学や国家学、あるいは政治思想史の論文を書いて哲学の学位を取ることができたし、また一般国家学や政策学を副科目として彼を試験官に選ぶこともできたのである。学生たちはこのいずれの機会をも大いに利用していた」

マックスが同時代の哲学者のなかで、人間的にはいちばん親しくつきあった年下の哲学科教授エーミル・ラスクも、オーストリア生まれのユダヤ人だった。

ただし、そのようなハイデルベルク大学であっても、マックスとイェリネクが力を注いだジンメルの正教授招聘は、実現していない。ホーニヒスハイムは「ジンメルがユダヤ人であったことが否定的要因として重きをなしたことは確かである。そしてこのことにウェーバーはひどく憤慨したのであった」と書いている。

さて、ハイデルベルクに移って二年後、従来のドイツの伝統的で支配的な学説に反する『公権論』——国家権力と個人の権利を峻別して、公権の本質は、個人の国家にたいする請求権である、とする——を刊行して、学者としての地位を国際的にも不動のものにしたイェリネクは、三年後の一八九五年、さらに国際的な反響を呼ぶ画期的な論文を発表する。

それがハイデルベルク大学の「国法学・国際法学論集」の一冊として公刊された『人権宣言論』である。

わが国では明治の後期から、美濃部達吉の訳によって知られてきたが、ここではそれに初宿正典《しやけまさのり》編訳の『人権宣言論争』に収められた訳文も併せて、筆者なりの抄出を試みてみよう。

イェリネクはいう。

——フランス革命のなかでもっとも重要な出来事のひとつである、憲法会議が制定した『人および市民の権利宣言』については、正反対に分かれる二つの評価がある。

政治家と歴史家の多く（イギリスの良識派バークと哲学的急進派ベンサムをふくむ）は、実際上の政綱とするにはあまりに危険で過激にすぎると批判し、他の論者ことにフランス人は、これを世界史的な啓示で、フランス人が人類にあたえた最大の贈り物であるとする。

法制史的に見るならば、ヨーロッパ大陸諸国の実定法において、個人の公権の観念が発展したのは、この文書の影響による。

これまでの通説では、この「権利宣言」の主要な動機となったのは、ルソーの『社会契約論』で、また、北アメリカ十三州連合の「独立宣言」がその模範となった、とされていた。まず、この通説の当否を検討してみよう。……

人権思想の淵源はアメリカ

第一章で、フランスの「権利宣言」の重要な意義を述べた著者は、第二章において、ルソーの『社会契約論』はこの「宣言」の淵源ではなく、むしろそれに敵対するものであると、ルソー自身の叙述にもとづいて論理的に説き明かし、第三章以降、「宣言」の直接の模範は、北アメリカ諸州の「権利章典」にあったことを、実際の条文に即して、克明に立証していく。

フランスの「権利宣言」が制定されたのは、一七八九年八月二十六日だが、ヴァージニア憲法の冒頭におかれて、以後の諸州の「宣言」のみならず、合衆国連邦議会の「独立宣言」そのものの模範ともなった「権利章典」が、ウィリアムズバーグで開かれた革命議会において採択されたのは、それより十三年前の一七七六年六月十二日であった。

第五章は、邦訳だと、頁を二分した上段にフランスの「権利宣言」、下段に北アメリカ諸州の憲法の条文が示されて、各条ごとに内容が対比される体裁になっている。

フランスの「宣言」の第一条が、

「人は自由に、かつ権利において平等なものとして、出生し生存する。社会的差別は公共の利益に基づくものでなければ、許されない」

とするのに、ヴァージニア憲法の第一条は、

「すべて人は生来ひとしく自由かつ独立しており、一定の生来の権利を有している。これらの権利は、人々が社会状態に入るにあたり、いかなる契約によっても、その子孫からこれを奪うことはできない。かかる権利とは、財産を取得・所有し、幸福と安寧とを追求・獲得する手段を伴って、生命と自由とを享受することである」

と表明しており、その四年後に制定されたマサチューセッツ憲法の第一条は、

「すべて人は生まれながらに自由かつ平等であり、一定の、生来の、本質的に譲り渡すことのできない権利を有する」

と述べていた。

また、フランスの「宣言」の第三条が、

「あらゆる主権の原理は、本質的に国民に存する。いかなる団体もいかなる個人も、国民から明示的に発するものでない権威を行使しえない」

というのに、ヴァージニア憲法は第二条で、

「すべて権力は人民に与えられており、したがって人民に由来するものである。為政者は人民の受託者であり公僕であって、いずれの場合にも人民に対して責任を負う」

と説いていた。

こんなふうに、いちいち照らし合せてみると、「すべて人は有罪と宣告されるまでは、無罪と

推定される」「信教と良心の自由」「思想と表現の自由」「行政機関の情報公開」「三権の分立」「所有権の不可侵」など、フランスの「権利宣言」の核心をなす部分は、北アメリカ諸州の憲法において、すでに詳細に規定されていたのがわかる。

つづく第六章で、こんどはアメリカの「権利宣言」と、それに先立つイギリスの「権利宣言」のあいだに横たわる大きな隔たりに論及したのち、第七章にいたって著者の結論が示される。

——普遍的な人権を、法律によって確定しようとする思想の淵源は、北アメリカのイギリス植民地において、個人の「信教の自由」「良心の自由」の根源的権利を、あくまで守り抜き、貫き通そうとする闘争のなかにこそあったのだ。……

そしてイェリネクは、その代表者としてロジャー・ウィリアムズ——一六三一年にマサチューセッツ植民地に渡ったイギリス人牧師で、政教分離とネイティブ・アメリカンの権利擁護を唱えたため、異端として追放され、信仰自由の地として「プロビデンス」を創建し、ロードアイランド植民地の基礎を築いた、アメリカ自由主義の先駆者——の名前を挙げて、初版の論文をこう結ぶのである。

「個人の譲るべからざる天賦の神聖な諸権利を、法律によって確定しようとする思想の淵源は、このように政治上のものではなくて、宗教的なものである。これまで世人がフランス革命の産物と信じていたものは、じつは宗教革命とその闘いの結果なのである。その最初の伝教者は、ラ・ファイエット（アメリカ独立戦争に感銘をうけ、自費で従軍して奮戦し、負傷して帰国したフランスの軍人、革命時の国民軍司令官で、「権利宣言」の草案の提出者）ではなく、かのロジャー・ウィリアムズである。強烈な宗教的熱情に駆られて、広漠の原野に新たな信仰自由の国家を建設し、いまなおアメリカ人に深い畏敬の念をもって名前を記憶されている、ロジャー・ウィリアムズその人だったのである」

フランスの「権利宣言」が、北アメリカ諸州の憲法の権利宣言を典拠としていた——独立戦争でイギリスを敗北させるため、ルイ十六世が北米に送った多数のフランス軍の有志が、それらを故国に持ち帰った——ことは、今日では専門研究者の定説になっているけれども、発表から数年後に出た仏訳が、フランス人エミール・ブトミーの激烈な反論を呼び起こしたので、イェリネクはそれに応酬する序文と新たな章を書き加えた第二版を、一九〇四年に出版した。

マックスが長い神経疾患の苦痛からようやく解き放たれて、「社会科学・社会政策論叢《アルヒーフ》」の編輯に意欲を燃やし、それまで抑圧されていた学問的なマグマを一気に噴出させるように、『社会科学と社会政策にかかわる認識の「客観性」』を発表した年である。

『人権宣言論』が最初に出たのは、マックスがフライブルク大学で教授就任講演を行なった年。そのときすでに読んでいたとしても、この第二版によって、あらためて強い刺激をうけたのかもしれない。

イェリネクの大著『一般国家学』の初版は、マックスの病状がもっとも重く、頭脳が難しい活字をうけつけなかった一九〇〇年に刊行された。

だから読んだのは、読書量が急速にふえた翌年以降のことだろう。マリアンネが伝記に書いているように、Idealtypus というのは、イェリネクのその本で、すでに用いられていた言葉である。

その言葉が出てくる箇所を読んでみると、たとえば、国家がそうであってほしいという「理想型」としての意義で遣われていて、マックスの「理念型」とは意味が違うようだ。ホーニヒスハイムも、イェリネクの Idealtypus の概念は、ヴェーバーのそれとは事実上異なる、と述べている。

それにしても、マックスが研究と執筆の活動を再開したこの時期、イェリネクからうけた刺激と影響が、いかに大きかったかが窺われるであろう。

『人権宣言論』第二版の序文の日付は、一九〇三年十二月三日となっているから、書物は一九〇四年の早い時期に刊行されたものとおもわれる。

マリアンネの伝記によれば、『プロテスタンティズムの倫理と資本主義の精神』の第一章が書き上げられたのは、その年の初夏であった。

時間的な関係からして、大量に蓄積され圧縮されて気圧を高めていたマックスの、学問的エネルギーに点火する火花の役目を果したのが、イェリネクの本の刺激であったのではないか……というのは、考えられないことではない。

むろん着想は、ずっと以前からのものである。マリアンネは、

――それのための予備的研究は、なかんずく、ローマ滞在中の中世の修道院および教団の歴史と制度についての強烈な沈潜であったろう。

という。

また安藤英治の調べによれば、一九〇三年の十月に出た旧「アルヒーフ」の最終号に、新「アルヒーフ」の次期の巻に発表される予定の論文の一覧表が掲載されており、マックスのものとしては『カルヴィニズムと資本主義』という題名がふくまれていた。(その号には、新「アルヒーフ」は当面三箇月に一冊、以後は内容の拡充につれて二箇月に一冊の割合で刊行し、三分冊をもって一巻と

する、とも予告されている）

のちに詳述するように、一九〇四年の八月末、マックス夫妻は、ドイツを代表する学者たちとともに、セントルイス万国博覧会を機に開催されることになった世界学術会議に招待されて、アメリカへ旅行するのだが、そのまえに書き上げられた『プロテスタンティズムの倫理と資本主義の精神』の第一章は、渡米中の十一月に刊行された「アルヒーフ」の第二〇巻第一冊に掲載された。

このような経過から、構想がかねてより育まれていたことに間違いはないとしても、イェリネクの本が点火の火花になったと考えることは、依然として可能であろう。

なにより著者当人が、原論文の註に「ピュウリタニズムと新しく取り組むようになったのはまさにこの書物のお蔭なのである」と記しているのだから。

そして、かつてフライブルク大学の教授就任講演『国民国家と経済政策』で、経済的ナショナリストとして硬骨漢ぶりを発揮したマックスの新作に、題名に示された「資本主義の精神」の体現者として、まず登場するのは、代表的アメリカ人のベンジャミン・フランクリンなのである。

信仰と商業と自由

以下は例によって、筆者なりの要約であることを、あらかじめお断りしておかなければならないが、『プロテスタンティズムの倫理と資本主義の精神』の第一章第一節は、つぎのような現象の指摘からはじまる。

——さまざまな種類の信仰がまじりあっている地方の職業統計に目を通すと、近代的な産業における企業家、上層の熟練労働者、とくに専門的な訓練をうけた幹部層が、著しくプロテスタント的色彩を帯びていることに気づく。

これはまず、つぎのようにも考えられよう。そうした職業上の地位につくには、資本と教育のいずれか、またはその両方が必要で、ある程度富裕な人でなければ不可能だ。十六世紀（すなわち宗教改革の時代）のドイツにおいて、プロテスタンティズムに帰依したのは、まさしく富裕な地方、富裕な都市の人びとだった。

すると、つぎの疑問が生ずる。経済的に発達した諸地方が、宗教革命を受け入れる素質を強く持っていたのは、なぜなのか。

すでに経済上の伝統主義から脱却していたことが、宗教上の伝統にも懐疑を抱かせ、権威にたいする反抗を容易にした、と考えることもできよう。

しかし、この点については、今日忘れられがちな事実に注意しなければならない。

宗教改革の真の意味は、人間生活にたいする教会の支配を排除したのではなくて、むしろ強めるものであった……という事実である。

今日のわれわれには、およそ個人にたいする教会の統制の形式のなかで、もっとも耐え難いものに感じられるカルヴィニズムは、十六世紀から十七世紀にかけて、ジュネーブとスコットランド、オランダの大半、ニューイングランドと、一時はイギリスの本国まで支配した。

では、当時、経済的発展が進んでいた国国の人びと、なかでも経済生活において興隆しつつあった市民的中産階級が、かつてその比をみないほど専制的なピューリタニズムの支配を受け入れたのは、なぜだったのか。

しかも市民階級自身、いやいやながらというのではなく、ピューリタニズムを擁護するため、カーライルが“the last of our heroisms”（われらが最後の英雄主義）と呼んだのが決して誇張ではないくらい、ほとんど空前絶後ともいうべき英雄的行動を示したのは、いったいなぜだったのであろうか——。

さらにべつの観点からも見てみよう。ドイツの南部やハンガリーなどにおいて、カトリック教徒の両親が、ふつうその子供にあたえる高等教育の種類は、プロテスタントの両親の場合と、はっきり異なっている。近代的な技術の学習や、商工業の職業につくための、つまり市民的営利生活向きの新式の学校、たとえば実業高等学校、実業専門学校などの課程を修了するものの比率は、プロテスタントのそれにくらべて遥かに小さい。

かれらに好まれるのは、教養課程中心の高等学校でほどこされる教育である。ほかにもカトリック教徒が、近代的大企業の熟練労働者となることが少ない理由を、説明してくれる事実がある。

カトリック教徒の徒弟は、いつまでも手工業に止まろうとする傾向が強く、したがって親方《マイスター》となることが比較的多いのにたいして、プロテスタントの徒弟は、相対的に多数のものが工場に流入して、上層の熟練労働者や経営幹部になろうとする、というのだ。

これらの場合の原因と結果の関係は、明らかにこうである。すなわちかれらが身につけた精神的特性——故郷や両親の家庭の宗教的雰囲気によって定められた教育の方向が、職業の選択と、その後における職業上の運命を決定しているのである。

概してプロテスタント（なかでも後に論究する一定の教派）は、支配者の地位にあるときも被支配者の地位にあるときも、多数者の地位にあるときも少数者の地位にあるときも、特有な経済的合理主義への愛着を示してきたが、カトリック教徒は前者の立場にあるときも後者の立場にあるときも、そうした傾向が顕著には認められない。

こうした生活態度の相違の原因は、それぞれの信仰の内面的な特質のなかに求められるべきで、たんに一時的で外面的な歴史上政治上の環境にのみ求められるべきではない。

以上の問題を皮相的に、かつある種の近代的な印象にもとづいて観察する人びとは、この対立をつぎのように定式化するのが適当だ、と考えたくなるかもしれない。

カトリシズムはその最高の理想とする境地において、より多く「非現世的」であり、禁欲的な特徴をもっているために、信者は現世の財貨にたいして、より無関心な態度をとるようになるのだ、と。

じっさいにこれは今日、カトリックとプロテスタントの双方の信者に、一般に好んで用いられる図式である。

プロテスタントはこの解釈を使って、カトリック的生活態度の非現世的な禁欲的理想を批判しようとし、カトリック教徒はこれにたいして、現代の「唯物主義」をプロテスタンティズムがもたらした生活全体の世俗化の結果だと非難する。

また現代のある学者は、この対立をこう定式化すべきだと考えた。「カトリック教徒は穏和で、営利への衝動が少ないから、危険と刺激にみちていても場合によっては名誉と財産を獲得しうる、という生活より、たとえ所得は比較的僅少でも出来るだけ安定した生涯のほうを大切にする。うまいものを食うか寝て暮らすか、どちらかだとすれば、プロテスタントは進んでうまいものを食おうとするのに、カトリック教徒は寝て暮らすほうを選ぶのだ」と。

しかし、過去へ溯ってみると、事情はまったく異なっている。イギリス、オランダ、アメリカのピューリタンは、周知のように「世俗の楽しみ」とはおよそ正反対のものを特色としていた。そしてその正反対のものこそ、この問題を解くのにもっとも重要な事柄のひとつなのだ。

フランスのカルヴィニストは、北ドイツのカトリック教徒と同程度に「非現世的」であったが、同時にフランス工業の資本主義的発展のもっとも重要な担い手であった。

カトリシズムが非現世的であるとか、プロテスタンティズムが現世的で唯物的であるとか、そのような観念上の仮説では、とうていこの問題を解くことはできない。

非現世的で禁欲的で信仰に熱心であることと、資本主義的営利生活に携わるということ——。この両者は決して対立するものではなくて、じつは相互に内面的な親和関係をもっているのではないか。

ルター、カルヴァン、ノックス、フォエトらの古プロテスタンティズムは、現在われわれが「進歩」と呼んでいるものとは、ほとんど無縁だった。

今日ではもっとも熱烈な信仰者さえ、当然のこととしている近代生活の全側面にたいして、古プロテスタンティズムは真っ向から敵対する態度をとっていた。

したがって、もし古プロテスタンティズムの精神と、近代の資本主義文化とのあいだに、内面的な親和関係を認めようとするなら、一般に考えられているように、それが多少なりとも唯物的で反禁欲的な「世俗の楽しみ」をふくんでいたなどということにではなくて、むしろ古プロテスタンティズムがもっていた純粋に宗教的な特徴のうちに求めるよりほかはない。

モンテスキューは『法の精神』のなかで、イギリス人についてこう述べた。かれらは「三つの重要な点で、他のいかなる国民もおよばぬ進歩をとげた。一は信仰であり、二は商業であり、三は自由である」と。

おもうに、かれらが営利活動の領域において卓越していたことと、政治上の自由な制度を作り上げる資質に富んでいたことは、おそらくモンテスキューが最初にあげた信仰に関連があるのではなかろうか。

このように疑問を提出していくと、まだ漠然とした形のままではあるが、たがいに関連するらしくおもわれるいくつかの諸事実が浮かび上がってくる。

われわれの課題は、これらのまだ不明確な諸事実を、いままでのように一般的な概念の範囲内で議論するのではなく、キリスト教各派の思想の固有な特性と差異にもとづいて、可能なかぎり明確に定式化することでなければならないだろう。……

「資本主義の精神」

以上のように、本論文の「問題」を提起した著者は、「資本主義の〈精神〉」と題した第一章第二節において、まずその具体的な一例を示す文章を紹介する。

要約すれば、

——時は貨幣であることを忘れてはならない。一日の労働で一〇シリング儲けられるのに、半日遊んですごしたとすれば、その娯楽のために払った数ペンスのみならず、ほかに五シリングの貨幣を支出したか、または捨てているのだ。

信用は貨幣であることを忘れてはならない。だれかが支払い期日をすぎたのちもその貨幣を私に貸しておくとすれば、それを運用して少なからざる利益を生みだすことができる。

貨幣は繁殖し子を生むものであることを忘れてはならない。五シリングを運用すれば、それはしだいに殖《ふ》えて、ついには一〇〇ポンドにも達する。五シリングの貨幣を殺せば、それが生みだし得た一切の貨幣を殺すことになるのだ。

よく支払う者は万人の財布の主人である、という諺《ことわざ》を忘れてはならない。約束の期限にちゃんと支払う者は、またいつでも借りることができる。どんな取引でも時間と信義を守ることほど、青年が世の中で成功するのに役立つものはない。だから借りた貨幣の支払いは、約束の時間より一刻も遅れないようにしたまえ。

信用に影響をおよぼすどんな些細な行ないにも注意しなければならない。朝の五時か夜の八時にきみの槌音が債権者の耳に聞こえたら、かれは返済を六箇月待ってくれるだろう。だが働いていなければならない時間に、きみの姿を玉突場で見かけたり、きみの声を料理屋で聞いたりすれば、翌朝には催促に現われるに違いない。

きみの思慮深さと正直さが人に知られていれば、年に六ポンドの貨幣を一〇〇ポンドにも働かせることができる。毎日少しずつでも貨幣と時間を無駄にすれば、それによって生みだし得たすべての金額を失うことになる。その違いは、青年がかなりの年配に達するまでに、きわめて大きなものとなるだろう……。

キュルンベルガーが才気と悪意にみちた書物『アメリカ嫌い』のなかで、「ヤンキー主義の信仰告白」と嘲って呼んだ以上の言葉は、ベンジャミン・フランクリンのものである。

そこに見られる処世訓を要約して、キュルンベルガーは「牛からは脂を作り、人からは貨幣を作る」といっているが、われわれがこの「吝嗇の哲学」に接して、その顕著な特徴と感ずるものは、信用のできる誠実な人、という理想、自分の財産をふやすことを自己目的として努力するのが、各人の義務である、という思想である。

じっさいこの説教の内容は、たんなる処世の技術ではなくて、独特の「倫理」であり、それに反することは、愚かであるばかりでなく、一種の義務忘却を犯すものとされている。

説かれているのは「仕事の才覚」だけではない。そこにはひとつのエートス（倫理的性格）が表明されているのであって、それこそがわれわれの関心を呼び起こすものなのだ。

ヤーコプ・フッガー（ドイツの初期資本主義を代表する財閥の主）は、すでに隠退した事業上の友人から、おなじく隠退するように勧められ、もう十分に儲けたのだし、ほかの人びとにも儲けさせてやるべきだ、といわれたとき、その忠告を「無気力」だとして斥け、「自分は利益を得られるだけ得ようとおもう」と答えた。

この言葉に示された「精神」は、明らかにフランクリンのものとは異なっている。

フッガーの場合は、商人的冒険心と、道徳とは無関係の個人的な気質の表明であるのにたいして、フランクリンのほうは、倫理的色彩をもった生活原理として語られているからである。

本稿では「資本主義の精神」という概念を、そのような独自の意味合いで用いることにしようとおもう。

またその場合、資本主義というのが近代資本主義で、論じようとしているのがもっぱら西欧とアメリカの資本主義であることとは、問題の立て方からしていうまでもあるまい。「資本主義」は中国にも、インドにも、バビロンにも、古代にも中世にも存在した。だが、そうした「資本主義」には、いま述べたような独自の倫理的性格が欠けていたのだ。

とはいうものの、フランクリンの道徳的訓戒は、すべて功利的な傾向をもっているから、もし正直に見せかけるだけで効果が得られるのなら、それ以上の倫理的努力は不要ではないか、とも考えられよう。

ドイツ人がアメリカニズムの美徳に「偽善」を感ずるのは、まさにこの点だと、ずばり指摘できそうにもおもわれる。

しかし、事実は決してそう単純ではない。

自伝に示されたベンジャミン・フランクリンの世にも稀な誠実さと、美徳が「有益」とわかったのは神の啓示によるもので、神が自分に善をなさしめようとしているのだ、と考えていたことからしても、それがたんに自己中心的原理の粉飾でないのは明らかである。

それどころか、この「倫理」の「最高善」ともいうべき、一切の享楽をきびしく斥けてひたすら貨幣を獲得しようとする努力は、幸福主義や快楽主義などの立場とはあまりにも懸け離れていて、ほとんど超絶的で非合理であるとさえ感じられるほどだ。

なぜそうまでして、貨幣の獲得に勤《いそ》しまなければならないのか。

フランクリンは自伝で、かれ自身どの教派にも属さない理神論者（世界の根源として神の存在を認めはするが、世界を支配する人格的存在とは考えない）であったにもかかわらず、厳格なカルヴィニストの父に青年時代くり返し教えられた聖書の句を引用して、こう答える。

「あなたはそのわざ（Beruf）に巧みな人を見るか、そのような人は王の前に立つ」と。やがて後段で詳しく述べるように、Berufという言葉には、職業という意味と、神に呼ばれて与えられた使命、という意味とがある。

したがって貨幣の獲得は、それが合法的に行なわれるかぎり、Berufにおける有能さの現われなのであって、こうした有能さこそ、まさしくかれの道徳のアルファであり、オメガとなっているのだ。

今日われわれにとって自明のものとされているが、じつは真実の意味がかならずしも明確でない「職業義務」という独特の思想がある。

見方によっては、たんなる利潤追求の営みにすぎないことを、各人が自分の義務として意識すべきだと考え、またじっさいにそう意識している。

この義務の観念は、資本主義文化の「社会倫理」の重要な特徴をなすものだ。

それは、すでにでき上がった資本主義を土台としてのみ、発生したのではない。

また、現在の資本主義を存続させるための条件として、その担い手である企業家や労働者たちが、主体的に習得しなければならぬ、という性質のものでもない。

今日の資本主義的経済組織は、既成の巨大な体系《コスモス》であって、各人はそのなかに生まれつき、事実上そこで生きねばならぬ、変革しがたい鉄の檻《おり》として与えられているものだ。

このように、経済生活の全面を支配するにいたった今日の資本主義は、経済的淘汰によって、その必要とする経済主体——企業家と労働者——を教育し、作り出して行く。

資本主義の特性に適した生活態度や職業観念が、「淘汰」によって選び出される——すなわち他のものにたいして勝利を占める——ことが可能であるためには、そうした生活態度や職業観念が、あらかじめ成立していなければならない。

そのような「理念」などといったものは、経済的な状況の「反映」あるいは「上部構造」として生まれてくるのだとする素朴な唯物史観の考え方については、後段で詳細に論ずるつもりだ。

ここではさしずめ、つぎのような事柄を指摘しておきたい。

それは、われわれが想定しているような「資本主義の精神」が、ベンジャミン・フランクリンの生地マサチューセッツでは、「資本主義の発達」以前にすでに存在していた、という事実である。

アメリカ南部の植民地が、営利を目的とした大資本家の手で作られたのにたいして、ニューイングランドの植民地は、牧師・知識人・小市民・職人・自営農民たちの結合により、宗教的な理由にもとづいて生まれたものであるのに、そこには南部を遥かに上回る「資本主義の精神」が育っていたのだ。……

こんな風にして、著者の論述はしだいに、本論文の核心をなす「天職理念」——それはルターの聖書翻訳に由来する——の分析へと進んで行くのである。

M・ヴェーバー　アメリカを行く

これまで繰り返し触れてきたように、われわれの主人公は、子供のころから語学を好んで、ラテン語の単語と文章を、まるで遊びのように楽しみながら暗記した。

少年時代すでに、ギリシャとラテンの代表的な古典を、数多く原文で読み、その内容を鋭く批判する長文の手紙を書き送って、受け取った六歳上の大学生である従兄フリッツ（のちの文献学者）に、きっとだれかの文章の引き写しだろう……という疑念を抱かせた。

堅信礼の時期を迎えても、神を信ずることができずにいた十五歳のマックスは、旧約聖書を原文で読むために、みずから進んでヘブライ語を習い覚えた。

博士論文を中心とする処女作の大著『中世商事会社の歴史——南ヨーロッパの文献による』の準備に取りかかったときには、まずイタリア語とスペイン語を自分のものにして、両国の古い方言まじりの法規集を何百冊も読み通した。

この物語の現時点の翌一九〇五年一月、第一次ロシア革命が起きると、三箇月でロシア語を習得し、ハイデルベルクに亡命中の法律学教授キスチャコフスキーの教示を受けながら、複数の現地の新聞に毎日目を通して、刻刻と移り変わる状況の克明な観測と分析をつづけた。

概説書として定評のあるガース＆ミルズの『マックス・ウェーバー』（山口和男・犬伏宣宏訳）

は、その語学能力について、おおよそつぎのようにいう。

——万能的《ユニバーサル》な学者の世代に属するかれの博識ぶりは、ひとつにはインド・ゲルマン語を、共通の祖語に発した巨大な言語体系として教えるギムナジウムの教育に負うており、ヘブライ語とロシア語の読解力も、その方法をもとにして得られたのである。……

さて、代表作『プロテスタンティズムの倫理と資本主義の精神』に凝縮された学問的エネルギーに点火する火花の役目をしたのが、イェリネクの本の刺激であったとしても、むろん着想はずっと以前からのものである、と前章で述べた。

その発想も、じつは少年時代にはじまっていたのかもしれない。

十三歳のとき、かれが最初に書いた歴史論文の題は、『とくに皇帝と法王の地位を中心に見たドイツ史の経過について』というのであった。

どんな内容であったのかはわからないけれども、地上の王権と神の教権を対比させて見る視点が、早くからそなわっていたものと推測しても、多分さほど的外れではあるまい。

その二年後に書いた『インドゲルマン諸国民における民族性格、民族発展、および民族史の考察』は、それを読んだマリアンネの紹介によれば、おのおのの宗教や哲学や文学作品の比較検討によって、諸民族の歴史に流れる幾つかの〈法則〉を具体的に探り出そうとする試みであった。

それから二十五年後のいま、代表作の第一章第三節で、マックスは、ルターの聖書翻訳において「職業」(Beruf) という言葉に籠められた意味を、ほとんど言語学者のような緻密さで精細に分析していく。

——「職業」を意味するドイツ語の Beruf、英語の calling には、ともに「神に与えられた使命」という観念が籠められている。

そのような語調の表現は、カトリック教徒が優勢な諸民族、および古代の諸民族の言語のなかには、見出すことができない。

しかし、プロテスタントが優勢な諸民族には、かならず存在する。

その言葉に籠められた「天職」の意味合いは、聖書の原文というより、翻訳者の精神に由来しているのである。……

そう語ったのちに、注釈において著者は、古代語のなかではヘブライ語にだけ似た表現がある、として、旧約聖書におけるその言葉の用例を、つぎのように列記する。

——すなわち「出エジプト記」その他で祭司の職務、「サムエル前書」その他で王への奉仕、「エステル書」では王宮の官吏の任務、「列王記」では労働監督者、「創世記」では奴隷、「歴代志略上」では農民、「出エジプト記」その他では手工業者、「詩篇」では商人の働き、さらに旧約聖書外典の「シラク書」では、すべての職業労働をさすものとして用いられている。

本来「使命」の意味をもつその言葉は、エジプトおよびそれに倣って作られたソロモン王の、労働を強制的に課する国家の官僚制の思考から生まれたものだが、元の意味はすでに古代のうちに失われて、しだいにあらゆる労働を一般的にさすようになった。……

こんな風にして、著者は、外面的には「職業」で、内面的には「召命」の両義性をもつドイツ語の Beruf と、まったくおなじ意味内容の言葉は、ギリシャ語にも、ラテン語にも、ロマンス語系のスペイン語、イタリア語、フランス語にも存在しないことを、恐るべき詳細さで説き明かす。

——また、ルターの聖書翻訳以前には、ドイツ語の Beruf、オランダ語の beroep、英語の calling、デンマーク語の kald、スウェーデン語の kallelse などの言葉も、現在のように世俗的な職業の意味では使用されていなかった。

語義と同様に、その思想も、まったく新しいものである。

それまでは、修道士的禁欲が世俗内的道徳より上のものと見做されていたが、宗教改革以後は、世俗的職業の内部における義務の遂行が、最高の道徳的実践であって、それこそが神の「召命」にこたえる道である、という考えが生まれた。

ルターも最初は、中世の伝統的な思考にしたがっていた。だが、人は善行や儀式によらず「信仰のみ」によって義とされる、という思想が徹底するにつれて、カトリックの僧侶生活にたいする疑問を強め、世俗的職業の意義への評価を高めていった。

そして、修道院の生活を、現世の義務から逃れようとする利己主義の産物と考え、世俗の職業労働における実践こそ、隣人愛の外的な現われで、神に喜ばれる唯一の道であり、したがって許容された世俗的職業はすべて、神の前にまったく同等の価値をもつ、と強調するにいたった。（こうしたルターの職業観が、後代の広汎な範囲におよぼした影響について考察するために、マックスは依拠したテキストを「現在普通に見られる」ルター聖書であると明記している。これはしごく当然の選択といってよいであろう）

しかし、ここからすぐに、ルターの思想と、本稿でいう「資本主義の精神」とのあいだに、内面的な親和関係があったと考えるのは、間違いである。熱烈なプロテスタントは、いかなる意味でも、資本主義の味方などではない。

ルターは、高利のみならず利子取得一般を、強く非難した。ピューリタンやユグノー（フランスのカルヴァン派新教徒の通称）は、金融業者や両替商、英国国教会および英仏の国王、議会に庇護された独占的な豪商、大投機業者、銀行家にたいし激烈な闘争を行なった。

そもそも人間には、できるだけ多くの貨幣を得たいと願うより、日日の暮しに必要なだけの報酬が得られればそれで「足れり」とする、伝統主義ともいうべき生活態度がある。

聖書はそれ自体、伝統主義的で、イエス自身の言行から見ても、「われらに日ごとの糧を今日も与え給え」と神に祈り、「不義の富」をきびしく否定した態度を、近代の職業思想と直接的に結びつけることは、まったく不可能だ。

ルターも結局は、伝統主義から離れず、年を追うにつれてむしろその傾向を強めた。世俗的な職業労働こそ、神に与えられた唯一の使命である、という思想は薄められ、職業は神の摂理として人が甘受し、それに順応すべきものである、という色調が濃くなった。

各人は原則として、神から与えられた職業と身分のうちに止まるべきであり、各人の現世における努力は、すでに与えられた生活上の地位の枠を越えてはならない……と。

ここからわれわれの探求の対象は、資本主義の発達史において明らかに重要な役割を果したカルヴィニズムとピューリタニズムに移る。

カルヴィニズムにおける宗教生活と現世的行為の関係は、伝統主義的なカトリシズムやルター派とは、まったく異なるものだ。

そこに見られるほど真摯な現世肯定と、世俗内的生活を使命として高く尊重する態度は、ルター派にもない。

かれらの生涯と事業の中心は、あくまでも魂の救済であって、それ以外にはなかった。もちろん「資本主義精神」の喚起を目的としていたなどということはあり得ない。

われわれはこれから、経済制度としての資本主義が、宗教改革の産物であるというような、馬鹿げた空論を主張しようとしているのでは、決してない。

資本主義的経営の重要な形態のあるものが、宗教改革より遥かに古い、という周知の事実からだけでも、そうした考えが成立しないのは明らかである。

われわれが確かめたいのは、資本主義を基盤とした近代の文化に、宗教の影響が、果してどの程度に与《あず》かって力があったのか、ということなのだ。……

『プロテスタンティズムの倫理と資本主義の精神』の第一章の筆を、ここで止めた著者は、一九〇四年の八月末、仲間の学者やマリアンネとともに、アメリカ旅行にむかって出発した。

「ドイツよりもよい」

セントルイス万国博覧会を機に開催された世界学術会議の招聘リストに、ドイツを代表する学者の一人として、マックスの名前を挙げたのは、かつてフライブルク大学の員外教授で、いまはハーヴァード大学教授となっていた心理学者にして哲学者のフーゴ・ミュンスターベルクである。(マックスは、ミュンスターベルクの学問を、批判的にではあるけれど、高く評価して詳細に論じていた)

いまやピューリタニズムの探求に、熾烈な学問的熱意を抱くわれわれの主人公には、願ってもない機会であるうえに、学術会議での講演には、多額の謝礼も提示されていた。

船がニューヨークに着くと、かれは同行者(そのなかには親友のハイデルベルク大学教授トレルチもいた）のだれよりも早く、気負い立った足取りで、タラップを下った。

マンハッタンの二十一階建てのホテルに入ったマリアンネは、その前後の印象を、かいつまんでいえば、つぎのように綴る。

——交通が猛烈な街路に立つ乾いた馬糞のにおい……すべての人間が番号となってしまうそっけない旅商人の兵営……教会の塔の高さにまでエレベーターで運び上げられて入る部屋の、無表情な雰囲気と室内電話と馬鹿に大きな二つの痰壺……窓から見下ろせば目まいとともに背筋が冷たくなる奈落の底の通り……懐かしい大地から隔絶され、情感もなにもない非人間的な牢獄の塔に閉じこめられたドイツからの渡航者は最初、極度の不安を感じた。……

この感想は、ほかのドイツ人たちにも、ほぼ共通するものであったろう。

マックスだけは違った。かれはニューヨークに着いて一日余りでアメリカの悪口をいう同行者に腹を立て、まわりがすぐにシニカルな批判の対象にしたがる新奇なものに、おおむね味方して感激し、たいていのことを、ドイツよりもよい、と見た。

簡単に美しいとはいえないけれども、美醜を超越した壮大な摩天楼の眺めに、この国で演じられているドラマの象徴を見る一方で、かれはアメリカの大学教授の家の小ささにも驚く。

書斎はわたしがパイプをふかせば煙がいつまでも濛濛と立ちこめそうで、全体としては人形の家をおもわせ、五人以上の客を呼ぶことは不可能——じつに羨むべきこと——だというのである。

（かれに当方の住まいを見せたら、さらにどれほど吃驚したろう）

ニューヨークには今回の旅行の最後に、長く滞在する予定にしていたので、到着から数日後、マックスの一行は、ナイアガラ瀑布に近いノース・トナウォンダの町に、ドイツ生まれの牧師ハウプトを訪ねた。

マックスは出発前に、アメリカのプロテスタント諸宗派の教義と活動について、できるだけ多くの資料を集めてくれるよう、旧知の大学教授の縁戚であるかれに手紙で依頼していた。ノース・トナウォンダにとどまった数日、町を見学したり、ナイアガラ瀑布を見物に行ったりする合間にも、マックスと神学者トレルチとハウプト牧師は、アメリカ人の信仰と市民生活の関係について語りあい、論じつづけた。

ハウプトは自分が集めた資料の内容について、マックスが読む以前にすでに精通しているという印象をうけた。

落ち着いて質素な感じの小都市から、大都市シカゴへ向かった一行は、そこでアメリカの別の側面を見聞する。

ミシガン湖畔の快適で清潔な高級別荘地帯と、それとは対照的な労働者の住む荒れ果てた不潔なスラム街——。

滞在中、スト破りに駆り出されたイタリア人と黒人と、組合側とのあいだに銃撃戦が行なわれ、双方に十数人の死者が出た。

市電が引っ繰り返されて、多くの負傷者を生み、高架鉄道にダイナマイトを仕掛けたという脅迫がなされ、じっさいに車輌が一台、脱線して河に転落した。

宿泊したホテルの近くで、白昼に一人の葉巻商人が殺され、夕方には市電のなかで三人の黒人が強盗を働く。

まるで市全体が、皮膚を剝がれて内臓の動きが外から見える人間の肉体のようだった。

だが、恐るべき無法と血と暴力の一方に、そこには愛や善意、美や精神性にたいする深甚な信頼と、たゆみない意志も存在した。

篤い信仰からくる強靭な勇気にみちた女性の社会事業家ジェーン・アダムズは、シカゴの貧民街に十数年前、アメリカ最初のセツルメント「ハル・ハウス」を設立し、国中から集まってくる困窮した人びとに、温かい救いの手を差し伸べていた。

そのほかにも、もうひとつのオアシスを、マックスは、大学に見出した。

鬱蒼たる樹樹の濃い緑につつまれた一群の魅力的な建物、丹念に手入れされた芝生の上に立って、かれはこう感じた。

――プロテスタントの一派によって創立され、いまも校則によって毎日の礼拝の五分の三以上に出席しなければならない義務を課せられている学内で、若者たちはいつしか、多くの繊細で、清らかで、深いものを、魂に沁みこまされる。

また、さまざまな青春の歓び――フットボール、ベースボールなどの集団スポーツ、気の利いた社交形式、知性への精神的な刺激、永遠の友情などが、ここで得られ、そしてとくにわが国の大学生より、遥かに職業への習熟がよく教えこまれる。

ここには宗教的精神のもつ組織力の明白な痕跡があり、ピューリタニズムの伝統によって、猥らな話をすることは厳しく禁じられ、女性にたいして騎士的態度をとることが青年の規範とされている点も、わが国の標準的な風俗にはないものだ。……

おなじようなことを、のちにマックスは、目下執筆中の論文の資料を調べに図書館へ行った、もともと牧師養成のために創立されたアメリカ最古のハーヴァード大学でも、強く感じた。(余計な感想かもしれないが、筆者も豊かな緑につつまれた広大なハーヴァード大学と、市街地の一角に周りの建物と並んで立つフライブルク大学、ハイデルベルク大学の双方に接して、その雰囲気の画然たる違いに驚いた）

セントルイスの学術会議で行なった講演について、マリアンネは、聴衆は少なかったけれど、形式内容ともにすばらしいものでした……と記している。

マックスは、アメリカとは違ったドイツの農業制度、その歴史的な伝統と社会の構造の特質について述べた。

市民の美徳が悪徳と隣あって自由な成長と発達を許されている民主的なアメリカを旅するにつれて、胸中ではまえよりもいっそう、祖国プロイセン＝ドイツの官僚的な政治構造の弊害と欠陥にたいする批判を強めていたのだけれど、かれの気質からして、それをここで語るわけにはいかなかった。

消えゆくネイティブの詩

アメリカの中心部に位置するセントルイスから、マックスは、ネイティブ・アメリカンのチェロキー族、クリーク族、チョクトー族、チカソ族、セミノル族などの専住地があるオクラホマ（正式な州になる前で、このころはまだ准州）へ行き、ある混血インディアンの家に泊まって、つぎのような見聞を重ねた。

――ここでは、古いインディアンの詩と、近代の資本主義文化が、まじり合っている。

原住民が漁舟を浮かべる河は、いまや生命の輝きを失いかけ、原始林はすでに息も絶え絶えの有様だ。

インディアンの丸太小屋が点在する森は、幹の根元にタールを塗られて焼き払われ、木綿畑や玉蜀黍畑《とうもろこしばたけ》に変えられて行く。

森の真ん中に、エッフェル塔型のボーリング機械が据えられると、周りにひとつの〈都市〉が出現する。

石油の採掘や、鉄道の建設に従事する工夫たちの小屋、埃を防ぐために撒かれる石油のにおいがする道路、少なくとも四つか五つの宗派の教会……。

北部と東部からの移住者は、たいてい素寒貧でやって来て、運がよければ数年のうちに金持になれる。だから途方もないブームが巻き起こっていて、法律などお構いなしの土地取引が行なわれており、街路を歩いていると、きまって二人の不動産屋と、二人の商用旅行者に話しかけられる。

さまざまな不法や喧騒にもかかわらず、わたしがそのなかに強力な魅惑を見出し、ここにいる連中の多くを、気持のいい奴らだと感ずる事実は否定できない。

役人は当然のことのように上着をきずに人を迎え、弁護士たちは少少図太い印象を与えながらも、一面ではまだいかにも書生っぽい。

教会の説く禁酒の不文律が、実際にも効果を発揮していて、酒のグラスは手にできないのだけれど、こういう連中と一緒にいるときほど愉快だったことは、学生時代の最初のころ以来なかったとおもう。

ここには〈文明〉が、シカゴ以上に存在する。話し方は、ぶっきらぼうだが自然で、相手にたいする敬意を忘れず、ユーモアは本当に素晴らしい。残念なことに一年もすれば、ここもオクラホマ・シティ——ということは、アメリカの大部分の都市と、おなじような姿に変わっていくだろう。資本主義文化を阻むすべてのものは、猛烈な速度で押し潰されて行くのだ。……

マックスたちは、南部のニューオリーンズを経て、アラバマ州東部の小都市タスキーギへ行き、そこで今回の旅行中、もっとも感銘をうける光景に出会った。

この国にとって、最大の問題である白人と黒人の対立を、いつかはわからないけれども、あるいは解決できるかもしれない核心の部分に触れたのである。

混血の奴隷として生まれたブッカー・ワシントンは、二十数年前、この町の古い教会を校舎に、黒人のための教育機関「タスキーギ・ノーマル・アンド・インダストリアル・インスティチュート」を創立し、さまざまな職業教育を推進してきた。

法律的にはもはや奴隷は存在しないけれど、南部諸州の白い主人たちは、いまも社会的ボイコットによって、かつての奴隷の子孫たちに復讐している。

反撃するためには、自分たちの人種的矜持を呼び起こし、教養を身につけなければ……と考えたブッカー・ワシントンは、あらゆる種類の職業労働の合理的な教育を通じて、それを実現しようと努め、学校は飛躍的に規模を拡大しつつあった。

黒人の指導者たちは期待している、いつかは白人も、われわれに敬意を払うときがくるだろう……と。

理想と熱意に溢れたその表情は、感動的なものだった。

白人との正式な結婚はむろんのこと、事実上いっさいの交際を禁じられ、自分たちだけの客車、待合室、ホテル、公園を指定されている黒人のみならず、非アメリカ人には白人と見分けがつかない数多くの半黒人、四分の一黒人、八分の一黒人……たちにとっても、タスキーギは社会的に自由な空気を味わえる唯一の場所になっていた。

マックスは、母方の祖父ゲオルク・フリードリヒ・ファレンシュタインの最初の結婚の子孫で、アメリカに移住した縁者に会いに、ノースカロライナ州とヴァージニア州の境にある辺鄙な土地を訪ねた。

そこで目にしたバプティストの洗礼式の模様は、かれがこれから書く論文に、重要な示唆を与えた。

それからさらに、ワシントン、ボルチモア、フィラデルフィア、ボストンと、東部の文化的な各都市とその周辺を回り歩いて、ニューヨークに戻った。

最初から長い滞在をそこに予定していたのは、コロンビア大学の図書館で、詳しい調べものをするためである。

最後の夜は、ユダヤ人が居住する街の、台詞がイディッシュ語（ユダヤ人のドイツ語を基礎とした混合言語）で演じられる劇場ですごした。

こうして、マックスとマリアンネは、九月から四箇月近く、アメリカの長所も欠点も、理想も現実も、建前も本音も、正義も不正も、自由も不自由も、善も悪も、美も醜も、おおよそ一通りは見聞した旅を終えて、クリスマスの直前に、ハイデルベルクに帰った。

人間中心から神中心の世界観へ

帰国して、年が明けると間もなく、ロシアの首都ペテルブルクで勃発した「血の日曜日」の虐殺事件――生活苦の救済と制憲議会の召集を訴える請願書をもって、冬宮に行進した労働者と家族十数万人に、軍隊が一斉射撃を浴びせ、千人以上の死者と二千人以上の負傷者を出した――がきっかけとなって、第一次ロシア革命がはじまった。

マックスは毎朝、ベッドのなかでロシア語の勉強をしてから起床し、机に向かうと『プロテスタンティズムの倫理と資本主義の精神』第二章の執筆に没頭した。

――十六、七世紀、資本主義がもっとも高度に発達した文明諸国、すなわちオランダ、イギリス、フランスにおいて、大規模な政治的闘争、文化的闘争の原因となった点からして、われわれが最初に考察しなければならない信仰は、カルヴィニズムである。……

著者はそう述べて、そのもっとも特徴的な教義とされる「予定説」――人間のうちのある者は、神の意志によって予め永遠の救いに定められ、ある者は永遠の滅びに定められている、という「選びの教理」の分析を、つぎのように進めて行く。

――ミルトンがこの教説を批判して、「たとい地獄に堕されようと、私はこのような神をどうしても尊敬することはできない」といったのは有名だ。

しかし、ルターもその宗教的天才が最高潮に達した時代、あの『キリスト者の自由』を書くことができた当時には、神の「測るべからざる決断」こそ、自分が恩寵に到達し得た唯一絶対の根源だ、とはっきり意識していた。

その思想は、かれが教会政治家として現実主義的になるにつれて、だんだん背景に退いていった。

カルヴァンのほうは反対に、教義上の敵との論争が進むにつれて、この教説の重要性が、ますます大きなものとなった。

神のために人間が存在するのであって、人間のために神があるのではない。

神がわれわれに知らしめることを善しとし給わないかぎり、人間はその決断を理解することも、知ることすらもできない。

われわれが知り得るのは、人間の一部が救われ、他は滅びる、ということだけで、当人の功績あるいは罪過が、その運命の決定にあずかる、と考えるのは、永遠の昔から定まっている神の絶対に自由な決意を、人間の干渉によって動かしうると見なすことで、まったくあり得べからざる思想なのだ。

われわれが明らかにできるのは、こうした永遠の真理の幾つかの断片にすぎず、われわれの個人的運命のもつ意味は、知るべからざる神秘に蔽われており、それを探ることは不可能で、不遜なことである。

この悲愴な非人間性を芯にもつ教説が、その壮大な帰結に身をゆだねた当時の人びとの心に与えずにおかなかったものは、なによりもまず、かつてない個個人の内面的な孤独化であった。

だれもかれを助けることはできない。牧師も、聖礼典《サクラメント》も、つまりは教会も、そしてついには神さえも、助けの役には立ってくれない。

この教会と聖礼典による救済の完全な放棄(ルター主義ではこれはまだ十分に徹底されていない)

こそが、カトリシズムと比較して、決定的に異なる点だ。

宗教史におけるあの偉大な過程——すなわち古代ユダヤの預言者とともにはじまり、ギリシャの科学的思惟と結合しつつ、救済のためのあらゆる魔術的方法を、迷信とし冒瀆として排斥してきた、あの「呪術からの解放」の過程が、ここに完結をみたのである。

では、このように徹底して悲観的な色彩をおびた個人主義と、カルヴィニズムが社会的組織づくりにおいて明らかに卓越していた事実とは、いったいどのように結びつけて考えればよいのだろう。……

ここでいったん、マックスの叙述から離れ、キリスト教の教義にも歴史にも不案内なわれわれ日本人のために、久米あつみ『カルヴァン』の一節を引用させていただきたい。

ルターより二十六年後に、フランス北部のノワイヨンに生まれた宗教改革者カルヴァンについて、そのすぐれた書物はつぎのようにいう。

「ヨーロッパ全土の精神界、そして日常生活の些事にいたるまでを支配していたカトリック教会の腐敗に気づいた彼がしたことは、ただ教会制度を破壊することでも改良することでもなく、個々人の魂のあり方を変えることであった。すなわち、自分中心の、行為中心の生き方から神に中心を置く生き方に変わることによって、一切のものの見方を変えてしまおうとする、意識改革であった。

ルターがすでにその大筋に手をつけていたけれども、カルヴァンはフランス人らしい合理性と明哲さで、この意識改革を理論化し、個人の信仰生活のみならず社会全体のあり方に至るまで、徹底した主張を通した。彼の標語は、改革者一般の『信仰のみによる救い』をさらに上まわる

『神にのみ栄光を』である。この標語に従って生き、戦った人々はみな、浮世ばなれした仙人や隠者の暮らしをではなく、この世に根づき、この世の営みを誠実に果たす働き人の生を選んだ。度重なる弾圧に戦列はみだれ、散らされた民の運命をたどらなければならなかったけれども。カルヴァンの子らの精神は本質的に抵抗者であり、国家権力が彼らの信仰と良心に干渉を加えるときには立ち上がって『否《いな》』を言ったのである」

さらに筆者の舌足らずな感想をつけ加えれば、人間中心から、神中心の世界観への転換は、これまたもうひとつの「コペルニクス的転回」であった。

神のみを絶対とすることによって、地上のあらゆる権威と権力を完全に相対化できたからこそ、カルヴァンの子であるピューリタンは、イギリスで絶対王政に反対する市民革命を起こし、アメリカでは真に人間的な「普遍的人権」の思想を、憲法として定めることができたのに違いないのである。

自分は救いに選ばれているか

ふたたびマックスの叙述にもどれば——。

——カルヴァン派の信徒にとって、人間が生きるということは、「神の栄光を増すため」であって、自分のためではない。

それぞれの持ち場にあって、神の律法の実践に励むことが、唯一最大の使命なのだ。

ところで、神がキリスト者に望み給うのは、かれらの社会的な活動である。けだし、神は人間生活の社会的構成が、みずからの律法にかない、その目的に合致するように編制されることを欲し給うからである。

したがって、現世全体の生活に役立っている職業労働もまた、おなじ性格をもつことになる。すなわち、神の教え給う「隣人愛」は、なによりもまず、与えられた職業という任務の遂行のうちに表わされなければならない。

世俗的職業を、神から与えられた天職と考えるカルヴィニズムの職業観念の重要な諸性質が、ここから生まれてきた。

それにしても、信徒の一人一人の胸には、自分はいったい救いに選ばれているのか、どうしたらその確信が得られるのか……という疑問が、つねにあったに違いない。

カルヴァン自身にとって、そのことは少しも問題にならなかった。

かれは自分が神の「武器」であると信じ、救いに選ばれていることに確信をもっていた。

そして、信徒一人一人の疑問については、根本的につぎの答えしかもっていなかった。

われわれは、神がそれを決定し給う、ということだけを知り、あとは真の信仰から生まれるキリストへの堅い信頼をもって満足しなければならない、と。

だが、時を経るにつれ、初期のカルヴァンの純粋な教理で、信徒を納得させることは、難しくなってきた。

そこで、大別すると、二つの答えが考え出された。

一つは、だれもが自分は救いに選ばれているとあくまでも考えて、それにたいする疑問はすべて悪魔の誘惑として斥けることを、無条件の義務とする方法——。

この考え方にしたがえば、自己確信のなさは、信仰の薄さを示す結果になるから、日日の闘いによって、自分は選ばれているという確信を獲得しなければならない義務を課せられたことになる。

もう一つは、そうした自己確信を獲得するためのもっともすぐれた方法として、職業労働に不断の努力をつづけること――。

職業労働によってのみ、宗教上の疑惑は払拭され、自分は選ばれているとの確信が与えられる、というのである。

こうした考え方のなかから、ルターが説いたような、悔い改めてひたすら神を信仰する謙虚な罪人のかわりに、やがてあの資本主義の英雄時代の鋼鉄をおもわせるピューリタン商人――自己確信にみちた数数の「聖徒」が生まれ育ってくる。

かれらが、世俗的な職業労働の実践において理想としたのは、人間を神の計画的意志に服させ、おのれの行為をたえず自己審査と倫理的熟慮に照らして暮らした修道士の生活であった。

そうした合目的的で合理的な生活態度の組織的な方法として、修道院の規律は、中世においてすでに完成されたものとなっていた。

カルヴァン派の信徒の禁欲的な生き方と、カトリックの修道院に、共通して見られる倫理的な生活態度の合理的な組織化は、つぎのような事柄にも現われている。

厳格なピューリタンは、自分が救われるかどうかを審査するため、みずからの罪悪と誘惑と、信仰の進歩とを、継続的に日ごと記帳し、あるいは一覧表として作成した。

カトリックの僧侶の信仰日記に比せられるこの作業によって、ピューリタンは自分で「自分の脈搏をみた」のである。

ベンジャミン・フランクリンが、自分の一つ一つの徳性における進歩について、統計的な表示の形で行なった記帳も、その典型的な一例といってよいであろう。

厳格なカルヴァン派バプティストの牧師で、ピューリタンに広く読まれた小説『天路歴程』の作家でもあるバニヤンは、罪人と神の関係を、顧客と店主のそれになぞらえた。

いったん借勘定になったものは、自分の全功績をもってしても、殖えつづける利子を払えるのみで、元金はついに返せない、というのだ。

さらに後期のピューリタンは、自分の行動ばかりでなく、神の行動さえも審査して、生涯のあらゆる出来事のうちに、神の指示を読み取ろうとした。

カルヴァンの純粋な教理とは違って、神がなぜこのように、あるいはあのように導き給うたのかを知ろうとしたのだ。

こうして、ピューリタンの生活の聖化は、ほとんど事業経営のような性格をもつものになって行った。

その指針となったのは、いうまでもなく唯一最高の基準である聖書――カルヴィニズムはしばしば「聖書至上主義」といわれた――で、推し進める原動力となったのは、「信仰の確証」という思想の倫理的刺激である。……

著者はこのような分析を、さらに個別の教派について詳しく繰り広げたうえで、第二章「禁欲的プロテスタンティズムの職業倫理」の第一節「世俗内禁欲の宗教的諸基盤」を、つぎのように結ぶ。この部分に関しては、岩波文庫旧版の梶山力《つとむ》、大塚久雄訳を、そのまま引用させていただきたい。

「最初世俗を去って孤独の中に逃避したキリスト教の禁欲は、世俗を放棄しつつ、しかも修道院の内部からすでに世俗を教会の支配下においていた。しかし、そのばあい、世俗的日常生活のおびる自然のままの無邪気な性格をば、概してそのままに放置していた。いまやこの禁欲は、世俗の営みの只中に現われ、修道院の門扉を背後に閉ざすとともに、他ならぬ世俗的日常生活のなかにその方法を浸透させ、それを世俗内での合理的生活――しかし世俗によるでも、世俗のためのでもなく――に改造しようと企てはじめたのである。これがどんな結果をもたらしたか、われわれはそのことを以下の叙述で明らかにしようと思う」

資本主義という「運命」

これからいよいよわれわれは、百年後の世界をだれよりも正確に見抜いていた『プロテスタンティズムの倫理と資本主義の精神』の、結論の部分に足を踏み入れることになる。

そのまえに、ここまでの抄出で省略した重要な一箇所を、あらためて紹介しておきたい。第一章第二節「資本主義の〈精神〉」に書きこまれていた、つぎのような挿話である。

——前世紀（十九世紀）の中葉まで、ヨーロッパの織物業の問屋の営業ぶりは、今日からすれば、ずいぶんのんびりしたものだった。

亜麻布の場合、自家生産の原料で作った織物を携えた農民は、都市の問屋へ行き、一定の品質検査をうけ、通例の代価を与えられる。

各地から問屋へやってくる仲買の商人もまた、慣例化した過去の格づけによって買いつけるのだが、おたがいに儲けは相応の生計を維持して、好景気のときに小財産をのこせる程度でしかなかった。

同業者の営業方針はほぼ一致していたから、競争相手への反目も少なく、一日の営業時間はせいぜい五、六時間で、あとはしばしばクラブを訪れ、ときには気の合う仲間と、夜が明けるまで痛飲する。

それでも事業の運転には資本の介在が不可欠であり、簿記によって商取引をきちんと計算していた点でも、「資本主義的」な組織形態であるのは明らかだが、かれらを動かしていた精神は「伝統主義的」なものであった。

ある日、突如として、その安楽な生活が攪乱されるときがきた。

問屋を営む家族の一青年が、みずから農村に赴き、自分の要求に合致する織工を選んで、管理を強め、農民的であったかれらを、労働者に育成しはじめた。

他方では、最終の購買者にいたるまでの販路を、全て自分の手中に収め、各地に出向いて行っては、顧客の需要と願望——すなわち「好みに合う」ように改良した製品を、「薄利多売」の原則によって大量に売り捌《さば》く。

そのような「合理化」の結果、激しい競争が開始されて、敗れた者は没落の運命を辿り、気楽な牧歌は影を潜め、厳しい冷徹さがそれに変わった。

獲得された財産は、利子目当ての貯蓄よりも、つぎからつぎへと事業の投資に振り向けられて行く。

この変革を起こさせたのは、多額の資本の流入ではなかった。私（著者）の知っている例では、この「革命過程」のすべてを完成させるのに、親戚から借りた二、三千マルクで十分だった。（つまり経済構造を変化させる原因と結果が、素朴な唯物史観とは、反対の関係になっているわけである）

そこに流れこんだのは、多額の貨幣よりもむしろ、新しい「近代資本主義の精神」であった。近代資本主義の発展の原動力が、何処に由来するかといえば、それを可能にさせる貨幣にもまして、なによりもまず、こうした「資本主義の精神」だったのである。

そして経済生活における新しい精神の貫徹という、この決定的な転換を生ぜしめたのは、経済史上いつどこにでも見られる怖いもの知らずの厚顔な投機者や冒険者たち、あるいは「大資本家」などではなくて、むしろ厳格な生活の訓練のもとに育てられ、市民的な物の見方と原理原則を身につけて、熟慮と冒険心を兼ねそなえ、熱心にしかも冷静に仕事に精励する人びとであったのだ。……


以前にも簡単に触れたが、それまでの伝統的な織物産業に、このような画期的変革をもたらしたと書かれている「一青年」のモデルは、マックスの伯父（マリアンネの祖父）で、ドイツ西北部の都市ビーレフェルトの亜麻布問屋の家に生まれ、やがて近郊の村に移り、近代的な経営方式で大成功を収めたカール・ダーヴィット・ヴェーバーである。

といっても、ヴェーバー家の歴史が、そのまま写されているわけではない。著者は上記の挿話を語るに先立って、以下の描写は、さまざまな地方、さまざまな部門の諸事情から、「理念型」的に編成したものであると注釈している。

おなじように、第二章第一節で探求の主たる対象にしたカルヴィニズムについても、ここで考察しようとするのは、カルヴァン自身の見解ではなくて、その信仰が支配的な影響を及ぼした広い地域で現実のものとなった、そうした姿でのカルヴィニズムである、と最初に断っていた。

さて、第二章第二節「禁欲と資本主義精神」で、カルヴィニズムから発生したイギリス清教主義の代表的信徒として、まず考察の中心に置かれるのは、リチャード・バクスターである。

本文の叙述を追うまえに、かれはいったいどのような存在であったのか、今関恒夫『ピューリタニズムと近代市民社会　リチャード・バクスター研究』と梅津順一『近代経済人の宗教的根源　ヴェーバー、バクスター、スミス』によって、簡単な予備知識を頭に入れておきたい。

バクスターは、カルヴァンの死からおよそ半世紀後の一六一五年、イギリス中西部シュロップシャーの村に、小さいながら十分な土地を所有する農家に生まれた。

父親は放埒だった若き日に、賭博でつくった借財の返済に苦しむ時期を経て、リチャードが物心ついたころには、回心して聖書に読み耽り、敬虔な信仰と、聖なる生活の正しさを、わが子に教えた。

村中が、民俗的なダンスや、スポーツをなによりの楽しみとしていたそのころ、聖書を読み、一家で神に祈り、飲酒や冒瀆的な言辞を戒め、聖句を引用し、魂の不死について語る少数の人びとは、蔑《さげす》みと嘲りを籠めて、「ピューリタン」とか「やかまし屋」とか「偽善者」と呼ばれた。

（ピューリタンとは、もともと嘲笑する意味合いの綽名《あだな》だったのだ）

バクスターも少年時代は、民俗ダンスとスポーツに抵抗しがたい魅惑を感じていた。

だが結局、信仰に一身を捧げ、二十五歳でウスターシャーの織物産業の町キダーミンスターの英国国教会教区副牧師になってからは、聖なる生活と宗教的規律の徹底を説いて、それに反する「飲んだくれ」を強く非難した。

恵まれぬ階層の酒浸りこそ、貧困と冒瀆の大きな原因と信じたからだ。

居酒屋と酔っ払いは、村祭りのダンスやスポーツとともに、ピューリタンの理想に敵対するものと考えられた。

バクスターが聖職についた翌年、国王がスコットランドの改革派（カルヴァン派）教会に英国国教会の典礼を強制しようとしたのがきっかけとなって、のちに「ピューリタン革命」と呼ばれることになる王党派と議会派の内戦がはじまった。(ちなみに、教義はプロテスタントであるけれど、典礼にカトリックの要素をのこす英国国教会の改革の不徹底さに抗議して、迫害をうけた独立派の清教徒が、信仰自由の地を求め、メイフラワー号に乗って、北米大陸に渡ったのは、バクスターが五歳のときである)

「王権神授説」を唱えたジェームズ一世の子チャールズ一世にしたがう王党派は、若干のカトリック教徒を別にして、おおかた英国国教会に属し、チャールズ一世の絶対王政——商人に巨額の関税を課し、人民には公債を強制し、清教徒に大弾圧を加えるなど、「徹底政策」といわれる苛酷な専制政治を行なった——に反対する議会派には、ピューリタンが多かった。

社会的階級でいえば、騎士と貴族、ジェントルマン(地主-名望家)の大半とその小作人、および極貧の人びとは、王に味方し、ジェントルマンの一部とヨーマン(自営農民)、都市の商工業者と中産階級の大部分は、議会派の支持者であった。

また別の見方をすれば、村祭りのダンスやスポーツで結束を固め、居酒屋で気勢をあげる仲間同士が主流をなす伝統的な村落共同体は、王制の強力な支持基盤であるともいえた。

王党派についたウスターシャーで、それまでの言行から、議会派と見做されたバクスターは、反逆者として攻撃をうけ、キダーミンスターからいったんは、議会派に加わったグロスターシャーの主都に逃れた。そのときのことを、かれはこう語る。

——そこには、まるで別の政府のもとで生活しているのかと紛うばかりの、丁重で市民的礼儀正しさを身につけた敬虔な人々の一団がいた。……

しかしふたたび、かれの表現によれば「飲んだくれの暴徒ども」が、群集心理で「ピューリタンをやっつけろ」と叫ぶキダーミンスターに引き返す。

神の栄光を増すため、与えられた持ち場での使命を果たそうとしたのだろう。その後、同様の義務感で、議会軍の連隊長に要請された従軍牧師の役目を引き受け、二年に近い歳月をすごし、健康上の理由でキダーミンスターに戻ってからしばらくして、特定の宗派に偏しない「ウスターシャー教会連合」の指導者として注目すべき活動をはじめたことが、リチャード・バクスターの名を全国に知らしめることになった。

かれは、教会諸派のなかで左右の両極端を除き、カトリックへの執着のない英国国教徒と、清教徒の長老派と独立派の、ゆるやかな融和と統一を求め、調停者の役割を務めることによって、イギリスのプロテスタンティズム（広義のピューリタニズム）全般に影響をおよぼすようになったのである。

内戦は初めのうち、騎兵の精鋭を擁する国王軍が優勢であったが、ジェントルマン出身の確信的な独立派清教徒である議会軍の指揮官クロムウェルが、信仰心が篤く性格が真面目なヨーマンを中核に、厳しい訓練を課して錬成した騎兵隊が「鉄騎隊」と呼ばれるほどの強さを発揮し、それに倣って、「法と自由のため」「議会を堅持するため」「真の信仰を守るため」を旗印に、従来の身分制度にとらわれず、能力本位に編成された「新模範軍」が、国王軍を徹底的に打ち破って、チャールズ一世を父祖の地であるスコットランドに走らせた。

その後も反革命の画策をつづけたチャールズ一世は、一六四九年一月に処刑され、議会は君主制を廃止し、「イギリスの人民はここに共和国、自由国家となる」と宣言して、世界最初の市民革命は、ひとまず成就されたかたちになった。

バクスターは、クロムウェル政権のもとで、宗教政策を審議する委員に任じられたが、独裁色を強めたクロムウェルの没後、復古された王政が提供した主教の座を断り、さらにチャールズ二世の専制政治が反動の度合を増すにつれ、英国国教会への信従をも拒否して、以後は迫害をうけながら、いずれの教派にも属さない独自の非国教会牧師としての説教と著述に専念する。

平明で実践的な信仰指導書の小冊子や、神学や聖書の理論的な講述をふくむ夥《おびただ》しい数の著作が、広範囲の読者に迎えられて、かれはイギリスのピューリタニズムを代表する存在と目されるようになったのだった。

得られたはずの神の賜物

前節で概観した人物とその著作が及ぼした影響について、マックスはつぎのように独特な分析を展開する。

――リチャード・バクスターは、すこぶる実際的で協調的な思想の持主であったが、代表作『聖徒の永遠の憩い』や、ピューリタニズムの道徳神学のもっとも包括的な綱要である『キリスト教指針』をとってみると、カルヴァンよりも遥かに厳格に、地上の財貨の危険性を強調するのに気がつく。

なぜなら、富は休息の誘惑をもたらすからである。「聖徒の永遠の憩い」は、来世において与えられるもので、現世ではひたすらそれを確かなものとするため、「我を遣《つかわ》し給いし者の業《わざ》を昼の間《うち》になさ」なければならない。（ヨハネ伝第九章四節）

それゆえ、神の栄光を増さんがために働く者にとっては、時間の浪費が、最大の罪となる。まだベンジャミン・フランクリンのように「時は貨幣なり」とはいっていないけれども、この考えはほとんどそれに近い。

人生の時間は、自分の召命を「確実にする」には、あまりにも短く、したがって時がかぎりなく貴重なのは、それが失われた分だけ、神の栄光のために役立つ労働の機会が奪い去られることになるからだ。

バクスターは、厳しい不断の肉体的あるいは精神的労働の価値を、ときには激情的なまでに繰り返し、一貫して説きつづける。

かならずしも、キリスト教本来の思想とはいえない、この「勤労」のすすめは、以下の動機に基づく。

労働は昔から試験ずみの、禁欲に有効な手段である。東洋はもちろん全世界のほとんどすべての禁欲僧の規律とは、著しく異なって、西洋の修道院では古来、労働がそうした禁欲の手段として尊ばれてきた。

それは、ピューリタニズムが「不浄な生活」として一括するいっさいの誘惑を、厳しく撥ねのける手段でもある。

清教主義の性的禁欲は、修道士のそれと程度の差はあれ、根本原理において異なるところがなく、しかも結婚生活にまで及ぼされたために、影響はすこぶる広範囲にわたった。

夫婦間においてさえ、性的交渉が許されるのは、「生めよ殖えよ地に満てよ」(旧約聖書「創世記」)の教えにそって、神の栄光を増す場合においてのみ、とされた。

宗教上の懐疑や、臆病な自責の念を克服するためばかりでなく、あらゆる性的誘惑に打ち克つためにも、節制、菜食、冷水浴とともに、汝の職業労働に励め、との教えが強調された。職業は、ルター派がいうような、それに順応して甘受すべき摂理ではなく、神の栄光のために働け、という個個人への積極的な命令となった。

この相異がもたらした心理的効果は、まことに広汎なもので、すでに中世のスコラ学も熟考していた経済秩序の摂理的解釈の、その後の発展にも関連して行く。

スコラ学を大成したトマス・アクィナスは、社会における分業と職業構成の現象を、神の宇宙計画の直接の発現と考えた。

ルターはそこから、神に与えられた地位と限界のうちに止まることを、個個人の宗教的義務である、とした。

それにたいして、バクスターの説明は、のちのアダム・スミスの有名な分業讃美論を想起させる点が少なくない。

職業の専門化は、熟練を可能とするため、労働の質と量を向上させて、公共の最善のあり方につながる。神が求め給うのは、たんなる労働ではなくて、合理的で組織的な職業労働である。

ピューリタニズムの職業理念において、つねに重点がおかれるのは、このような召命における禁欲――すなわち神の計画的意志を実現させるための、厳しい自己抑制に貫かれた合理的生活態度――の方法的、組織的な性格であって、ルターが考えたように、神がひとたび与え給うた境遇にどこまでも安んずることではない。

いくつもの職業を兼ね営んでいいか、との問いには、それが公共の最善および自分自身の最善のあり方に役立ち、他のだれも害さず、兼営する職業のどれにも不誠実にならないかぎり、無条件に肯定する答えが与えられる。

職業の変更さえも、もしそれが軽率にではなく、より神に喜ばれる――つまり公共の原則に照らしてより有益な職業を選んでなされるのであれば、決して排斥すべきものとは考えられない。

職業の有益さ、すなわち神に喜ばれる度合を決定するのは、第一に道徳的基準であり、つぎに生産する財の「全体」にたいする重要さで、第三は――実践的にはもちろんこれがもっとも重要なものだが――私経済的な「収益性」である。

けだし、ピューリタンは人生のあらゆる出来事に神の働きを見るがゆえに、神が信徒の一人に利得の機会を与え給うとすれば、それは神みずからが意図し給うたものと考えるほかはなく、したがって信仰篤きキリスト者は、その機会を有効に生かすことによって、神の召命に応えなければならない。

もしそうしなければ、得られたはずの神の賜物を、神が求め給うたとき、かれのためにそれを用いることを拒む、ということになる。

神のために、あなたがたが労働して、富裕になるのは、よいことなのだ。富が危険なのは、それが怠惰な休息や罪の快楽への誘惑となる場合のみである。

主人から預けられたタラント貨幣を、働かせて利殖することをせず、それゆえに追放された僕《しもべ》の譬話《たとえばなし》(マタイ伝第二十五章十四節以下)は、そのことを端的に示していると考えられる。

確固たる職業のもつ禁欲的意義の強調が、近代の専門人に倫理的光輝を与え、利潤獲得の機会を摂理として意味づけることは、実業家に倫理的光栄をもたらした。

道徳的に弛緩した領主層や、成金風の見栄で富を誇示する金満家とは対照的に、落ち着いて市民的な「自力独行の人」が、輝かしい倫理的賞賛をもって迎えられることになったのである。……
おおよそ以上のように説いたあと、マックスはやがて、ピューリタニズムの別の側面にも目を向けて行く。

パリサイ的な良心

――ピューリタニズムの禁欲精神が、全力を挙げて攻撃したのは、この世における無羈絆《むきはん》の享楽である。

ジェームズ一世とチャールズ一世が、清教徒のすべての教会で壇上から読み聴かせるよう命令した「遊技教書」――日曜日にも礼拝時間のほかは民衆的娯楽が法律上許されるべきであるとする――に反対して、ピューリタンが激しく闘ったのは、日曜日の安息が乱されるだけでなく、信者を規律ある生活から故意に転向させ、国家にとって危険な反権威的精神を消滅させようという真の狙いが、あまりにも見え透いていたからだ。

清教徒にとって、遊技はひたすら合理的な目的、すなわち肉体の活動力が必要とする休養に役立つものでなければならず、職業労働や信仰を忘れさせるような衝動的な快楽は、禁欲的生活態度の敵とされた。

したがって宗教的には直接に重要視しがたい文化や芸術にたいしても懐疑的であり、往往にして敵対的であった。

清教主義の生活理想に、文化を軽蔑する無知蒙昧な俗物根性があったわけではない。ピューリタンの代表者は、おおむね古典の愛好者で、豊かな教養を身につけていた。だが、学問以外の文学、さらに感覚芸術の領域になると、事情はまったく違ってくる。

　イギリスではピューリタン革命以後、劇場が閉鎖された演劇のみならず、叙情詩や民謡も一時衰退したのは、周知の事実で、きわめて優秀であったとおもわれる音楽的才能――音楽史におけるイギリスの役割はかなり重要だ――も、すっかり影を潜めてしまい、この方面でアングロサクソン民族は、今日にいたるまでおなじ状態をつづけている。

（ここで筆者の感想を差し挟めば、いかに恐るべき洞察力の持主とはいえ、およそ六十年後のビートルズの出現を予想しなかったことで、責められるべきではないであろう。

ただし、アメリカの「教会音楽」は、ドイツ人には堪えがたい金切り声ばかりだ、といいながら、黒人教会の音楽は例外としている。まさか、そのなかから生まれでるジャズとロック・ミュージックが、やがて世界中を席捲するところまで予測していたわけではあるまいが……）

　禁欲の霜は、旧き陽気な英国の生活のいたるところにおりた。およそ「迷信」のにおいのするもの、魔術や儀式による恩寵授与のあらゆる残滓にたいするピューリタンの激しい憎悪は、五月柱《メイ・ポウル》や無邪気な教会行事ばかりでなく、クリスマスの祝祭にまで向けられた。

　何につけても生真面目な合目的性を第一とする傾向は、さまざまな芸術的装飾や、服装にも及んで、今日では資本主義的生産の「規格化」の要求と形影相伴う、あの生活様式の画一化は、ひとつにはそれに起因している。

（もういちど口を挟めば、カトリックのフランスとイタリアで料理とファッション産業が栄え、プロテスタントのドイツとイギリスではそれらがともに地味で実質的であることなど、連想はさらにさまざま

な方向へ広がって行く）

以上のことを概括すれば、プロテスタンティズムの世俗内的禁欲は、野放図な享楽に全力で反対し、消費を、ことに奢侈的な消費を否定した。反面でこの禁欲は、心理的な効果として、財の獲得を伝統主義的倫理の桎梏《しっこく》から解き放ち、利潤の追求を合法化したばかりでなく、まさしく神の意志にそうものと考えることによって、それまでの障害を打ち破った。

消費の否定と営利の解放は、つぎの結果につながった。すなわち、禁欲的な節倹による資本形成である。利得した財の消費的使用を阻んだ力は、それの生産的利用を、つまりは投下資本としての使用を促さずにはおかなかった。この作用の強さを、数字によって正確に示すことはできないが、清教徒が最初に植民地を建設したニューイングランドでは、そうした関連が顕著に見てとれる。

厳格なカルヴィニズムが真に支配したのは七年間にすぎないオランダでも、真摯な信仰の持主たちが、巨大な富を得ながら、いちように簡素な生活に甘んじたことは、度外れの資本蓄積熱を生ぜしめた。

だが、やがて、別の事態も生じてくる。宗教的規律がとりわけ厳正であったメソジスト派の創始者ウェズリーは、それにたいする懸念を、つぎのように表明した。

> 富の増加したところでは、それに比例して、宗教の実質が減少してくるようだ。宗教は勤労と倹約を生み、その二つは富をもたらす。しかし、富が増すとともに、高慢や激情、現世のあらゆる欲望や生活の奢りも増大する。こうして宗教の形は残るけれども、精神はしだいに失われて行く。純粋な宗教のこのように絶え間ない腐朽を、防ぎとめる途はないのだろうか。本当は「でき

るだけ利得するとともに、できるだけ節約する」者は、天国に宝を積むために、また「できるだけ他に与えなければならぬ」のだが……と。

宗教的な熱狂は去り、神の国を求める激情が、しだいに醒めた職業道徳に解体され、宗教的基盤の生命力が失なわれて、功利的な現世主義がそれに代わった。

とにかく宗教的生命にみちていたあの十七世紀が、功利的なつぎの時代に遺産としてのこしたものは、合法的な形式で行なわれるかぎりの貨幣利得に関して正しいと信ずるパリサイ的な――とわれわれは敢えていう――良心にほかならなかった。（パリサイ派はなによりも律法の形式的な厳守を声高に唱え、イエスがその偽善的傾向を激しく攻撃したユダヤ教の一派）

神は何を真に喜び給うのかを探ろうとする心は消えて、独自の市民的な職業のエートス（倫理的気風）が生まれた。

市民的な企業家は、形式的な正しさの制限を守り、道徳生活に欠点もなく、財産の使用にあたって他人に迷惑をかけることさえしなければ、神の恩恵を十分にうけ、目に見える形で祝福を与えられているという意識を持ちながら、営利に従事することができたし、またそうすべきなのだった。

そればかりではない。かつての宗教的禁欲の力は、生真面目で、すぐれた労働能力を持ち、労働を神の要求し給う生活目的として精励する労働者を、かれの掌中に与えた。

さらにまた、その宗教的な力は、現世における財の分配の不平等が、神の特別な摂理のわざであり、それによってあの「予定」と同様に、われわれのあずかり知らぬある秘密の目的をなし遂げ給うのだという、安心すべき保証さえ与えたのだ。

低賃金にも拘泥しない忠実な労働を、神は深く喜び給う、というのは、古くからキリスト教の数数の文献に滲みとおっている考え方で、その点でプロテスタンティズムの禁欲は、とくに新しいものではない。

だが、営利と労働をともに「天職」とする思想は、企業家による労働者の労働意欲の搾取をも合法化した。

ピューリタンは（理想の）職業人たらんと欲した。いまやわれわれは（現実の）職業人たらざるを得ない。

なぜなら、禁欲は修道士の小部屋から職業生活のただ中に移されて、世俗内的道徳を支配しはじめるとともに、こんどは、機械的生産の技術的・経済的条件に支配される近代的経済組織の、あの強力な体系《コスモス》を作り上げるのに力を貸すことになったからだ。

この体系は現在、圧倒的な力を持って、その機構のなかに入りこんで来るいっさいの諸個人――経済的営利に直接たずさわる人びとだけでなく――の生活のスタイルを決定しているし、おそらく将来も、化石化した燃料の最後の一片が燃えつきるまで、それを決定しつづけるだろう。バクスターの見解によれば、現世において信仰以外の物は、「いつでも脱ぐことのできる薄い外衣」のように、聖徒の肩にかけられていなければならなかった。それなのに、運命は不幸にも、この外衣を鋼鉄のように堅い檻としてしまった。

禁欲が世俗を改造し、その内部で成果を挙げようと試みているうちに、世俗の外物は、歴史にその比を見ないほど強力になって、ついには逃れ得ない力を、人間の上に振るうに至ったのだ。……

そのように説いてきて、著者は、本篇の第一の結論に行き着く。この部分は、岩波文庫新版の大塚久雄訳を引かせていただきたい。

「今日では、禁欲の精神は――最終的にか否か、誰が知ろう――この鉄の檻から抜け出してしまった。ともかく勝利をとげた資本主義は、機械の基礎の上に立って以来、この支柱をもう必要としない。禁欲をはからずも後継した啓蒙主義の薔薇色の雰囲気でさえ、今日ではまったく失せ果てたらしく、『天職義務』の思想はかつての宗教的信仰の亡霊として、われわれの生活の中を徘徊している。そして、『世俗的職業を天職として遂行する』という、そうした行為を直接最高の精神的文化価値に関連させることができないばあいにも――あるいは、逆の言い方をすれば、主観的にも単に経済的強制としてしか感じられないばあいにも――今日では誰もおよそその意味を詮索しないのが普通だ。営利のもっとも自由な地域であるアメリカ合衆国では、営利活動は宗教的・倫理的な意味を取り去られていて、今では純粋な競争の感情に結びつく傾向があり、その結果、スポーツの性格をおびることさえ稀ではない。将来この鉄の檻の中に住むものは誰なのか、そして、この巨大な発展が終わるとき、まったく新しい預言者たちが現われるのか、あるいはかつての思想や理想の力強い復活が起こるのか、それとも――そのどちらでもなくて――一種の異常な尊大さで粉飾された機械的化石と化することになるのか、まだ誰にも分からない。それはそれとして、こうした文化発展の最後に現われる『末人たち』《letzte Menschen》にとっては、次の言葉が真理となるのではなかろうか。『精神のない専門人、心情のない享楽人。この無《ニヒツ》のものは、人間性のかつて達したことのない段階にまですでに登りつめた、と自惚《うぬぼ》れるだろう』と。

――」

「運命的な力」

前記の結論は、一九〇五年に述べられたのだが、ソ連崩壊後のいま、これまで読んだことがない人に、つい最近書かれたものとして紹介しても、ほとんどだれひとり疑わないであろう。

ソビエト社会主義共和国連邦が発足して約半年後の一九一八年六月、マックスは『社会主義』という題で講演を行ない、その将来について語った。濱島朗《はましまあきら》の訳によって、当方なりに要約すれば……。

――資本主義国家で進行してきた、長年にわたる専門的訓練、不断に進展してやまぬ専門分化、それに合うように教育された専門官僚群による管理の必要は、社会主義といえども考慮に入れなければならない第一の事実である。近代経済をそれ以外の方法で管理することはできない。

事情はどこでもおなじで、工場・行政機関・軍隊・大学の内部では、官僚制的に編成された人的機構を統御する者の手中に、経営手段が集中されて行く。

社会主義が、経営手段と労働者の分離を、資本主義に固有の現象とするならば、それは由由しき誤謬で、私的工場主のかわりに、国家の指導者が管理することになっても、根本の事態にはまったく変わりがない。経営手段からの分離は依然として存続する。鉱山、熔鉱炉、鉄道、工場、そして機械が存在するかぎり、それらが個個の労働者の財産となることはあり得ない。管理に高度の専門的な知識と情報を要求される現代技術の性質上、それは不可能だ。

自己の責任で生産を指導する私的企業家にかわって、官僚組織が管理の任にあたることになれば、たしかに社会主義理論のいう「生産の無政府状態」――いいかえれば企業家間相互の競争は消滅する。しかし、その管理がうまく行かなかったとしても、国家にたいしてはストライキを起こすことができない。この種の国家社会主義にあっては、労働者の隷属性が、根本的により強められることになる。

企業家を完全に排除した統制国家においては、必然的に官僚制がいっそう強化される。

おそらくいま進行しつつあるものは、労働者の独裁ではなくて、官僚の独裁にほかならない。……

むろんマックスの分析は、もっと詳細で多岐にわたるのだが、骨子としては以上のように語ったのち、つぎのように結ばれる。

社会主義的確信や社会主義的希望をなくしてしまう手段などというものは存在しない。――どのような労働者層も、つねになんらかの意味で社会主義的でありましょう。ただ問題は、この社会主義が、国家的利益の立場から、また目下のところ、とくに軍事的利害の見地から、がまんできるような社会主義になるかどうかという点であります。

たとえば、パリにおけるコミューンの支配とか、現今ではボリシェヴィキの支配のように、およそその規律の基礎が脅かされる場合に、即決裁判なしにすませた支配、そしてまたプロレタリア支配なるものは、これまで存在しないのであります。このことは、トロツキー氏がおそれいるくらい率直に認容したところです。しかしながら、政党とか階級の利害ではなく、規律を保持しようとする没主観的関心だけが軍事的機関の態度を決定し、それゆえ戦争において没主観的に不可避の事柄が生じるという感情を、兵隊たちがしっかりともてばもつほど、それだけ軍事的権威はゆるぎないものとなるでありましょう。……

　間接的ないい回しであるけれど、プロレタリアートの代表と称する官僚が独裁する国家では、ちゃんとした裁判が行なわれないであろうことを、はっきり見極めている。

（じっさい革命の直後に、ソビエト政府直属の機関―略称Cheka《チェーカー》―として設置され、やがて国家政治保安部―略称GPU《ゲーペーウー》―に改組された秘密政治警察は、国内の隅隅にまで厳しい監視の網の目を張り巡らせて、逮捕から秘密裁判、死刑執行にいたる強大な権力を振るいつづけた）

　そしてまたこの講演は、まだ第一次大戦が終結する以前に、ウィーンでオーストリア将校団をまえにしてなされたものであるから、結語において、ソビエトが少なくとも軍事的な力においては、恐るべき存在となるであろう事実を示唆したのである。

　やがて姿を現わすスターリニズムの苛酷な恐怖専制政治を、冷徹に予見していたといってよいのではあるまいか。

　ロシア革命の行く手をマックスがどのように見通していたかについて、吉田昇三『ウェーバーとシュムペーター　歴史家の眼・理論家の眼』は、きわめて興味深い挿話を紹介している。

　一九一八年に、ウィーンのカフェーで、オーストリー生れの理論経済学者シュムペーターと顔を合わせたとき、

「シュムペーターはロシア革命について満足の意を表明した。社会主義はもはや紙上の空論ではなく、生存能力のあることを証明した、というのである。マックス・ウェーバーは激昂して、ロシアの発展段階での共産主義は、まさに犯罪であり、道は未曾有の人間の悲惨をつき切って行き、おそるべき破滅に終るであろう、というふうにいった。『そうかもしれない。だが、われわれに

は本当に気持のよい実験室になりますよ』とシュムペーターは答えた。『人間の屍が積みかさねられた実験室にね』とウェーバーはすぐにいい返した。『解剖教室はみんなそうですよ』とシュムペーターは応酬した。話題をうまく変えることはできなかった。ウェーバーは熱っぽく、ますます声高になった。シュムペーターはますます皮肉になり、声をますます低くした。客はもの珍しそうに聴き耳をたてた。ついにウェーバーは、『もうやりきれん』といって立ち上がり、通りへと急いだ。（中略）あとに残ったシュムペーターは、『カフェーでどうしてあんな大声をだすことができるのだろうかね』と笑いながらいった」

一九一八年十一月四日、革命前夜のミュンヘンで行なわれた進歩的な政治集会に招かれて講演したマックスは、

――ボルシェヴィズムは他のすべての軍事独裁と異ならぬ軍事独裁であり、他のすべての軍事独裁と同様に崩壊するであろう。

と予言して、聴衆の少なからぬ部分を占めていたコミュニストをふくむ急進派の猛烈な怒りと反撥を買った。

――敵対的な群衆本能が彼に向けられ、そして彼がそれを圧倒し得なかったのはこれがはじめてであった。

と、マリアンネは書いている。

『プロテスタンティズムの倫理と資本主義の精神』の第一の結論にもどれば、資本主義の発展段階の最後に現われる「末人《まつじん》」という言葉は、ニーチェの『ツァラトゥストラはかく語りき』に由

来することを、ヴォルフガング・J・モムゼン『マックス・ヴェーバー』は指摘した。

　手塚富雄の訳によって、その部分を抄出してみよう。

　……ツァラトゥストラは語った。

　かなしいかな。やがてその時は来るだろう。人間がもはやどんな星をも産み出さなくなる時が。

かなしいかな。最も軽蔑すべき人間の時代が来るだろう。

見よ。わたしはあなたがたにそういう末人を示そう。

「愛とは何か。創造とは何か。憧れとは何か。星とは何か」――そう末人はたずねて、まばたきする。

「むかしは、世界をあげて狂っていた」――そう洗練された人士は言って、まばたきする。

　かれらはみな怜悧であり、世界に起こったいっさいのことについて知識をもっている。だからかれらはたえず嘲笑の種を見つける。かれらも争いはする。しかしすぐに和解する――そうしなければ胃をそこなうからだ。

　かれらはいささかの昼の快楽、いささかの夜の快楽をもちあわせている。しかし健康をなによりも重んずる。

「われわれは幸福を発明した」――そう末人たちはいう。そしてまばたきする。

　ツァラトゥストラの言説は、ここで群衆の叫びと歓喜にさえぎられた。「われわれにその末人を与えよ、おお、ツァラトゥストラ、われわれをその末人たらしめよ。そうすれば超人はおまえにゆだねよう」そして群衆のすべては歓呼し、舌を鳴らした……。

　前に引いた『プロテスタンティズムの倫理と資本主義の精神』の第一の結論部分に、このニーチェの一幕を重ね合わせてみれば、著者のいいたかったことが、いっそう鮮明になってくる。精神のない専門人、心情のない享楽人――。両者に共通するのは、公共の最善のあり方と自己の最善のあり方の両立を希求する理想と倫理性の欠如である。

現代の資本主義を、化石化した燃料の最後の一片が燃えつきるまで、地球上の人びとの生活のスタイルを決定しつづける巨大な圧制の檻としないためには、そうした理想と倫理性の回復もしくは創出が不可欠であることを、著者は示唆したのだ。

そのためには、何をどうすべきか、については、本篇では語らない。そこから先は「価値判断や信仰判断の領域に入りこむことになる」からであり、前出の方法論『社会科学と社会政策にかかわる認識の「客観性」』に示された考えでいえば、「経験科学は、なんぴとにも、なにをなすべきかを教えることはできず、ただかれがなにをなしうるか、また、なにを意欲しているか、を教えられるにすぎない」からである。

ここから出発して、自己が最高かつ究極と信ずる理想を実現するために、他の人がおなじように信じて掲げる別の理想（それが他人にとって神聖なのは、われわれの理想がわれわれにとって神聖なのとまったく同等だ）や、生活上の数数の困難や抵抗と闘って生き抜いていくことは、かれ自身の内奥における良心と意欲の問題であって、それこそが「人格」の尊厳を生みだすもっとも根源的なものなのだ。

こうして、本篇の第二の結論が導き出されてくる。

われわれは以上の素描によって、研究対象の一端に触れたにすぎず、今後さらにさまざまな面を明らかにして行かなければならないだろう。たとえばそのひとつは、禁欲的プロテスタンティズムの文化的意義の限界である。
また、プロテスタンティズムの禁欲それ自体が、経済的な条件によってどのように影響されたかも、詳らかにされなければならない。なぜなら、

「一面的な『唯物論的』歴史観にかえて、これまた同じく一面的な、文化と歴史の唯心論的な因果的説明を定立するつもりなど、私にはもちろんないからだ。両者ともひとしく可能なのだが、もし研究の準備作業としてでなく、結論として主張されるならば、両者とも歴史的真実のために役立つものとならないだろう」

からである。

全篇を締めくくるこの結びの言葉には、若き日から生涯を通じて、著者の思考法の根本的な特徴であった——無限の多様性と複雑性をもつ世界の現実を、たったひとつの原理で一刀両断にしようとするような一元論への拒否が、はっきりと示されている。

とうぜん西欧に生まれた禁欲的プロテスタンティズムの倫理も、いま直面している課題について、全世界に通用する万能の切札ではあり得ない。

では、マックス・ヴェーバーの宗教にたいする基本的な態度とは、どのようなものであったのだろうか。

第一次世界大戦におけるドイツの敗戦から三箇月後、一九一九年二月九日付の手紙で、かれはみずからこう述べた。

——私はたしかに宗教的な意味ではまったく音痴で、宗教的性格の何らかの霊的建築物を自分の内部に打ち建てる欲求も能力も持ち合せてはいない。しかし精密に自己検討してみると、私は

反宗教的でもなければ非宗教的でもない。……

これはいったい、どういう意味なのだろう。同年一月の講演『職業としての学問』に示された考えも踏まえて、マリアンネは語る。

――かれは福音書とキリスト教そのものの宗教性にたいする深い畏敬の念をつねに失わなかった。イエスの数数の譬《たと》え話、山上の垂訓、それからパウロの書簡と、旧約聖書では預言者たちの書とヨブ記は、かれにとって宗教的な感動と深遠さの比類ない記録であった。しかしかれは成熟期に達して以来、キリスト教の現実的な拘束から解放され、それゆえ思想家としてすべての宗教体系に同等の興味をもって立ち向かうことができた。……

そのような目で見ると、今後さらに増大するであろう地球上のいろいろな価値圏の衝突と、それを唯一絶対の原理によって統一しようとする世界像なるものとは、両立しない。世界はますます多元的に分裂し、かつて退けられた多くの神神が墓から蘇ってきて、永遠の争いをはじめる。神神の闘争が「日常茶飯事」となるこの現代文明の宿命に、われわれはまず堪えなければならない。

しかし、思索や信仰がこれまでとはまったく別の解釈をもって、この多元的な分裂を包括しようとする試みを妨げるものは、なにもない。キリスト教にたいする絶対的な帰依によって目が眩まされていなければ、それが明らかに見てとれるはずだ。

こうした現実にたいする具体的で冷静な観察は、世界に適合する唯一の形而上学として〈多神論〉を認める方向に、かれを導いて行った……。

祖国の運命にたいする憂慮の念が、脳裡から離れることは片時もなかったはずなのに、戦争中のかれが軍務を退いたあと、『儒教と道教』『ヒンドゥー教と仏教』『古代ユダヤ教』と、眼前の緊迫した状況からは遥かに遠い厖大な『世界宗教の経済倫理』の論述に没頭したのは、ドイツのみにとどまらない戦後の世界の行手に、切実な学問的関心を抱いていたからに相違ないのである。

まえに溯っていえば、友人に宛てた一九〇八年の手紙に、かれはこう書いた。

――「苦難は祈ることを教える」といいます、つねにそうでしょうか？　まことに多く当たっているに違いないのは、敬意をもって認めながらも、私は自分の経験から、それに異論を唱えたいとおもいます。……

とすれば、あの深刻な神経疾患の苦痛に長く責め苛まれていた時期にも、かれは祈ろうとはしなかった。おそらく、だれも自分を助けることはできない、教会や牧師はもちろん、ついには神さえも、助けの役には立ってくれない、と、きびしい内面の孤独のなかでおもいつめていた初期のカルヴィニストとおなじように――。

みずから「宗教的音痴」と称し、ある時期よりキリスト教の現実的な羈絆《きはん》から解き放たれたかに見えたマックスに、しかしマリアンネは終始、『プロテスタンティズムの倫理と資本主義の精神』にピューリタニズムを代表する存在として描かれた幾つかの人物像と共通する面影を認めていた。読者のなかにも、共感を覚える人が、少なくないのではなかろうか。

切迫した大戦の真っ最中に、儒教、道教、ヒンドゥー教、仏教、古代ユダヤ教の各宗教について、だれもが驚嘆せずにいられない遠大な視野と、圧倒的な学識と深遠な考察にもとづいて詳細な論述を開始するにあたり、『世界宗教の経済倫理　序論』のなかで、かれはつぎのように述べた。

――人間の行動を直接に支配するのは、理念ではなくて（物質的ならびに観念的な）利害である。しかし、「理念」によって創り出された〈世界像〉は、非常にしばしば転轍機として、利害の力学が行動を推し進めて行くレールを決定したのであった。……

そうだとすれば、われわれに必要なのは、ひょっとすると地球を破滅に導きかねない現在の軌道を変えられる新たな〈転轍機〉の創出であろう。

以下は、これまで伝えてきたマックス・ヴェーバーの壮大で強靭な思考に触発された筆者のささやかな「価値判断」である。

〈転轍機〉が必要なのは間違いないにしても、全世界を同時にひとつの軌道に乗せようとするような、強引でかつ巨大な〈転轍機〉は、可能ではないし、有効でもない。そのことは、過去の経験ですでに明らかになったはずだ。

いかなる一元論にも、決して絶対的な権力を与えてはならない。

これが過去の人類の全歴史を合わせたよりも、比較にならないほど多数の死者を出して得られた二十世紀の痛切な教訓である。一元論は、すべてを敵と味方に分ける二分法と表裏一体になっていて、自分の側を「善」とすれば、相手側は許すべからざる「悪」であって、それを絶滅しないかぎり、理想の世界は実現されない、という目が吊り上がった「正義」の狂気を生む。

したがって〈転轍機〉は、かならず複数でなければならず、二十一世紀は、世界中の各地、また国中の各地域に、それぞれの環境の特質を活《い》かし、住民に平和と幸福をより多くもたらす中小の多様な〈転轍機〉が数知れず編み出されて、たがいにその有効性を競い合う時代になるのが望ましい。

とうぜんそれは、試行錯誤の連続となるだろう。これまで見てきたように、「理念」はしばしば創唱者の、おもいも寄らなかった結果を招くからだ。この世を神の国にしようとした古プロテスタンティズムの厳粛な信仰が、やがて経済の面では金銭と機械をほとんど万能とする「鉄の檻」を生み、真の共産主義社会に移行するための前段階としてプロレタリアートの独裁を掲げたコミュニズムの理想が、政治の面においては恐るべき官僚独裁と秘密司法の「鉄の檻」を生み出したように――。

ラディカルという言葉を、独和辞典で引くと――いや、独和にかぎらず、英和、仏和、伊和、西和、どの辞典でもそうだが――「急進的」よりも先に「根底的」という意味が出てくる。

ドイツの降伏直前、激動の嵐が吹き荒れるなかで、革命を叫ぶ急進派にたいし、その判断は間違いであると、身を挺して反対の意思を表明したマックス・ヴェーバーは、根底的という意味においてはまさしく、ラディカルな学者であり思想家であった。

敗戦から二年目の一九二〇年六月十四日、われわれの主人公は急性の肺炎に襲われ、五十六歳で世を去った。その少しまえまで著述と既発表の論文の改訂と本の校正に全力を傾注していたかれは、「自分がもくろんでいる学問的課題をなし遂げるためには、もう百年かかるだろう」と、マリアンネに語った。おそらくかれの念頭には、まだ書き残していたイスラム教という大問題があったのに相違ない。

予期せぬ死がすぐそばまで近づいていた時期に記したとおもわれる『宗教社会学論集　序言』において著者は、資本主義を「近代西洋においてわれわれの生活を支配しつつあるもっとも運命的な力」と呼んだ。

その圧倒的な力は、近代西洋のみならず、いまや世界中の隅から隅まで支配しようとしている。国際化とともに画一化をもたらす巨大な圧延機《ローラー》は、数えきれないほどの多様性をもつ世界の各地に固有の自然や文化や歴史を、おしなべて無残に破壊してしまいかねない勢いだ。

その結果、現在、地球上に生じている数数の難問におもいをめぐらすなら、いかにわれわれが「末人」であるとはいえ、ただひたすら「運命的な力」に引きずられ、背を押されて行くだけでよいのだろうか。

――このままでいいのか、いけないのか、それが問題だ。

新しい世紀が、まずその疑問から出発しなければならないのは、多くの人の目に明白であろう。比類ない洞察力をもつマックス・ヴェーバーは、二十世紀における資本主義と社会主義の運命を、ともに鋭く見抜くことによって、そのように根底的な問いをわれわれに発しているのである。

あとがき

現在のわが国で筆者の名前を知る読者は、ごく少数にかぎられるであろうが、ほんの僅《わず》かでもご存じの方ほど、故郷の津軽をフランチャイズにして出発したはずの物書きが、なぜマックス・ヴェーバーを……と不審におもわれるのではなかろうか。

じつは、前著『反時代的教養主義のすすめ』（新潮社刊）にも記したように、当方はもともと、マックス・ヴェーバーの勉強をしたいとおもって、早稲田の文学部哲学科社会学専修という学科に入ったのである。高校時代、当時は平和論のヒーローであった清水幾太郎の著作に導かれて、人間を機械の一部品と化していく「官僚制」こそ、現代文明のきわめて深刻な問題点であることを、最初に鋭く指摘して緻密に分析したのは、マックス・ヴェーバーであると知らされたのがきっかけであった。

志はよかったのだけれど、じっさいには映画と酒に溺れて、大学は卒業できなかったのだが、そのことが良心に突き刺さる棘《とげ》となって、以後もずっと書店の棚でマックス・ヴェーバー関係の本を目にするたび、反射的に手を伸ばして買いもとめるのが習い性となり、当座は一瞥するにとどまっていたものを、ソ連の解体とそれにつづくわが国のバブル崩壊後、なにもかもかれのいった通りではないか……と、目まぐるしく変化する世界の動きと重ね合わせつつ、あらためて身を入れて読み直しはじめた。

前記『反時代的教養主義のすすめ』の「新潮45」連載が終わったあと、当時の石井昂編集長に、つぎはなにをやりたいか、と聞かれて、マックス・ヴェーバーの名前を挙げた。雑誌としてはリスクの多い連載を引き受けてくれた石井さんに、まず心から感謝したい。

九八年の二月号から九九年の一二月号までつづいた連載中、独文科の出身でクラシックに造詣の深い編集部の大畑峰幸さんが、毎号激励の言葉のほかに、文中に出てくる「クリングラー四重奏団」の当時の演奏を録音したCDなどを贈ってくれたので、マックス・ヴェーバーが深く愛した音楽を、いつもBGMにして執筆することができた。

いうまでもなく、世界的にも水準の高いわが国のマックス・ヴェーバー研究の卓越した専門家による数数の訳書と労作がなければ、素人の筆者が評伝を書くなど、むろんおもいも寄らなかったことである。貴重な成果を引用し、参考にさせていただいた諸先生に、厚く敬意と謝意を表したい。

執筆にかかるまえ、ベルリン、エルフルト、ハイデルベルク、ストラスブール、フライブルク……と、ヴェーバーゆかりの土地と街を歴訪したさいには、いろいろな方のお世話になったが、なかでもハイデルベルク在住の豊田聡子さんには、じつに多くの懇切な教示をうけた。

これまで繰り返し述べてきた通り、今回もまた連載時と刊行時の校閲者今井一也、有江和敏、登根浩貴、装幀者大森和也、単行本編集者新井久幸と、新潮社のすぐれたスタッフのみなさんの少なからざるおかげをこうむった。

マックス・ヴェーバーの世界の広さと深さは、まだまだ計り知れない。小著がひとつの端緒となって、そのなかに分け入り、地球と世界とわが国の行く手について熟考する人が、数を増していくことを筆者は願っている。

二〇〇〇年四月

長部日出雄

＊　本文中に記した書物のほか、各章には主としてつぎのような文献を参考にいたしました。

（i）毎日新聞98年1月7日付、上杉伸夫氏が発掘した森鷗外の東大医学部時代の成績表に関する記事。ゴーロ・マン『近代ドイツ史』（上原和夫訳）、林健太郎編『ドイツ史（増補改訂版）』、林健太郎『ドイツ史論集』、木谷勤・望田幸男編著『ドイツ近代史』、望田幸男・三宅正樹編『概説ドイツ史〔新版〕』、望田幸男『ドイツ統一戦争』、阿部謹也『物語 ドイツの歴史』

（ii）小嶋潤『西洋教会史』、半田元夫・今野國雄『キリスト教史I・II』、住谷一彦・小林純・山田正範共著『マックス＝ヴェーバー』

（iii）生松敬三『ハイデルベルク』、潮木守一『ドイツの大学』

（iv）小塩節『ライン河の文化史』、野田宣雄『ドイツ教養市民層の歴史』、望田幸男『ドイツ・エリート養成の社会史』、望田幸男編『近代ドイツ＝「資格社会」の制度と機能』

(v) 徳永恂『社会哲学の復権』、徳永恂編『マックス・ウェーバー　著作と思想』
(vi) ハインリヒ・フォン・トライチケ『軍国主義政治学』(浮田和民譯並評)
(vii) 小林孝輔『ドイツ憲法小史〈新訂版〉』、末川清『近代ドイツの形成』
(viii) 坂井榮八郎『ドイツ歴史の旅』『ドイツ近代史研究』
(ix) ラインハルト・ベンディクス『マックス・ウェーバー』(折原浩訳)
(x) W・J・モムゼン／J・オースターハメル／W・シュベントカー編著『マックス・ヴェーバーとその同時代人群像』(鈴木広／米沢和彦／嘉目克彦監訳)、田村信一『グスタフ・シュモラー研究』
(xiii) G・M・トレヴェリアン『イギリス史』(大野真弓監訳)
(xiv) 安藤英治『ウェーバー歴史社会学の出立』、R・コリンズ『マックス・ウェーバーを解く』(寺田篤弘・中西茂行訳)、中村佐喜子『ロレンスを愛した女たち』、川北稔『砂糖の世界史』
(xvii) 向井守『マックス・ウェーバーの科学論』
(xviii) マックス・ウェーバー『プロテスタンティズムの倫理と資本主義の《精神》』(梶山力訳／安藤英治編)、久保田泰夫『ロジャー・ウィリアムズ』、高木八尺・末延三次・宮沢俊義編『人権宣言集』
(xx) 山之内靖『マックス・ウェーバー入門』、金井新二『ウェーバーの宗教理論』

文庫版あとがき

原著の「あとがき」に記したように、本篇は最初一九九八年の二月号より「新潮45」に連載されたのだが、開始早早の三回目から四回目のあいだに、二箇月休載した期間がある。その間に筆者は入院して、がんが生じたS状結腸を二十五センチ切除する手術を受けていた。つまり生命の危機に遭遇していたといっても大袈裟ではないとおもうが、原著のあとがきに記さなかったのは、そうした個人的で私的な事情と、本の内容には、何の関係もない、と考えたからだ。思考や叙述のなかに、主観的な価値判断を恣意的に持ち込むのは、マックス・ヴェーバーが何よりも避けたいと願っていたことであった。

それをなぜ今になって明かすかといえば、本篇の執筆への没頭が、手術の予後の回復にすこぶる効果的であったことを、同病の人に伝えたいからである。一箇月の入院中、『プロテスタンティズムの倫理と資本主義の精神』は聖書と共に絶えずページをめくる枕頭の書であり、退院後は、この連載を仕上げるまでは死ねない、と毎月の締切りに向かってひたすら調べと思索と執筆に没入した。そんな風に、余分なことは一切考える隙《ひま》がないほど確固とした目標があったことが、筆者の場合は、がんの転移や再発を防いでくれたようにおもわれてならない。九八年四月の手術から満六年を経て、現在の体調は手術前よりも遥かによいと感じられる毎日である。

原著が刊行された翌年に、あの9・11の大事件が勃発し、アフガニスタンとイラクで戦争がはじめられ、世界は混迷と悲惨の度合を深める一方で、マックス・ヴェーバーの予見がまさしく的中していたことは、ますますだれの目にも明らかになってきた。

簡単な答えは何処にもない。だが複雑きわまりない難問を解くための鍵が、ヴェーバーの壮大で強靭な思考のなかに隠されているのは間違いないので、できるだけ多くの人がその著作に注目されることを希望したい。(なお本篇を書いた後の著者の考えは近刊の新潮新書『仏教と資本主義』に述べた。これも併せ読まれることを期待する)

今回の文庫化に際しては、新潮社文庫編集部の土屋眞哉さんと、校閲部のみなさんに新たな助力を得た。記して感謝の意を表したい。

二〇〇四年　初夏

長部日出雄

「新潮選書」あとがき

「ライフワーク」というのが、自分の口からいい立てる性質のものでないことはよく承知しているつもりだけれども、学生時代から生涯にわたって読みつづけ、考えつづけてきた大学者の人間性と学問を主題にした本書に関しては、そう自称したい気持を抑えることができない。

しかし、硬派の書物が厳しい冬の季節に入った出版状況のなかで、本書の単行本も文庫本も、期待に添えるだけの読者を獲得することができず、ともに絶版となって、自分の一生をかけた本も、このまま忘れられ、消え去ってしまうのか……と寂しくおもい定めようとしていた矢先、版元から「新潮選書」の一冊に加えられるという、予想もしなかった吉報がもたらされた。

今後いっそう重要性の度合を増すに相違ないマックス・ヴェーバーへの入門書として最適と自負する本書が、ずっと書店の一隅を占めつづけることは本望の一語に尽きる。新潮社の度量と見識に、衷心から感謝の意を表したい。

選書化にあたっては、新潮選書編集部の大倉香織さんと、校閲部の小林創一さんに、あらためて多くの示唆を得て、若干の改稿をした。これまでとは主題と副題が入れ替わったことについても、読者のご海容を賜りたい。

混迷と悲惨を極めるいまの世界にとって、マックス・ヴェーバーの壮大で強靭な思考が、一筋の希望の光となることを、強く期待しつつ――。

二〇〇八年　春

長部日出雄

本書は『二十世紀を見抜いた男——マックス・ヴェーバー物語』のタイトルで二〇〇〇年に小社より刊行され、二〇〇四年に新潮文庫に収録されたものに加筆し、改題して、新たに刊行した。

新潮選書

マックス・ヴェーバー物語《ものがたり》――二十世紀《にじっせいき》を見抜《みぬ》いた男《おとこ》

著　者………………長部日出雄《おさべひでお》

発　行………………2008年5月25日

発行者………………佐藤隆信
発行所………………株式会社新潮社
〒162-8711 東京都新宿区矢来町71
電話　編集部 03-3266-5411
　　　読者係 03-3266-5111
http://www.shinchosha.co.jp
印刷所………………大日本印刷株式会社
製本所………………株式会社大進堂

乱丁・落丁本は、ご面倒ですが小社読者係宛お送り下さい。送料小社負担にてお取替えいたします。
価格はカバーに表示してあります。

ISBN978-4-10-603608-8 C0323

世界文学を読みほどく
スタンダールからピンチョンまで
池澤夏樹
私たちは、物語・小説によって、世界を表現しそのありかたを摑んできた――10傑作を題材に、面白いように解明される世界の姿、小説の底力。京大連続講義録。
《新潮選書》
貨幣の思想史
―お金について考えた人びと―
内山節
貨幣の魔力とは何か――重商主義のペティ、重農主義のケネーからマルクス、ケインズまで、「貨幣」という大問題に直面した経済思想家の貨幣論を読む！
《新潮選書》
謎とき『罪と罰』
江川卓
主人公はなぜラスコーリニコフと名づけられたのか？ 666の謎とは？ ドストエフスキーを本格的に愉しむために、スリリングに種明かしする作品の舞台裏。
《新潮選書》
テロと救済の原理主義
小川忠
イスラム教も仏教も、宗教はすべて「二重人格」だ！ 一つの教義から、なぜ「テロ」と「救済」が派生するのか？ 原理主義を検証、宗教の本質に迫る力作評論。
《新潮選書》
聖書の論理が世界を動かす
鹿嶋春平太
西洋の行動原理の底流をなす聖書の論理。日本は国際社会からなぜ孤立するのか、欧米の世界観は東洋とどう違うのか――日本人の聖書理解を覆す異色作。
《新潮選書》
大人のための偉人伝
木原武一
伝記は大人が読んでこそ面白い――シュワイツァー、ナイチンゲール、ヘレン・ケラーなど、十人の偉人の生涯を読み直し、その効用を説くユニークな一冊。
《新潮選書》

続 大人のための偉人伝　木原武一

大人でなければわからない「人生の機微」があるように、子供には味わえない伝記の楽しみがある――ソロー、マルクス、福沢諭吉など九人の生涯を再読、味読する。《新潮選書》

天才の勉強術　木原武一

天才は勉強が好きだった。なぜか――。少年時代に「学ぶ楽しさ」を知った九人の天才の生涯を「勉強のしかた」という視点からとらえたユニークな評伝！《新潮選書》

人生を考えるヒント
――ニーチェの言葉から　木原武一

人生の悩める局面は、すべてニーチェが答えを用意してくれていた。ニーチェの箴言を通して平易に解説する、実りある日々を生きるためのささやかな智恵。《新潮選書》

ゲーテに学ぶ幸福術　木原武一

人生に悩んだらゲーテに聞け！　老いるということ、孤独の効用、借りる技術――。艱難辛苦も要は考え方一つ。幸せになるちょっとしたコツ、教えます。《新潮選書》

ドイツ病に学べ　熊谷徹

欧州経済の牽引車がEUのお荷物となり果てた！　消費税19％へ、失業率13％、首切りの嵐、旧東独の惨状……。その断末魔から日本はなにを教訓にすべきか？《新潮選書》

文明が衰亡するとき　高坂正堯

巨大帝国ローマ、通商国家ヴェネツィア、現代のアメリカ。衰亡の歴史には驚くほどの共通項がある。人類の栄光と挫折に学び明日への展望を説く史的文明論。《新潮選書》

世界史の中から考える　高坂正堯

答えは歴史の中にあり――バブル崩壊も民族問題も宗教紛争も、人類はすでに体験済み。世界史を旅しつつ現代の難問解決の糸口を探る、著者独自の語り口。《新潮選書》

現代史の中で考える　高坂正堯

天安門事件、ソ連の崩壊と続いた20世紀末の激動に際し、日本のとるべき道を同時進行形で指し示した貴重な記録。「高坂節」に乗せて語る知的興奮の書。《新潮選書》

法と正義の経済学　竹内靖雄

本当の自由主義とは、自己決定の自由を最大限に認め、その責任を最大限負うことだ。「過保護社会」日本の未来像として、究極の自由主義社会を指し示す。《新潮選書》

二十世紀から何を学ぶか（上）　寺島実郎
一九〇〇年への旅
欧州と出会った若き日本

現代を解読する鍵を求めて一九〇〇年のヨーロッパへ。パリ、ロンドン、ウィーン、ベルリン、ローマ――。欧州各都市で二十世紀の扉を開いた人々の姿を描く。《新潮選書》

二十世紀から何を学ぶか（下）　寺島実郎
一九〇〇年への旅
アメリカの世紀、アジアの自尊

結局、二十世紀とは何だったのか？　野口英世、新渡戸稲造、ガンディー、魯迅、孫文、マッカーサー――。多彩な人物論を通じて「今」をどう生きるかを考える。《新潮選書》

モノが語るドイツ精神　浜本隆志

紋章、磁器、刃物、指輪からビール、自動車まで、この国ならではの物や製品に、理詰めの完璧主義とキリスト教以前のゲルマン的伝統が育んだ生活文化を知る。《新潮選書》

仏教とキリスト教
——どう違うか50のQ&A——
ひろさちや

キリスト教とイスラム教
——どう違うか50のQ&A——
ひろさちや

どの宗教が役に立つか
ひろさちや

天才の栄光と挫折
数学者列伝
藤原正彦

「アメリカ抜き」で世界を考える
堀武昭

アングロサクソンと日本人
渡部昇一

キリストの愛かホトケの慈悲か。天国と極楽は同じか。輪廻思想と復活思想の違いは？　南無阿弥陀仏とアーメンの意味は……。ユニークで画期的な宗教案内。

《新潮選書》

キリストの愛、イスラムの律。個人の祈りか集団の礼拝か。なぜ「一夫一婦」と「四人の妻」？『仏教とキリスト教』『仏教と神道』に続く好評シリーズ第三弾！

《新潮選書》

どの宗教が「安心立命」への近道か。人間を上等にするか。「煩悩」に寛容か。死の恐怖を取り除くか……誰にも切実な六つのテーマをめぐるユニークな比較宗教論。

《新潮選書》

天才という呼称をほしいままにした9人の数学者。きらびやかな衣の下に隠されたその生身の人間像を、同業ならではの深い理解で綴りあげた錚々たる列伝。

《新潮選書》

反米を叫ぶ時代は終わった。米国の覇権を批判的に検証し、「多文化主義」「非覇権」を是とした「もうひとつの世界」を模索する、世界の新潮流をレポート。

《新潮選書》

イギリスは日本人に何を教えるか？　両国の宗教、国語、都市、政治、文化の発生や発達に注目し、各々の歴史と国民性を比較。日本人の鏡としての英国文化小史。

《新潮選書》

住まなきゃわからないドイツ　熊谷徹

ドイツで働き暮らす著者が、60の話とイラストで紹介する当世ドイツ事情。ビアガルテンから法律問題まで、面白くて得する耳ヨリ情報満載の〝通〟になるための一冊！

ドイツ〜チェコ 古城街道　阿部謹也　若月伸一　沖島博美

南ドイツを横断してチェコのプラハまで、古城街道が全長一千キロに延長！ 武骨な城砦から華やかな宮殿まで、歴史の旅をとことん楽しむための一冊。《とんぼの本》

ゲーテ街道を行く　小塩節　津田孝二

生誕の商都フランクフルトから勉学の古都ライプツィヒまで、文豪ゲーテゆかりの街を行く。東西ドイツ統合で実現した、文化の香り豊かな旅を紹介する。《とんぼの本》

ベートーヴェンへの旅　木之下晃　堀内修

近年、新しい評価がなされているベートーヴェン。彼こそ音楽を芸術の域まで高めた最初の作曲家であった。ゆかりの地を写真で辿りながら生涯を振返る。《とんぼの本》

〈世界の歴史と文化〉
ドイツ　池内紀 監修

森とメルヒェンの国、詩と音楽と思想の国、ドイツ。東西を統一し、EC統合に揺れるヨーロッパで指導的役割を果す国の、波瀾の歴史と文化を美しい街並みにたどる。

天才監督 木下惠介　長部日出雄

クロサワ、ミゾグチ、オヅの後、世界が発見するのはキノシタだ！「二十四の瞳」をはじめ、斬新な作風で戦後映画界に旋風を巻き起こした天才監督の謎多き生涯に迫る。